北京市高等教育精品教材立项项目
普通高等教育铁道部规划教材

铁路运输设备

宋　瑞　主　编
赵海宽　主　审

中国铁道出版社有限公司

2019年·北　京

内 容 简 介

本书是北京市高等教育精品教材立项项目和普通高等教育铁道部规划教材，是根据新《铁路技术管理规程》和近年来铁路现场所使用的新技术、新设备编写的，比较系统地介绍了我国现代铁路运输业的发展，阐述了现代铁路运输设备的基本知识与原理。全书共分八章，即绪论、铁路线路、铁路车站与枢纽、铁路车辆、铁路机车、动车组、铁路信号与通信设备、铁路运营管理信息系统等。本书在编写时力求文字简明扼要、图文并茂，学生通过本书的学习，能系统了解铁路运输设备，开拓知识面，为今后学习专业课或从事交通运输工作打下一个良好的基础。

本书可供高等院校交通运输专业师生使用，也可供铁路技术人员参考。

图书在版编目(CIP)数据

铁路运输设备/宋瑞主编．—北京：中国铁道出版社，2012.2（2020.8重印）

普通高等教育铁道部规划教材 北京市高等教育精品教材立项项目

ISBN 978-7-113-14104-2

Ⅰ.①铁… Ⅱ.①宋… Ⅲ.①铁路运输—设备—高等学校—教材 Ⅳ.①U2

中国版本图书馆CIP数据核字(2012)第009001号

书　　名：**铁路运输设备**
作　　者：宋　瑞

责任编辑：金　锋　**电话**：(010) 51873125　**邮箱**：jinfeng88428@163.com
封面设计：崔丽芳
责任校对：张玉华
责任印制：樊启鹏

出版发行：中国铁道出版社有限公司（100054，北京市西城区右安门西街8号）
网　　址：http://www.tdpress.com
印　　刷：三河市航远印刷有限公司
版　　次：2012年2月第1版　2020年8月第15次印刷
开　　本：787 mm×960 mm　1/16　印张：15.5　字数：332千
印　　数：57 001～62 000册
书　　号：ISBN 978-7-113-14104-2
定　　价：40.00元

前　言

本书是普通高等教育铁道部规划教材，是由铁道部教材开发领导小组组织编写，并经铁道部相关业务部门审定，适用于高等院校铁路特色专业教学以及铁路专业技术人员使用。本书为铁道运输系列教材之一。

本书被评为北京市高等教育精品教材立项项目，是国家级精品课程教材。

铁路是国家重要的基础设施，国民经济的大动脉，交通运输体系的骨干。铁路运输承担人的交流与物质流通双重职能，是参与社会精神及物质财富创造的重要环节。铁路运输生产的目标是通过位移改变其在空间的位置。铁路运输设备是实现铁路运输职能的物质载体与保障手段，主要包括铁路的车、机、工、电、辆等各主要部门的固定设备、移动设备及通信控制设备等。随着科学技术进步和社会需求的变化，铁路运输的技术装备不断更新，技术经济性能和使用范围也在不断变化，为不断更新技术和提高服务质量提供了条件。

本书是根据新《铁路技术管理规程》和近年来铁路现场所使用的新技术、新设备编写的，比较系统地介绍了我国现代铁路运输业的发展，阐述了现代铁路运输设备的基本知识与原理。全书共分八章，即绪论、铁路线路、铁路车站与枢纽、铁路车辆、铁路机车、动车组、铁路信号与通信设备、铁路运营管理信息系统等。本书在编写时力求文字简明扼要、图文并茂，学生通过本书的学习，能系统了解铁路运输设备，开拓知识面，为今后学习专业课或从事交通运输工作打下一个良好的基础。

本书由北京交通大学宋瑞任主编，铁道部运输局赵海宽任主审。全书共分为八章，参加编写的人员有：北京交通大学宋瑞（第一、四、五章）、王海星（第二章）、许红（第三章）、杨方（第七章），兰州交通大学朱昌锋、张玉召（第六章），西南交通大学李映红（第八章）。

感谢北京高等教育精品教材和普通高等教育铁道部规划教材建设项目对本书的资

助，感谢铁道部教材开发领导小组及铁道部相关业务部门的大力支持，也感谢中国铁道出版社教材编辑部的大力帮助。编写过程中参考了大量的文献资料，在此对这些资料的编写者表示衷心的感谢。

本书涉及内容广泛，由于编者水平所限，书中不妥之处，敬请批评指正。

编　者

2011年7月

目　录

第一章 绪 论

第一节 铁路运输概述

一、现代交通运输概述

运输是人和物借助交通工具的载运，交通运输是经济发展的基本需要和先决条件，现代社会的生存基础和文明标志，社会经济的基础设施和重要纽带，现代工业的先驱和国民经济的先行部门，资源配置和宏观调控的重要工具，国土开发、城市和经济布局形成的重要因素，对促进社会分工、大工业发展和规模经济的形成，巩固国家的政治统一和加强国防建设，扩大国际经贸合作和人员往来发挥重要作用。

现代交通运输主要包括铁路及城市轨道交通、公路、水路、航空和管道等方式。交通运输设备按照不同运输方式应用领域划分，可分为轨道运输设备、公路运输设备、水路运输设备、航空运输设备和管道运输设备；按照设备的技术经济特征与用途划分，可分为固定设备或基础设施（如港站、线路、桥隧等）、移动设备或载运工具（如机车、车辆、汽车、飞机、轮船等）、通信控制设备（如各种固定、移动通信设备、监控管理设备等）；按照设备服务对象的属性划分，可分为客运设备、货运设备等；按照设备的不同动力发展阶段，可分为原始自然畜人力设备、机械电气化设备、综合智能生态型设备等；按照设备的环保属性，可分为环保型设备、普通型设备等。

随着社会需求的变化和科学技术的进步，交通运输设备不断更新，技术经济性能和使用范围也在不断变化，各种运输设备必须充分发挥各自的优势，扬长避短，协调发展，这不仅可以最大限度地节省社会资源、运输建设投资和运输费用，而且为各种运输方式的加速发展，社会效益和服务质量的不断提高提供条件。

二、铁路运输的特征

铁路运输是一种现代陆地运输方式。它是随着社会生产发展的需要而产生、发展和完善起来的。

铁路是一种利用轨道导向的运输方式，与其他各种现代运输方式相比较，具有运输能力大，能够负担大量客货运输的优点。速度快是该方式的另一特点，常规铁路的列车运行速度一般约为 80 km/h，而在高速铁路上运行的旅客列车时速目前可达 200～350 km。铁路货运速度虽比客运慢些，但是每昼夜的平均货物送达速度也比水路运输快。此外，铁路运输成本也比公路、航空运输低,因为运距愈长,运量愈大,单位成本就愈低。铁路运输还具有全天候运营,受气候条件限制较小;安全性高的特点。因此,铁路运输极适合于幅员辽阔的大陆国家,适合运送经常的、稳定的大宗货物,适合承担运送中长距离的货物运输以及满足城市间的旅客运输的需要。值得指出的是,随着城市交通系统的发展,城市轨道交通以其准确、低耗、大容量、快速、便捷等特点得到人们的青睐,已经成为城市交通系统的重要组成与发展的重点之一。

三、铁路运输设备在交通运输业及社会经济发展中的作用

铁路要发挥骨干作用是我国国情所决定的。中国疆域辽阔,人口众多,资源分布不均,各地区经济发展也极不平衡,有些地区至今还没有现代交通工具,需要通过铁路长途运输大宗货物,如煤、粮、棉、矿石等货物都适于铁路运输。中长途旅客仍以铁路运输为主。因此,铁路运输是我国的主要运输方式,也是世界上其他国家陆上交通的一种主要工具。

我国铁路建设正在得到发展,截至 2010 年底,铁路营业里程已达 9.1 万 km 居世界第二,高铁运营里程 8 358 km,居世界第一。长期以来,铁路一直在我国综合交通体系中发挥着骨干作用,中长距离客货运输量需求巨大,是既经济又快捷的交通运输方式。与世界其他国家相比,我国铁路的发展有更加广阔的空间。因此,要尽快使铁路运输能力适应国民经济发展的要求,建设发达的铁路网,采用先进、成熟、经济、适用、可靠的技术,使主要技术装备达到或接近发达国家水平。

铁路是一个拥有各种运输设备的生产部门。铁路必须具有一套完整的线路设备,作为机车车辆和列车运行的基础;在铁路沿线还需设置各种类型的车站,作为办理旅客运输和货物运输的基地;拥有大量的质量良好的车辆,作为装载、运送旅客和货物的工具;还须有一定数量和各种类型的机车,作为牵引列车的基本动力。为了确保行车安全和提高运输效率,铁路又必须设置一套完备的、现代化的信号及通信设备,作为运输调度集中与统一指挥的工具。因此,铁路线路、车站、机车、车辆、信号及通信设备就成为铁路运输的基本设备。

铁路还必须设置各种必要的修理所、段等,并配备相应的检修机具,以便对上述各项基本设备进行检修,使它们经常处于完好状态,确保运输工作顺利进行。

铁路运输设备是各种运输方式实现的物质保障,设备的不断发展与进步对促进铁路运输业的兴旺,对社会经济的发展都具有及其重要的作用。

1. 社会作用

铁路运输设备对社会的发展具有重要的作用。

首先,每一次新的革命性运输设备及其对应交通方式的出现,都导致社会的进步。近代铁路出现,导致工业布局和城市发展由沿江海向内陆转移。铁路运输设备伴随人类文明的发展,不断推陈出新、适应与推动社会的进步。

其次,铁路运输设备的设计与制造,必须满足社会发展需要,是社会生产生活的重要组成部分,其生产与制造不仅可创造出巨大的物质财富,而且可以解决大量就业与消费等社会

问题。

最后，现代化的铁路运输设备，必须不间断地、不分昼夜、季节、全天候地从事正常运输，是与国家政治、经济休戚相关的，遇到非常时期、发生灾害(如地震、洪水、大火、海啸等)、战争或国家财产受到威胁时，铁路运输相关设备都会被用来抢救危亡，恢复社会正常秩序，这种超经济作用的社会公益作用会显示得更为突出。

2. 经济作用

铁路运输设备的经济作用十分明显，首先各种设备的研制与生产，可以产生巨大的经济效益；其次，各种铁路运输设备在完成客货运输任务时，自身所创造的经济价值也是十分可观的；第三，当国民经济失调而需要调整或治理整顿时，铁路运输设备作为国家宏观调控工具的作用会更显得突出，如抢运煤炭、全国性的粮食调运等；第四，铁路运输设备及其对应的交通方式，在促进地区经济合理布局、协调发展方面作用显著，对于形成运输大通道，引导形成若干跨地区的经济区域和重点产业带，优化生产力布局，优化资源配置，减少重复浪费，都将起很大的促进作用。铁路运输是国民经济的重点战略产业，是国民经济的重要基础设施，是制约经济与社会发展的一个重要因素。铁路运输业要先行，设备的发展必不可少，它是长期保持国民经济的持续、稳定、协调发展的重要物质基础。

3. 军事国防作用

铁路运输设备不仅是国防的后备力量，战时又是必要的军事手段，铁路运输设备先进与否布局是否合理，保障是否有力，支援能否及时，关系到民族存亡、国家安危，绝非用经济尺度所能衡量。

4. 其他作用

铁路运输设备还是实现国际间交流的重要桥梁和纽带，能促进各国之间物质交流、经济发展和人民之间的友好往来，是经济全球化的重要保证。

第二节 铁路发展概况

从世界上第一条铁路正式运营到现在，已经有180多年的历史了。铁路的兴起和发展与科学技术和社会的进步密不可分。16世纪中叶，英国开始兴起采矿业，为了将煤炭和矿石运到港口，便铺了两根平行的木材作为轨道，17世纪时，才逐步将木轨换成角铁形的板轨，角铁的一个边起导向作用，以防车轮脱轨，马车则在另一边上行驶。经过多年的不断改进，逐渐形成今日的钢轨。因为现在的钢轨是从铁轨演变而来的，所以世界各国都习惯地把它叫做“铁路”。

一、世界铁路概况

1825年英国修建了从斯托克顿至达林顿的铁路，这是世界上第一条蒸汽机车牵引的铁路。它的出现标志着近代铁路运输业的开端，使陆上交通运输迈入了以蒸汽机为动力的新纪元。铁路及火车一经发明，便以其迅速、便利、经济等优点，深受人们的重视，除了在英国全面展开铁路的铺设工程外，其他国家也相继开始兴建铁路。世界主要国家铁路相继修通的年份见表1-1。从表中可见，铁路在不长的时间内就得到了较快的发展。直到20世纪20年代，由于飞机和汽车的发展，使铁路受到了冲击，一度处于停顿状态。然而能源危机、环境污染等问题的出现，又使铁路重见曙光。目前，世界铁路总长度约为120万km。其中：美国22.8万km，俄罗斯8.7万km。从地理分布上看，美洲铁路约占全世界铁路总长的2/5，欧洲约占1/3，而非洲、澳洲和亚洲的总和还不到1/3，世界铁路的发展和分布情况是极不平衡的。各国修建和发展铁路的趋势也不尽相同，我国和许多发展中国家始终在新建铁路、扩展路网。而有些发达国家，特别是自第二次世界大战前后直至20世纪70年代中期相当长的一段时间里，由于这些国家基本上实现了工业化并且达到了比较高的水平，国民经济产业结构和交通运输体系有了新的调整，尤其是某些经济大国汽车和飞机制造业迅速发展，使铁路面临公路和航空运输的激烈竞争，加上有的国家政府在对铁路运输发展政策上的失误以及铁路部门自身管理体制的不适应和经营管理不善等原因，致使整个铁路在这一时期发展相对缓慢，个别国家和地区甚至出现停滞局面，进入低谷，出现了世界铁路网规模有所缩小、铁路客货运量比重下降、铁路经营亏损严重等现象。但是，1973年波及世界各国的能源危机，使公路和航空运输发展受到了限制，而铁路运输，特别是电气化铁路则因燃料价格上涨变化的影响较小，而使铁路在整个交通运输系统中的能耗所占比重很小。另外，铁路运输在运行过程中排放的废气及产生的噪声等对生态环境的污染，与其他交通运输工具相比也是最低的。因此，各国在进一步发展国家的交通运输业、选择有利的运输方式时，铁路占有一定的优势，特别是高速铁路的出现，更使人们重新认识到铁路在国家经济和社会生产发展中，具有不可忽视的重要地位和作用。可以认为，世界各国铁路正在进入新的兴盛时期，不远的将来，必将会有一个历史性的大发展。

表1-1　世界主要国家铁路通车年份

国名	修通年份	国名	修通年份	国名	修通年份	国名	修通年份
英国	1825	加拿大	1836	瑞士	1844	埃及	1855
美国	1830	俄国	1837	西班牙	1848	日本	1872
法国	1832	奥地利	1838	巴西	1851	中国	1876
比利时	1835	荷兰	1839	印度	1853		
德国	1835	意大利	1839	澳大利亚	1854		

二、我国铁路的发展

1840 年英国侵略者发动了鸦片战争之后，用炮舰打开了清朝政府闭关自守的大门。从此，各资本主义列强相继侵略我国，强迫清朝政府订立了一系列丧权辱国的不平等条约。我国的铁路运输就是在这种历史背景下产生和发展的，是和帝国主义对我国的侵略过程联系在一起的。

(一)中国早期铁路的特点

1876 年在上海修建的吴松铁路，是中国领土上出现的第一条铁路。它是英国侵略者背着中国政府和人民，采用欺骗和蒙混的手法修筑的。早在 19 世纪 50 年代后期，俄、英、美等国多次提出在中国修筑铁路，均遭拒绝，后来美国以修筑一条“寻常马路”的名义，骗取了当时上海地方政府的允许。后又将权益让给英商，另行组成“吴淞铁路公司”继续修路。这条铁路从上海至吴淞镇，全长 14.5 km，轨距是 762 mm 的窄轨。铁路沿线人民从一开始就反对洋人筑路，1876 年 7 月从上海至江湾一段通车营业后，发生了火车压死行人的事故，激起群众的愤慨，迫使英国侵略者同意由清朝政府用 28.5 万两白银将铁路收买回来。然而腐败的清朝政府根本认识不到铁路这种新式运输工具的优越性，反而昏庸地把这条已经赎回的铁路拆毁。拆下的钢轨和其他器材运到了台湾打狗港(今高雄港)，开了历史的倒车。

1881 年的唐胥铁路(唐山至胥各庄)是中国自己创办的第一条铁路。它是当时清朝政府为了解决开平矿务公司的煤炭运输而修筑的。铁路全长约 10 km。1881 年 11 月竣工通车，并曾用中国工人自己试制的“龙号”机车拉运煤炭，以后逐步发展成为现在的京沈(北京至沈阳)铁路。唐胥铁路的建成通车，是中国铁路建筑史上的一件大事，但和世界上第一条铁路相比已经晚了 56 年。

在同一时期，我国建成的早期铁路还有 1891 年和 1893 年建成的基隆至台北和台北至新竹的两条铁路，全长 100 km。这是中国人民自己集资、自己设计并自己施工建成的。

1905 年 10 月，第一条完全由中国工程技术人员主持、设计、施工的铁路干线——京张铁路正式动工。京张铁路南起北京丰台，北至张家口，全长 201 km，采用 1 435 mm 标准轨距，是在我国杰出的爱国工程师詹天佑主持下，全部用中国人民自己的智慧和才能建成的。铁路建筑工程相当艰巨，自丰台至南口有 50 km 的平原，但自南口进入燕山山脉的军都山后，岭高坡陡，需要开凿四座隧道，其中最长的八达岭隧道长达 1 091 m，完全靠人工修筑而成。而且这一带地势最陡，坡度最大，为了保证列车能安全地越过山岭，在詹天佑主持下，设计成“人”字形爬坡线路，解决了这一难题。京张铁路的修建历时 4 年，比原计划提前 2 年完工，不仅工程造价比关内外铁路低，而且为中国培养出了第一批我们自己的铁路工程师，为以后修建铁路打下了基础。

旧中国铁路具有浓厚的半封建半殖民地色彩。不仅铁路的分布极不均衡极不合理，而且技术设备陈旧落后，主要表现为少、偏、低三大特点。

少——铁路修建的里程太少。从 1876 年至 1949 年 70 多年来，总共只有铁路 2.1 万 km

(不包括台湾省铁路);机车不过1700多台,车辆也只有3万多辆。

偏——铁路分布不均衡,不合理。当时,约占全国土地面积15%的东北和华北地区,铁路长度却占全国铁路总长的65%;而占全国土地面积60%的西南和西北地区,只占全国铁路总长度的5.5%,有些省份甚至没有铁路。

低——线路和技术装备的质量差、标准低。设备种类繁杂、规格紊乱,机车类型有120多种,钢轨类型130多种,线路质量差,路基病害严重,约有1/3的车站没有信号机,自动闭塞的线路长度不到2%,双线也只占6%。

(二)新中国铁路的建设

1949年新中国成立以来,我们在铁路的新线建设和原有铁路的技术改造方面做出了成绩。20世纪80年代是我国铁路建设事业在治理整顿和深化改革中不断奋进,取得可喜成绩的时期。在此期间,新建的大秦铁路(大同至秦皇岛),全长653 km,是我国第一条复线电气化开行重载单元列车的运煤专用铁路,有一系列重大技术装备与之配套,如韶山$_4$大功率电力机车、装有转动车钩的新型运煤专用敞车、光缆数字通信系统、微机化调度集中系统等,代表了我国新建铁路80年代的水平。在我国南北铁路大动脉的京广线上修建了衡阳至广州段复线。其中修通了全长14 km以上的大瑶山隧道,居世界双线隧道的第10位,为我国长隧道之冠。大瑶山隧道的建成,结束了我国不能修建10 km以上长大隧道的历史,标志着我国隧道建设技术达到了世界先进水平。1989年在我国铁路网中赋有铁路心脏之称的郑州北站,建成了亚洲最大的铁路综合自动化编组站。货车的中转、解体、编组作业的一整套生产管理已经由电子计算机取代了手工操作。郑州北站运营管理综合自动化是由货车管理信息系统、驼峰作业过程控制系统、枢纽地区调度监督系统、站内无线通信系统、调车场尾部道岔微机集中联锁系统组成。它使我国铁路编组站现代化技术迈进了世界先进行列。

进入21世纪,我国铁路建设取得了举世瞩目的大发展,截至2010年底铁路复线里程37 631.4 km,电气化里程41 907.5 km,内燃化里程48 002.8 km,全国铁路营业里程已达91 660.7 km,开创了我国的铁路事业新的历史篇章。

1. 铁路建设

(1)青藏铁路

青藏铁路的建设完成是我国进入21世纪以来铁路建设代表性的发展成果之一。青藏铁路由青海省省会西宁至西藏自治区首府拉萨,全长1 956 km,分两期修建。一期工程由西宁至格尔木,长814 km,已于1984年建成通车。2001年6月29日,中国西部大开发的标志性工程——青藏铁路二期工程由格尔木至拉萨段开工建设,全长1 142 km,其中包括32 km的格尔木至南山口既有线改造,2006年7月1日全线开通试运营。建设这条世界上海拔最高、线路里程最长的高原铁路,是人类铁路建设史上前所未有的壮举,是我国社会主义现代化建设取得的一个重大成就。

在高原多年冻土区修建铁路是一项探索性工程,其特殊性和复杂性在铁路建设史上也是

独一无二的。其中，高寒缺氧、多年冻土和环境保护是修建青藏铁路的三大难题。

① 高寒缺氧。青藏铁路穿越号称“世界屋脊”的青藏高原，线路高程均在 3 000 m 以上，线路高程大于 4 000 m 的地段有 960 km，最高点为海拔 5 072 m 的唐古拉山垭口。青藏铁路是世界上海拔最高和线路最长的高原铁路，线路经过的大部分地区空气稀薄，造成施工人员和施工机械劳动效率下降。

② 多年冻土。青藏铁路经过 550 km 的连续多年冻土区，北起昆仑山北麓的西大滩，南至西藏自治区安多城北，是世界上唯一一条穿越高原高寒及连续多年冻土区的铁路。我国科学工作者自 1960 年开始不间断地进行了冻土气象、太阳辐射、地温及冻土热学、力学性质的试验研究工作，积累了 1 200 多万个基础数据资料。科学工作者经过 40 年来的艰苦探索，取得了大量的研究成果和丰富的实践经验，基本掌握了青藏铁路高原多年冻土区的工程特点，并在充分借鉴和吸收国内外冻土区铁路工程实践经验的基础上，提出了高原多年冻土区不同地温和地质条件下铁路工程的设计原则和工程措施，为今天青藏铁路建设冻土工程问题的解决提供了可靠的技术保证。

③ 环境保护。青藏高原是我国及南亚许多河流的发源地，素有“江河源”之称。由于幅员辽阔、环境复杂形成了独特而典型的高原自然生态环境，保存相对完整。但因海拔高、空气稀薄、低温严寒、气候干燥且变化异常，沿线动植物种类少，生长期短，生物量低；生物链简单，生态系统中物质循环和能量的转换过程缓慢，致使生态环境十分脆弱，稍有人为干预都可能打破其生态平衡。而青藏高原对全球环境具有特殊意义。青藏高原的江水、冰雪、气候、植被以及资源开发过程的生态环境演化状态，必然影响到相关区域，引起下游地区生态环境的变化。因此，青藏铁路建设中的环境保护工作，始终坚持了“预防为主、保护优先、开发与保护并重”的指导方针。在铁路建设项目中，青藏铁路建设中第一次签订了环保责任书，第一次推行了环境监理制度，由此保证了各项环保措施的有效落实。

(2)南昆铁路

南昆铁路东起南宁，西至昆明，北接红果，全长 898.6 km，为国家一级单线电气化铁路。南昆铁路东段于 1990 年 12 月 24 日率先动工，1991 年 12 月 19 日西段开工，1993 年 4 月 18 日贵州段开工。黔、滇、桂“三头并进”，在 1997 年底完成全线配套并交付运营。南昆铁路是我国在艰险山区修建的又一条长大铁路干线，所经地区地质极为复杂，地形极其险峻。沿线溶岩、断层、坍塌、滑坡、泥石流、膨胀土、强地震区遍布。它从海拔 78 m 的南宁盆地，爬上 2 000 多 m 的云贵高原，高差达 2 010 m，其间为跨越江河还有 8 次大的起伏，为我国铁路前所未有。整个线路沟梁相间，桥隧相连，共建隧道 258 座总长 194.6 km，476 座大中桥梁，总长 79.8 km，桥隧总长占线路总长的 31%。其中包括 9 392 m 的米花岭隧道和 183 m 高的清水河大桥，难度巨大。南昆铁路的胜利建成，标志着我国在艰难山区修筑铁路和建设桥隧的科学技术水平，已经进入世界先进行列。同时它的修建为开发大西南资源、促进区域经济发展、加速沿线人民的脱贫致富有着重要意义。

(3)京九铁路

京九铁路位于京沪、京广两大干线之间,它以北京西站为起点,经由京、冀、鲁、豫、皖、鄂、赣、粤八省市,直抵深圳,经广九铁路与香港九龙相连。京九铁路正线长 2 397 km,是我国铁路建设史上规模最大、投资最多,一次建成里程最长的铁路干线。京九铁路的建成,对完善我国路网布局,缓解南北运输紧张状况,带动沿线地方资源开发,推动革命老区经济发展,形成一条新的南北经济增长带,对连接港澳地区,促进祖国的和平统一大业,都具有十分重要的意义。但是 1996 年开通运营的京九铁路,随着沿线经济的发展,铁路能力迅速饱和,为此,复线建设随即开始。至 1999 年,北京至龙川已建成复线,只有南段龙川至东莞 220 km 线路仍为单线,也就成为京九铁路的“瓶颈”地段,制约了京九全线能力的充分发挥。2001 年 3 月开始对该段进行复线改造,于 2003 年 1 月 10 日完成,至此,京九铁路复线全线贯通。龙(川)东(莞)复线的建成开通,缓解了京九南段运能紧张状况,大大提高了京九线的通过能力,使京广、京九齐头并进、优势互补,对于更好地调整两大干线的客货运输分工,进一步开发大京九经济带和促进粤东及沿线社会经济发展具有重要作用。

(4)粤海铁路通道

粤海铁路通道是我国在交通建设史上的又一辉煌成就。粤海铁路通道由广东省境内的湛江至海安铁路、琼州海峡跨海轮渡、海南省境内的海口至叉河西环铁路组成,全长 345 km。它北起湛江市,纵贯雷州半岛,在海安通过火车轮渡跨越琼州海峡至海口市,再延海南省西环城至叉河车站,与既有线叉河至三亚铁路接轨。其中湛江至海安铁路长 139 km,年设计输送能力为货运 1 100 万 t,每日开行客车 8 对;海口至叉河铁路长 182 km,年设计输送能力为货运 1 000 万 t,每日开行客车 9 对;琼州海峡跨海轮渡是由雷州半岛的海安港至海口市,全长 24 km,含铁路引线、轮渡站、港口、栈桥等设施。2003 年 1 月 7 日,中国第一艘跨海火车轮渡——“粤海铁 1 号”稳稳停靠在海口南港泊位,船上的钢轨与陆地栈桥钢轨成功对接,大陆第一列火车跨过琼州海峡,正式开上了海南岛。从此,粤海铁路通道把祖国大陆与海南省连接起来,使铁路运输与海上运输连为一体,结束了海南省与祖国大陆间不通火车的历史,全国主要城市可通过铁路直达海南岛,对促进海南省、雷州半岛等地经济发展及其与大陆政治、经济、文化交流,加快我国南海海洋资源开发利用,具有十分重要的意义。

(5)京秦铁路

京秦铁路是北京通往北戴河和华北的重要出海口秦皇岛的铁路大动脉,也是连接我国东北和华北的咽喉要道。为使该线能满足运输的需要,2001 年 8 月开始了京秦客运通道提速改造工程,2002 年 12 月竣工,京秦客运通道提速改造工程是全国第一条运营线一次提速达时速 200 km 的工程。改造后与秦沈客运专线一并成为华北至东北地区的第一条快速客运通道。经过努力,京秦铁路也与秦沈客运专线工程衔接为一体,为旅客列车在北京—秦皇岛—沈阳间快速往返奠定了基础,实现了秦沈线、沈山线客货分线运输,既可充分发挥秦沈线强大的客运能力,又大大缓解了沈山线长期紧张的运输状况。

为适应全面建设小康社会的目标要求，铁路网要扩大规模，完善结构，提高质量，快速扩充运输能力，迅速提高装备水平。我国《中长期铁路网调整规划方案》提到“2020 年全国铁路营业里程规划目标由 10 万 km 调整为 12 万 km 以上，其中客运专线由 1.2 万 km 调整为 1.6 万 km，电化率由 50%调整为 60%，主要繁忙干线实现客货分线，基本形成布局合理、结构清晰、功能完善、衔接顺畅的铁路网络，运输能力满足国民经济和社会发展需要，主要技术装备达到或接近国际先进水平。”

2. 目前我国铁路发展情况

经济发展和社会进步为铁路发展提供了良好的机遇，同时铁路也将面临严峻的挑战。随着我国经济持续、快速、健康增长，将促使客货运输需求总量快速增加，要求铁路有足够的与之相适应的运输能力。铁路在运输效率、能源消耗以及环境污染等方面的优势为世界公认，应在实施国家可持续发展战略中发挥重要作用。我国居民收人和生活水平的逐步提高，人们消费结构的变化和消费观念的转变，必然对未来客运需求产生重大影响，突出呈现两个特点：客运需求向多样化方向发展，旅游、求职、探亲访友和私人经营活动等旅客比重将不断增加，逐步成为旅客运输的主流；旅客对旅行质量将提出越来越高的要求，出行消费更加趋于追求方便快捷、经济合理、环境舒适、服务上乘。因此，铁路旅客运输必须能够提供多层次、多样化的服务。目前，在全路采取了调整旅客列车结构，提高列车运行速度，开行优质优价、夕发朝至列车等措施，满足广大旅客不同的需求。经过 1997 年、1998 年、2000 年、2001 年、2004 年、2007 年六次大规模提速，京哈、京沪、京广、陇海、浙赣、胶济、武九、广深线等既有干线提速到 200 km/h，打破了我国铁路客运几十年来长期处于低速运行的落后局面，使我国旅客列车运行速度实现了历史性跨越。

2010 年底中国铁路营业里程已达 91 660.7 km。中国铁路以占世界铁路 6%的营业里程完成了世界铁路 25%的工作量，运输效率世界第一。

在旅客运输方面，2010 年，全国铁路全年完成旅客发送量 16.8 亿人，完成旅客周转量 8 762 亿人·km。其中，国家铁路、地方铁路和合资铁路所完成的客运量占铁路客运总量的比重依次为 98.532%、0.52%和 0.95%，占旅客周转总量的比重分别为 99.59%、0.07%和 0.34%。

2008 年 4 月 11 日，国产时速 350 km 的首列国产化 CRH_3 高速动车组在唐山轨道客车有限责任公司下线，我国也由此成为世界上仅有几个制造时速 350 km 高速铁路移动装备的国家之一。而高速铁路建设也开始全面展开，铁路“高速时代”正朝我们一步步走来。越来越多的人开始享受到高速铁路带给我们的生活便利，乘坐火车渐渐成为一种享受高品质生活的代名词。

2008 年 8 月 1 日，京津城际铁路正式开通运营。京津城际铁路线路全长 120 km，动车组列车最高运营时速 350 km，北京南至天津全程直达运行时间控制在 30 min 以内，成为我国第一条具有世界一流水平、最高运营时速 350 km 的高速铁路。京津城际铁路建设和运行测试充分考虑了各种安全隐患，如天气、人为故障、灾害、停电等因素，在实验阶段，工作人员设计了 1 040 多个场景进行相关测试，确保京津城际铁路拥有世界一流铁路技术和列车技术安全保障。作为奥运会重点配套工程的京津城际铁路，不仅为北京奥运会的成功举办提供了良好的运输条件，而且形成了北京到天津的“半小时经济圈”雏形。

在货物运输方面，我国铁路货运应以快捷化、重载化作为主要发展方向。建设和发展快捷货运系统，是铁路适应运输产品结构轻型化和运输质量需求不断提高的新特点，积极参与货运市场竞争，扩大市场份额和提高经济效益，获得新的经济增长点的客观需要，也是我国铁路追踪国际货运发展趋势，实现与国际货物运输接轨的必然要求。

高附加值货物运输，较一般货物运输在快速、准时、安全、方便和经济方面提出了更高要求。提供满足高附加值货物运输需求的高质量运输服务，不仅需要相应的高技术装备为基础，而且需要对运输组织管理和市场营销体制、经济机制进行重大革新。因此，建设和发展快捷货运系统，既是我国铁路运输改革和发展的重要任务，又是我国铁路运输改革和发展的重要标志。

为了满足货物快捷运输的需要，从 1962 年 3 月开始，先后从江岸、上海新龙华和郑州北站开行了 751、753、755 次三趟快运列车，这是我国铁路和外贸职工为供应港澳鲜活商品而共同组织的一种特殊对外贸易运输方式。它的开行，为满足港澳同胞物质生活，保持港澳的繁荣稳定做出了重要的贡献。为提高货物列车运行速度，压缩货物在途时间，组织开行了货运“五定”班列（定点、定线、定时、定价、定车次的货物快运直达列车），实现了货运班列客运化、收费公开化、承诺服务规范化。

重载运输是世界铁路发展的重要趋势，是发挥铁路在大宗、散装物资运输市场优势，提高运输质量、效率和效益，形成强大生产力的重要标志。列车牵引重量的提高，是牵引动力、车辆技术、同步操纵技术、制动技术以及运输组织配套技术发展的综合体现。我国能源和大宗原材料品类货物运输的基本格局，决定了铁路仍将是大宗物资运输的主力，煤炭运输在今后相当时期内仍将是铁路货运的重点，因此，我国铁路在发展货运快捷系统的同时，必须将继续发展重载运输作为铁路货运的发展方向。

发展铁路货运快捷化和重载化，前者旨在谋求提高铁路在高附加值货物运输市场的竞争能力，而后者则旨在继续保持铁路在大宗、散装货物运输市场优势。在我国铁路客货混行的条件下，繁忙干线开行整列式的 5 000 t 重载列车。2003 年 9 月 1 日开始实施在大秦铁路线上开行万吨重载列车的方案，万吨重载列车的编组为 120 辆，总长超过 1 400 m，牵引总重量达1 万 t，它的开行有效缓解了大秦铁路运能和运量的矛盾，为提高运输能力打下坚实基础。

国际铁路大陆桥运输是以洲际大陆上的铁路运输系统为中间桥梁，把大陆两端的海洋连接起来，实现海峡联运的一种运输方式。由我国连云港起始，经陇海、兰新等铁路从新疆的阿拉山口出境，通过哈萨克斯坦、俄罗斯、荷兰等国铁路转海运至西欧、北欧，称为第二欧亚大陆桥。该线路于 1992 年开通运营。这条横贯我国大陆，跨越亚欧两大洲的大陆桥，对世界物流起到大调整作用，也是亚欧两大洲经济交流的通道。

我国铁路信息系统建设的成就是显著的。特别是 1993 年以来铁路信息系统建设取得的

巨大成就，为铁路现代化奠定了坚实的基础。运输管理信息系统（Transportation Management Information System）简称 TMIS，是我国铁路运输信息系统中最复杂、最庞大的系统工程。该系统自 1992 年设计、1995 年建设以来，许多系统已经基本完成，有些已投入使用。如车辆信息系统已建成了铁道部车辆调度、铁路局车辆处、车辆段、车辆工厂的联网系统；全路 44 万多辆货车已进入履历库，实现了车辆按车号管理。确报信息系统投入运用，实现了电报确报向计算机确报的根本转变。货票信息系统建设完成，货车站实现了微机制票和联网传输货票，建成了货票信息库。此外，还建立了集装箱追踪管理系统。车站信息系统、客票发售和预订系统、调度指挥系统、办公信息系统以及通信网络等。这些系统的建设已取得了良好的社会经济效益，开创了铁路计算机应用的新局面。

铁路运输的紧张状况有所缓解，但是铁路路网规模有待完善。路网结构和技术水平以及运输质量还远不能适应国民经济和社会发展需要。随着宏观经济环境的改善，国有企业改革的不断深化，国民经济势必有一个大的发展，全社会客货运输总需求将会有较大增长，运输市场前景看好。由此，必须继续加快铁路建设，使我国铁路在今后几年不仅在数量上有一个较大的发展，而且在质量上有一个较大的提高，使主要通道基本适应国民经济发展和社会进步的要求；客货运输紧张的状况有明显缓解；路网综合能力、整体功能和现代化水平显著提高，形成与国民经济发展相适应的路网规模和装备水平。

三、我国铁路的展望

我国铁路是国家重要的基础设施，国民经济的大动脉，交通运输体系的骨干。为贯彻国家可持续发展战略，适应和促进国民经济发展和社会进步，应充分发挥铁路技术经济优势，积极发展铁路，以满足运输市场需求。随着社会主义市场经济的发展和人民生活水平的提高，铁路的客货运量，尤其是客运量将长期、持续、大幅度增长，运输质量的需求将愈来愈高，我国铁路面临着既要扩大运输能力，又要提高运输质量的双重压力。在相当长的时间内，这些线路既要运行高速度的旅客列车，又要运行大重量的货物列车，客货运输互争能力的矛盾将更加激烈。为此从运输组织、机车车辆、信号通信、工务工程、行车安全等方面都面临一系列新问题，要解决这一难题，必须依靠科技进步，积极采用高新技术，突出技术创新。

2004 年初我国出台了《中长期铁路网规划》（以下简称《规划》），这是我国国务院通过的第一个行业中长期规划，2008 年进行了进一步调整。在《规划》中制定了到 2020 年，全国铁路营业里程达到 12 万 km，主要繁忙干线实现客、货分线，复线率和电气化率可达到 50% 和 60% 以上（2004 年分别为 34% 和 26%），运输能力满足国民经济和社会发展需要，主要技术装备达到或接近国际先进水平的发展目标。同时策划了发展铁路的规划方案：

（一）客运专线建设

为满足快速增长的旅客运输需求，建立省会城市及大中城市间的快速客运通道，规划“四纵四横”铁路快速客运通道及三个城际快速客运系统。到 2020 年建成 1.2 万 km

的客运专线，客车速度目标值达到时速 200 km 及以上，并建成 2 000 km 的城际客运线路。根据规划，武广、郑西、石太、京津、合宁、武合、温福、福厦、甬温 9 条客运专线将先后开工建设。

借鉴国外高速铁路的建设与运输组织模式，结合我国的路情，我国客运专线特征有：

1. 我国客运专线的线网规模庞大。根据规划，2020 年我国客运专线网的总长度将达到 1.2 万 km，其规模将远远超过日本的 2 325 km 和法国的 1 576 km。

2. 各条客运专线的规划定位不同，速度目标值、基础设施和技术装备水平存在差异，在路网中发挥的功能不同。

3. 运输组织与调度模式不同，我国地域辽阔，客运专线与既有线的联系与发达国家高速铁路相比较为紧密。由于存在大量跨线列车，诸如武广、郑西等客运专线运营初期都采用高、中速混跑模式，石大客运专线在运营初期还存在客、货运混跑的行车方式，组织的难度和协调的联动性较大，这些问题也是国外高速铁路运营中所面临的技术难题。

4. 三个城际快速客运轨道交通系统的运输组织模式与干线客运专线网有着不同的特征，基本采用系统内部封闭运营的模式，不存在与客运专线和既有线的跨线运输，调度指挥独立性较强。

5. 客运专线采用总体规划、分期建设的实施方式，整个网络的形成将经历较长的过渡期，其间需要因地制宜建立起过渡期的运输组织和调度方案。

6. 由于国内对于高速客运专线的建设和运营缺乏经验，大量设备需要从国外进口，我们必须走引进、消化、吸收、创新的道路，自主研发的任务巨大。

（二）完善路网布局和西部开发性新线

以扩大西部路网规模为主，形成西部铁路网骨架；完善中东部铁路网结构，提高对地区经济发展的适应能力；规划建设新线约 1.6 万 km。

（三）路网既有线改造

加强路网既有线技术改造和枢纽建设，提高路网既有线通过能力。规划既有线增建二线 1.3 万 km，既有线电气化 1.6 万 km。

我国铁路技术发展的总目标是实现铁路现代化，技术发展方向是：旅客运输高速化、快速化，货物运输重载化、快捷化，运营管理信息化，安全装备系统化，工程建设现代化，经营管理科学化。形成运输数量与质量兼顾名货运输并重，重视发展旅客运输，列车速度、密度、重量合理组合，建立具有中国特点的铁路技术体系。

1. 发展快速、高速客运技术，形成快速客运网

国内运输市场的变化要求铁路在客货运输并重的同时，把发展旅客运输摆在重要位置，不断提高旅客列车速度，增加旅客列车开行数量。在沿海经济发达、客流集中的东部走廊，发展高速铁路及快速铁路，逐步建立以高速铁路为骨干，快速线路为分支的铁路快速系统。扩大提速范围，加大旅客列车行车密度，把全面提高客货列车速度作为提高铁路运输质量的核心及技

术发展的主要方向。

2. 积极发展快捷货物运输和重载运输

为适应市场需求，积极发展快捷货物运输，在提高旅客列车速度的同时，提高货物列车的运行速度，使快运货物列车的速度达到100～120 km/h。简化铁路货物运输手续及环节，缩短货物在途时间，加快货物送达。采用多种货物运输组织形式；逐步形成以高附加值货物及保鲜货物运输为主的铁路快捷货物运输体系。根据货物结构的变化，积极发展专用运输工具，保持货物在运输过程中的品质。

发展集装箱运输，减少零担运输。积极发展国际标准箱，开展多式联运和大陆桥运输。建设一批大型集装箱办理站。逐步实现包装和成件货物运输集装化。

发展鲜活易腐货物运输，增加运输工具，扩大运输能力，改善运输条件，加强组织管理。加速发展冷藏集装箱，单元和小组机械冷藏车，积极开发与采用新冷源和其他保鲜技术，促进易腐货物冷藏运输链的建立。

3. 采用现代信息技术，加速建成铁路综合运营管理信息系统

加速铁路信息化，逐步建成铁路综合运营管理信息系统，实现全路客票发售和预订系统联网运行，应用和完善计算机自动编制列车运行图。实现各管理信息系统的有机连接，建立可共享的综合数据环境，为铁路各级管理部门和决策人员提供跨系统、全面、准确、实用的信息服务和决策支持，不断完善基础数据采集自动化系统，实现铁路运输生产指挥、控制和经营服务的现代化。

加强应用软件的开发、技术协调和组织管理，做到统一基础编程、统一文件格式、统一设计规范，实现软件标准化、通用化和模块化，完善计算机及应用系统的维护管理体制。加强管理信息系统安全保障技术的研究和应用，确保系统的安全、可靠。跟踪国际信息技术的发展，加强对人工智能、数据仓库、电子数据交换、电子商务等高新技术的应用研究。

4. 采用先进的监控、检测、诊断技术，逐步完善列车安全保障体系

以行车安全为核心，以防止列车脱轨、追尾、错办、断轴、断轨、道口事故等为重点，系统配套发展铁路安全设施，强化安全管理，提高安全水平。大力发展车载列车运行安全监控系统，实现对机车车辆“车对车”的动态监测，对影响安全运行的故障进行报警或自动控制。发展列车事故防护、道口事故防护等无线综合防护报警系统和信号设备的监测诊断系统。在既有安全技术设备的基础上，利用通信与计算机网络技术，着重提高安全系统综合化、集成化，以保障行车安全。

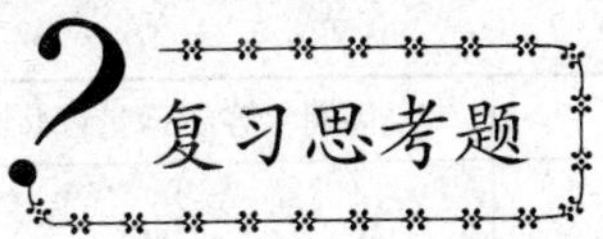

1. 交通运输设备如何分类？
2. 简述铁路运输的特征。
3. 简述铁路的未来发展趋向。

第二章 铁路线路

第一节 概 述

铁路线路作为机车车辆和列车运行的基础，由路基、轨道及桥隧建筑物组成。

路基是轨道的基础，它直接承受上部轨道重量和轨道传来的机车车辆及其载荷的压力，并将其传递到大地。路基由路基本体和防护加固、排水建筑物组成。

轨道是用来引导机车、车辆运行方向并直接承受车轮的巨大压力，使之传递、扩散到路基及桥隧建筑物上的整体工程结构。它由钢轨、轨枕、联接零件、道床、防爬设备和道岔等组成。

铁道线路在跨越江河、深谷，横穿公路或另一条铁路时应修建桥梁，在穿越山岭时为避免开挖深路堑或修建过长的迂回线应修建隧道。

为了保证列车能按规定的最高速度安全、平稳和不间断地运行，使铁路运输部门能够质量良好地完成客货运输任务，铁路线路必须经常保持完好状态。

铁路线路按用途可分为正线、站线、段管线、岔线及特别用途线。

正线是指连接车站并贯穿或直股伸入车站的线路。

站线是指到发线、调车线、牵出线、货物线及站内指定用途的其他线路。

段管线是指机务、车辆、工务、电务、供电等段专用并由其管理的线路。

岔线是指在区间或站内接轨，通向路内外单位的专用线路。

特别用途线是指安全线和避难线。

铁路(线路)等级是铁路的基本标准。设计铁路时，首先要确定铁路等级。铁路的技术标准和装备类型都要根据铁路等级去选定。

我国《铁路线路设计规范》规定，新建和改建铁路(或区段)的等级，应根据它们在铁路网中的作用、性质和远期的客货运量分为三个等级，即：Ⅰ级、Ⅱ级、Ⅲ级(见表2-1)。

表2-1 铁路等级

等级	铁路在路网中的意义	远期年客货运量(Mt)
Ⅰ级铁路	在路网中起骨干作用的铁路	≥20
Ⅱ级铁路	铁路网中起联络、辅助作用的铁路	<20 ≥10
Ⅲ级铁路	为某一地区或企业服务的铁路	<10

注：年客货运量为重车方向的货运量与由客车对数折算的货运量之和。1对/d旅客列车按1.0 Mt年货运量折算。

第二节　我国的路网及线路

根据中国铁路中长期规划，到2020年，中国铁路运营里程将达到12万km以上，其中高速铁路1.6万km以上。以高速铁路为主骨架的快速客运网达到5万km，将连接人口50万以上的大城市，覆盖全国90%以上的人口。中国铁路要形成“十纵九横”路网通道。

“十纵九横”通道的具体线路、走向及主要经过城市如下：

“十纵”通道：

(1)京哈线(北京—哈尔滨)

客运线路：京沈高速铁路、哈大高速铁路沈阳—哈尔滨段。

货运线路：京秦、沈山、京哈线。

主要经过城市：承德、朝阳、阜新、秦皇岛、锦州、沈阳、四平、长春。

(2)南北沿海线(丹东—防城港)

客运线路：丹大城际、渤海湾海底隧道、青荣城际烟台—青岛段、青连、连盐、新长线盐城—海安县段、宁启线海安县—南通段、沪通、沪乍、杭州湾跨海大桥、杭甬高速铁路、甬深高速铁路、广东西部沿海铁路、河(唇)合(浦)、钦北线合浦—钦州段、南防线钦州—防城港段。

货运线路：东北东边道丹东—大连段、渤海湾海底隧道、蓝烟、胶新、新长、宣杭线长兴—杭州段、萧甬、沿海货运通道、广东西部沿海铁路、河(唇)合(浦)、钦北线合浦—钦州线、南防线钦州—防城港段。

主要经过城市：大连、烟台、青岛、连云港、上海、杭州、宁波、福州、厦门、深圳、茂名、钦州。

(3)京沪台线(北京—上海、台北)

客运线路：京沪高速铁路、合蚌高速铁路、合福高速铁路、台湾海峡海底隧道。

货运线路：京沪、水蚌、淮南线水家湖—芜湖段、皖赣线、沪昆线贵溪—横峰段、峰福线、台湾海峡海底隧道。

主要经过城市：天津、德州、济南、兖州、徐州、蚌埠、南京、无锡、上海、合肥、黄山、上饶、南平、福州。

(4)京九线(北京—香港)

客运线路：京九高速铁路。

货运线路：京九线。

主要经过城市：衡水、菏泽、商丘、阜阳、九江、南昌、赣州、深圳。

(5)京广线(北京—广州)

客运线路：京广高速铁路。

货运线路：京广线。

主要经过城市：石家庄、邯郸、新乡、郑州、武汉、长沙、衡阳。

(6)大湛线(大同—湛江)

客货运线路:北同蒲、太焦、焦柳线月山—石门县段、石长线石门县—益阳段、益永、永玉线永州—岑溪段、岑茂、茂湛线。

主要经过城市:原平、太原、长治、洛阳、襄樊、宜昌、娄底、永州、贺州、梧州、茂名。

(7)包头—三亚线

客货运线路:包西、西康、襄渝线安康—重庆段、渝黔、黔桂、湘桂线柳州—黎塘段、黎湛、湛海、海南西环线。

主要经过城市:绥德、延安、西安、安康、达州、重庆、遵义、贵阳、柳州、玉林、湛江、海口。

(8)北京—成都—昆明线

客运线路:京原高速铁路、大西高速铁路原平—西安段、西成高速铁路、成昆新双线。

主要经过城市:原平、太原、侯马、西安、汉中、广元、成都、西昌、攀枝花。

(9)兰州—厦门线

客货运线路:兰渝、渝怀、怀邵衡、衡茶吉线衡阳—井冈山段、井(冈山)赣(州)、赣龙、龙厦线。

主要经过城市:广元、南充、重庆、怀化、衡阳、井冈山、赣州、龙岩。

(10)成都—广州线

客运线路:成贵、贵广高速铁路。

主要经过城市:宜宾、贵阳、桂林、贺州、肇庆。

"九横"通道:

(1)北京—拉萨线

客运线路:京张城际、张集、集包新双线、包兰、兰青、青藏。

货运线路:丰沙、京包、包兰、兰青、青藏。

主要经过城市:张家口、大同、集宁、呼和浩特、包头、银川、中卫、兰州、西宁、格尔木。

(2)大秦线(大同—秦皇岛)

货运线路:大秦线。

主要经过城市:阳原、延庆、遵化。

(3)神朔黄线(神东—黄骅港)

货运线路:神朔、朔黄线。

主要经过城市:保德、神池、原平、定州、沧州。

(4)青岛—兰州线

客运线路:太青高速铁路、太中银、包兰线。

货运线路:胶济、京沪线济南—德州段、石德、石太、太中银、包兰线。

主要经过城市:济南、德州、石家庄、太原、绥德、中卫。

(5)日照—西安线

客货运线路:兖日、新兖、新月、侯月、侯西线。

主要经过城市:临沂、兖州、菏泽、新乡、侯马。

(6)陆桥线(连云港—阿拉山口、霍尔果斯)

客运线路:陇海线连云港—徐州段、徐兰高速铁路、兰新第二双线、北疆、精伊霍线。

货运线路:陇海、兰新、北疆、精伊霍线。

主要经过城市:新沂、徐州、商丘、郑州、洛阳、西安、宝鸡、兰州、西宁、嘉峪关、哈密、乌鲁木齐。

(7)上海—拉萨线

客运线路:京沪高速铁路上海—南京段、合宁高速铁路、合武高速铁路、汉宜城际、宜万线宜昌—利川段、渝利、成渝高速铁路、川藏线。

货运线路:京沪线上海—南京段、宁芜、芜铜、铜九、武九、汉丹、襄渝线襄樊—安康段、阳安、宝成线阳平关—成都段、川藏线。

主要经过城市:无锡、南京、芜湖、合肥、九江、武汉、襄樊、宜昌、安康、恩施、重庆、汉中、成都、雅安、林芝。

(8)上海—瑞丽线

客运线路:沪昆高速铁路、昆广新双线、广大新双线、大瑞线。

货运线路:沪昆、成昆线昆明—广通段、广大、大瑞线。

主要经过城市:杭州、金华、鹰潭、南昌、株洲、长沙、娄底、怀化、凯里、贵阳、六盘水、昆明、大理、保山。

(9)广州—昆明线

客运线路:南广高速铁路、云桂线。

货运线路:广三、三茂、河茂、黎湛线黎塘—河唇段、湘桂线黎塘—南宁段、南昆线。

主要经过城市:肇庆、梧州、茂名、玉林、南宁、百色。

第三节　铁路选线设计

由于新建或改建铁路的工程量、投资量都很大,且技术复杂,牵涉面广,因此在建筑一条铁路之前,必须进行深入细致的调查研究和勘测、设计工作,并从若干个可供比较的方案中选出一个最优方案。

铁路选线设计是铁路设计工作中的一部分,它是一条铁路线的总体设计,它的工作直接影响到铁路运输能力、运输质量和投资的经济效益。所以,铁路选线设计在铁路设计中具有十分重要的地位。

一般所称的铁路选线设计包含铁路勘测与设计两部分概念。

勘测和设计是一个整体，勘测的质量直接关系到设计的质量。勘测是对设计的路线收集设计所需要的一切资料，如经济资料、地形资料、地质和水文资料等；设计是根据勘测资料对线路及其所有建筑物和设备的位置、大小和结构进行规划和具体设计。

一、铁路选线设计步骤

为了保证高质量完成上述任务，必须在设计的程序和工作内容上划分明确的阶段，逐步解决各阶段中的设计问题。

根据基建程序要求铁路建设划分为三个阶段，七个步骤。

三个阶段主要包括前期工作阶段、基本建设阶段、投资效果反馈阶段。七个步骤主要包括预可行性研究、可行性研究、初步设计、施工图、工程施工和设备安装、验交投产正式运营、后评估。

（一）前期工作阶段

前期工作阶段主要进行方案研究、初测和初步设计工作。

1. 预可行性研究

预可行性研究文件是项目立项的依据，根据国家批准的铁路中长期规划，收集相关资料，经社会、经济、运量调查及现场踏勘后编制。

预可行性研究的内容和深度主要包括：客货运量预测；系统研究项目在路网、综合交通运输体系及社会经济发展中的作用；提出线路起讫点及线路走向方案和建设规模（改建铁路应对其运能与运量不相适应的薄弱环节拟订改建的初步方案，铁路枢纽应结合总图规划拟订研究年度的建设方案，铁路特大桥应结合工程地质、水文条件、线路方案初拟桥址方案和桥式方案）；初步提出铁路主要技术标准、各项主要技术设备设计原则及主要工程内容；对主要工程、相关工程、外部环境（包括邻近或穿越特殊环境功能区）、土地利用、协作条件做初步分析；提出建设工期、投资预估算及资金筹措设想；进行经济初步评价；从宏观上分析对各种保护区、集中噪声敏感区和社会环境的影响；论证项目建设的必要性、可能性。

2. 可行性研究

可行性研究文件是项目决策的依据，根据国家批准的铁路中长期规划或项目建议书，进行社会、经济和运量调查，综合考虑运输能力和运输质量，从技术、经济、环保、节能、土地利用等方面进行全面深入的论证，采用初测资料进行基础性设计。

可行性研究的内容和深度主要包括：落实各研究年度的客货运量；确定铁路主要技术标准，稳定建设方案（包括邻近或穿越特殊环境功能区的线路方案）和主要技术设备的设计原则（改建铁路应解决扩能方案及重大施工过渡方案，铁路枢纽应解决主要站段方案和规模、枢纽内线路方案及其铁路主要技术标准、重大施工过渡方案，铁路特大桥应解决桥址方案、初步拟订桥式方案）；提出主要工程数量、主要设备概数、主要材料概数、拆迁

概数、用地概数、施工组织方案、建设工期、投资估算、资金筹措方案；提出满足项目用地预审要求的土地利用资料；提出建设及运营管理体制的建议；阐明对环境与水土保持的影响和防治的初步方案以及节约能源的措施；进行财务评价和国民经济评价；论证建设项目的可行性。

可行性研究的工程数量和投资估算要有较高的准确度，环境保护、水土保持和土地利用的设计工作，应达到规定的深度。

国家或铁道部批复的可行性研究报告是建设项目规模和投资控制的依据，批准的投资估算是建设项目投资控制的法定限额。

3. 初步设计

主要解决：各类工程的设计方案和技术问题；工程数量；主要设备数量；主要材料数量；用地拆迁数量；施工组织设计及概算。

批准后的初步设计文件作为国家控制建设项目总规划和总投资的依据。

（二）基本建设阶段

本阶段主要进行定测、技术设计和施工图设计，最后进行工程施工、验交投产

1. 施工图设计

施工图设计主要是提供各项工程全套详细尺寸的设计图与设计的说明，施工所需的各项资料表与施工单位要求补充的大样图，施工注意事项等。

2. 工程施工和设备安装

根据施工图、设计资料进行线路工程和各项建筑物施工和设备安装，并达到通车运行的要求。

3. 验交投产，正式运营

全线竣工通车并经试运行后，提交管理部门验收，投入正式运营。

（三）投资效果反馈（后评估）阶段

在铁路运营若干年后，由建设单位会同有关部门对立项决策、设计质量、施工质量、技术经济指标、投资和经济效益等进行后评估，以总结经验，提高决策水平。

二、铁路选线设计的基本任务

铁路选线设计是一项综合性的复杂任务，涉及各种建筑和设备的设计问题，其基本任务主要是：

1. 根据设计线在路网中的地位和作用以及所担负的客、货运量确定线路的类别。

2. 以线路类别为基础，结合地形、地质等自然条件，选择线路走向与主要技术标准（如限制坡度、最小曲线半径等）。

3. 设计线路的平面和纵断面位置，同时进行车站分布。

4. 确定各种建筑物和设备在线路上的位置，使它们互相配合。

5. 通过方案比较，选出能力大、质量高、效益好且安全可靠的线路方案。

三、路网规划

铁路运输系统，或称路网，是指在全国或地区范围内为满足客货运输需求而建设的相互联结的铁路干线、支线、联络线和铁路枢纽构成的铁路网络系统。

路网规模和铁路运输工作质量在很大程度上促进或制约着国民经济发展的速度与规模，铁路运输业的发展必须适度超前。

路网规划一般可分为全国铁路网及区域路网、铁路运输通道及铁路线(铁路走向)以及铁路技术设备三个层次。

全国路网规划主要是制定路网发展的方针政策，拟定适应国民经济发展需求的路网规模、投资比重、路网结构及主要干线布局等重大课题。

区域路网规划主要解决的问题是区域运输需求预测、客货流结构分析、主要通道建设与发展规划以及区域路网利用与发展优化等，并以后者为重点。

铁路运输通道和铁路线是构成路网的基础，主要是研究铁路运输通道的组成、各铁路线的技术经济特征以及客货流在各铁路线间的合理分配等问题。

铁路技术设备包括线路、车站、枢纽等，主要研究各种技术设备的设计规范、合理布局以及各种技术作业的合理流程，并在此基础上确定其通过能力和作业能力，为铁路运输通道的铁路线间客货运输流分配及能力加强提供技术经济依据。

第四节　铁路线路的平面和纵断面

铁路线路在空间的位置是用它的中心线表示的。线路中心线在水平面上的投影，叫线路平面；线路中心线纵向展直后在铅垂面上的投影，叫线路纵断面。

从运营的观点来看，最理想的线路是既直又平的线路。但是天然地面情况复杂多变(有山、水、沙漠、森林、矿区、城镇等障碍物和建筑物)，如果把铁路修得过于平直，就会造成工程数量和工程费用大，且工期长，这样既不经济，又不合理，有时也不现实。从工程角度来看，为了降低造价，缩短工期，铁路线路最好是随自然地形起伏变化。但是这会给运营造成很大困难，甚至影响铁路行车的安全与平稳。

因此，选定铁路线路的空间位置，应该综合考虑工程和运营的要求，通过方案比较，在满足运营基本要求的前提下，尽量减少工程量，降低造价。图 2-1 中，若将线路起讫点和必须经过的城市 A、B 直接连接，则线路必须两次跨越大河和穿过不良地质地段，不仅投资多，而且线路质量差、隐患大。为了降低工程造价，节约运营支出和消除隐患，可根据自然条件选择有利地点通过。在图 2-1 中用折线 ACB 来代替 AB 直线，在折线的转角处，则用曲线连接。

一、铁路线路的平面及平面图

(一)铁路线路平面

从图 2-1 中可以看出,在折线转角处,就需要用曲线连结。因此,直线和曲线就成为线路平面的组成要素。

列车在线路上运行,总会受到各种阻力,主要分为基本阻力和附加阻力两大类。

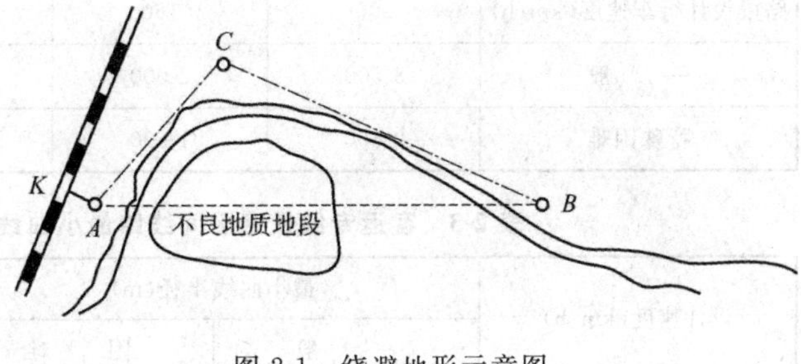

图 2-1　绕避地形示意图

基本阻力是指列车在空旷地段沿平、直轨道运行时所受到的阻力。包括车轴与轴承之间、轮轨之间以及钢轨接头对车轮的撞击阻力等。基本阻力在列车运行时总是存在的。

附加阻力是指列车在线路上运行时,受到的额外阻力。如坡道附加阻力、曲线附加阻力、起动附加阻力等。附加阻力随列车运行条件或线路平、纵断面情况而定,附加阻力方向与列车运行方向相反。

线路平面上有了曲线(弯道)后,给列车运行造成阻力增大和限制行车速度等不良影响。列车通过曲线时,由于惯性的作用,使得外侧车轮轮缘紧压外轨,摩擦增大;又由于曲线外轨长于内轨,外轮在外轨上滑行,从而给运行中的列车带来一种附加阻力,称为曲线附加阻力。曲线附加阻力的大小,我国通常用下面的试验公式来计算,即:

$$\omega_r=\frac{600}{R}\qquad (\mathrm{N/kN})$$

式中　ω_r——单位曲线附加阻力,N/kN,即列车单位重量所摊曲线附加阻力值;

R——曲线半径,m;

600——试验常数。

上式适用于曲线长度大于或等于列车长度的情况。从式中可知,曲线附加阻力与曲线半径成反比。曲线半径越小,曲线附加阻力越大,运营条件就越差,说明采用大半径曲线对列车运行的影响较小。而小半径曲线亦具有容易适应困难地形的优点,对工程条件有利。因此,在设计铁路线时必须根据铁路所允许的旅客列车的最高运行速度,由大到小合理地选用曲线半径。为了测设、施工和养护的方便,曲线半径一般应取 50、100 m 的整倍数,即 10 000、8 000、6 000、5 000、4 000、3 000、2 500、2 000、1 800、1 600、1 400、1 200、1 000、800、700、600、550、500、450、400、350 m;特殊困难条件下,可采用上列半径间 10 m 整倍数的曲线半径。为了保证线路的通过能力,并有一个良好的运营条件。我国《铁路技术管理规程》对区间线路的最小曲线半径做了具体规定。

客货共线Ⅰ、Ⅱ级铁路区间线路最小曲线半径规定见表 2-2;客运专线铁路区间线路曲线半径规定见表 2-3。

表 2-2　客货共线Ⅰ、Ⅱ级铁路线路区间线路最小曲线半径(m)

铁路等级	Ⅰ			Ⅱ	
路段设计行车速度(km/h)	200	160	120	120	80
一　　般	3 500	2 000	1200	1200	600
特殊困难	2 800	1 600	800	800	500

表 2-3　客运专线铁路区间线路最小曲线半径和最大曲线半径(m)

设计速度(km/h)	最小曲线半径(m)		最大曲线半径(m)	
	一　　般	困　　难	一　　般	困　　难
200	2 200	2 000	10 000	12 000
250	4 000	3 500	10 000	12 000
300	4 500		12 000	14 000
350	7 000		12 000	14 000

车站必须设在曲线上时,不得设在反向曲线上,其曲线半径不得小于该区段内的最小曲线半径,且不得小于表 2-4 中规定的数值。

表 2-4　车站平面最小曲线半径

路段设计行车速度(km/h)	最小曲线半径(m)		
	区段站、编组站	中间站	
		一　　般	困　　难
80	800	600	600
120		1 200	800
160	1 600	2 000	1 600
200	2 000	3 500	2 800

在铁路线路上,直线和圆曲线不是直接相连的,它们之间需要插入一段缓和曲线如图 2-2 所示。

缓和曲线的特征是其曲率半径由无穷大渐变到它所衔接的圆曲线半径(或相反),从而使车辆产生的离心力逐渐增加(或减小),有利于行车平稳;同时在缓和曲线范围内,外轨超高由零递增到需要的超高量(或相反),又可以使向心力与离心力逐渐增加(或减小),也有利于行车

平稳。

（二）铁路线路平面图

用一定的比例尺（1∶2 000 或 1∶1 000）和规定的符号，把线路中心线及两侧的地形、地物投影到水平面上绘出的图，叫做线路平面图，如图 2-3 所示。

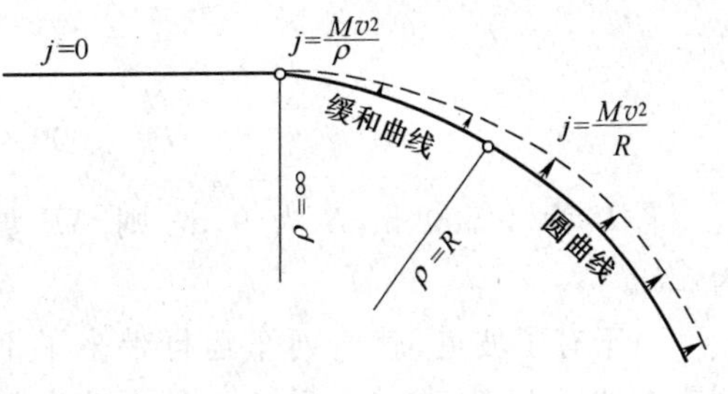

图 2-2　缓和曲线示意图

线路平、纵断面图是铁路设计的基本文件。在各个设计阶段都要编制要求不同、用途不同的各种平面图。从平面图上可以看到线

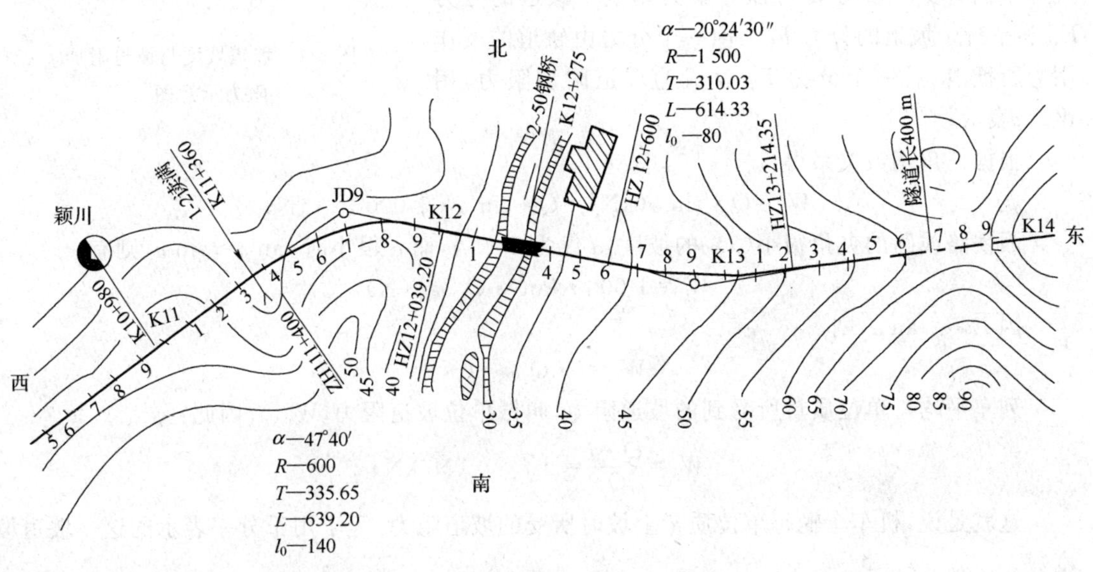

图 2-3　某一段铁路的线路平面图

路的中心线和里程标，以及沿线的车站、桥隧建筑物等的数量和位置；同时还可以看到用等高线（地面上高程相等各点的连线）表示的沿线地形和地物等情况。

二、铁路线路的纵断面及纵断面图

（一）铁路线路的纵断面

为了适应地面的起伏，线路上除了平道以外，还修成不同的坡道。因此，平道与坡道就成了线路纵断面的组成要素。

坡道的陡与缓常用坡度来表示。坡度是一段坡道两端点的高差 H 与水平距离 L 之比，用 i‰表示，如图 2-4 所示。

$$i‰=\frac{H}{L}=\tan\alpha$$

$$i=1\ 000\times\frac{H}{L}=1\ 000\tan\alpha$$

若 L 为 1 500 m，h 为 9 m，则 AB 坡道的坡度为 6‰。

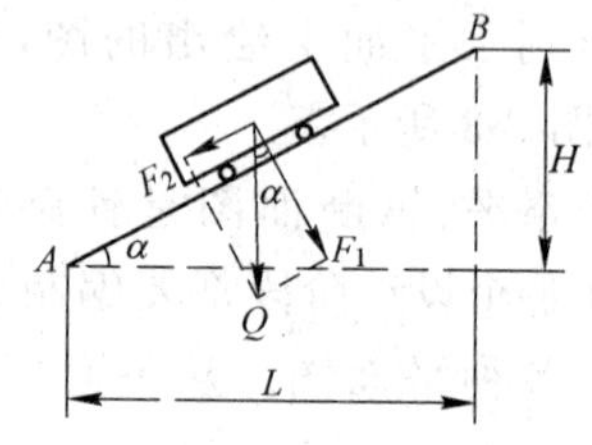

图 2-4　坡道坡度与坡道附加阻力示意图

由于有了坡道，就给列车运行带来了不良的影响。列车在坡道上运行时，会受到一种由坡道引起的阻力，这一阻力称之为坡道附加阻力。从图 2-4 中可以看出，机车车辆所受的重力 Q 可以分解为垂直于坡道的分力 F_1 和平行于坡道的分力 F_2。前一个分力由轨道的反作用力所抵消，后一个分力 F_2 就成为坡道附加阻力，用 W_i 来表示。

根据三角函数关系得：

$$W_i=Q\cdot\sin\alpha(\text{kN})=Q\cdot\sin\alpha\cdot 1\ 000\qquad(\text{N})$$

因铁路线路的夹角很小(3‰的坡度，α 仅为 1°44′)，而 α 很小时 $\tan\alpha\approx\sin\alpha$，则有：

$$W_i=1\ 000\cdot\tan\ \cdot Q\qquad(\text{N})$$

因 $i‰=\tan\alpha$，则

$$W_i=i\cdot Q\qquad(\text{N})$$

列车平均每单位质量所受到的坡道阻力，叫做单位坡道阻力(W_i)。因此：

$$W_i=\frac{Q\cdot i}{Q}=\pm i\qquad(\text{N/kN})$$

这就是说，机车车辆每单位质量上坡时所受的坡道阻力，等于用千分率表示的这一坡道坡度数。

列车上坡时，坡道阻力规定为“+”；而当下坡时，坡道阻力规定为“−”。

由上可见，坡度越大，列车上坡时的坡道阻力也就越大，同一台机车(在列车运行速度相同的条件下)所能牵引的列车重量也就越小。

每一铁路区段都是由许多平道和不同坡度的坡道组成的。坡道的坡度不同，它们对列车重量的影响也就不同。

在一个区段上，决定一台某一类型机车所能牵引的货物列车重量(最大值)的坡度，叫做限制坡度 i_r(‰)。在一般情况下，限制坡度的数值往往和区段内陡长上坡道的最大坡度值相当。

如果在坡道上又有曲线，那么这一坡道的坡道附加阻力值和曲线附加阻力值之和，不能大于该区段规定的限制坡度的阻力值，即：

$$i=W_r\leqslant i_x$$

限制坡度的大小，影响一个区段甚至全铁路线的运输能力。限制坡度小，列车重量可以增加，运输能力就大，运营费用就越省。但是限制坡度过小时，就不容易适应地面的天然起伏，特别是在地形变化很大的地段，使工程量增大，造价提高。因此，限制坡度的选定是一个很重要的问题，要经过仔细的综合研究，才能得出合理的结论。我国《铁路技术管理规程》规定的最大限制坡度的数值，如表 2-5 所列。

表 2-5　客货共线Ⅰ、Ⅱ级铁路区间线路最大限制坡度(‰)

铁路等级		Ⅰ		Ⅱ	
		一般	困难	一般	困难
牵引种类	电力	6	15	6	20
	内燃	6	12	6	15

在个别线路的越岭地段，由于地形障碍显著而集中，若仍采用表 2-5 所规定的限制坡度，实际上有困难或工程造价太高时，在经过详尽的技术经济比较后，允许采用大于限制坡度的加力牵引坡度，内燃牵引的可用至 25‰，电力牵引的可用至 30‰。加力牵引坡度是指在大于限制坡度的坡道地段，为了统一全区段的列车重量标准，保证必要的线路通过能力，而进行多机牵引的坡度。

各级铁路的加力牵引坡度，内燃牵引的可用至 25‰，电力牵引的可用至 30‰。

平道与坡道、坡道与坡道的交点，叫做变坡点。列车经过变坡点时，由于坡度的突然变化，车钩内产生附加应力；坡度变化越大，附加应力越大，易造成断钩事故。为了保证列车的运行平稳和安全，我国铁路规定，在Ⅰ、Ⅱ级铁路，相邻坡段的坡度代数差大于 3‰、Ⅲ级铁路大于 4‰时，应以竖曲线连接，如图 2-5 所示。

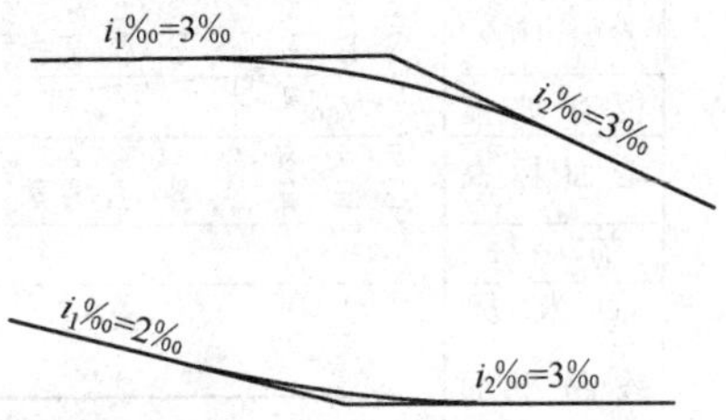

图 2-5　竖曲线示意图

竖曲线是纵断面上的圆曲线。竖曲线的半径，Ⅰ、Ⅱ级铁路为 10 000 m，Ⅲ级铁路为 5 000 m。

(二)铁路线路纵断面图

用一定的比例尺，把线路中心线(展直后)投影到铅垂面上。并标明平面、纵断面的各项有关资料的图纸，叫做线路纵断面图，如图 2-6 所示。

铁路线路纵断面图的上半部是图的部分，其中主要是设计坡度线，即设计的路肩标高的连线。此外，还有地面线、填方和挖方高度的数字、桥隧建筑物资料(包括桥梁、涵洞的孔径、类型、中心里程和隧道长度等)、车站资料(包括站名、车站中心里程和相邻车站间的距离)及其他有关情况。

在纵断面图的下部是表格部分，其中主要是路肩设计标高(在变坡点处和百米标、加标处

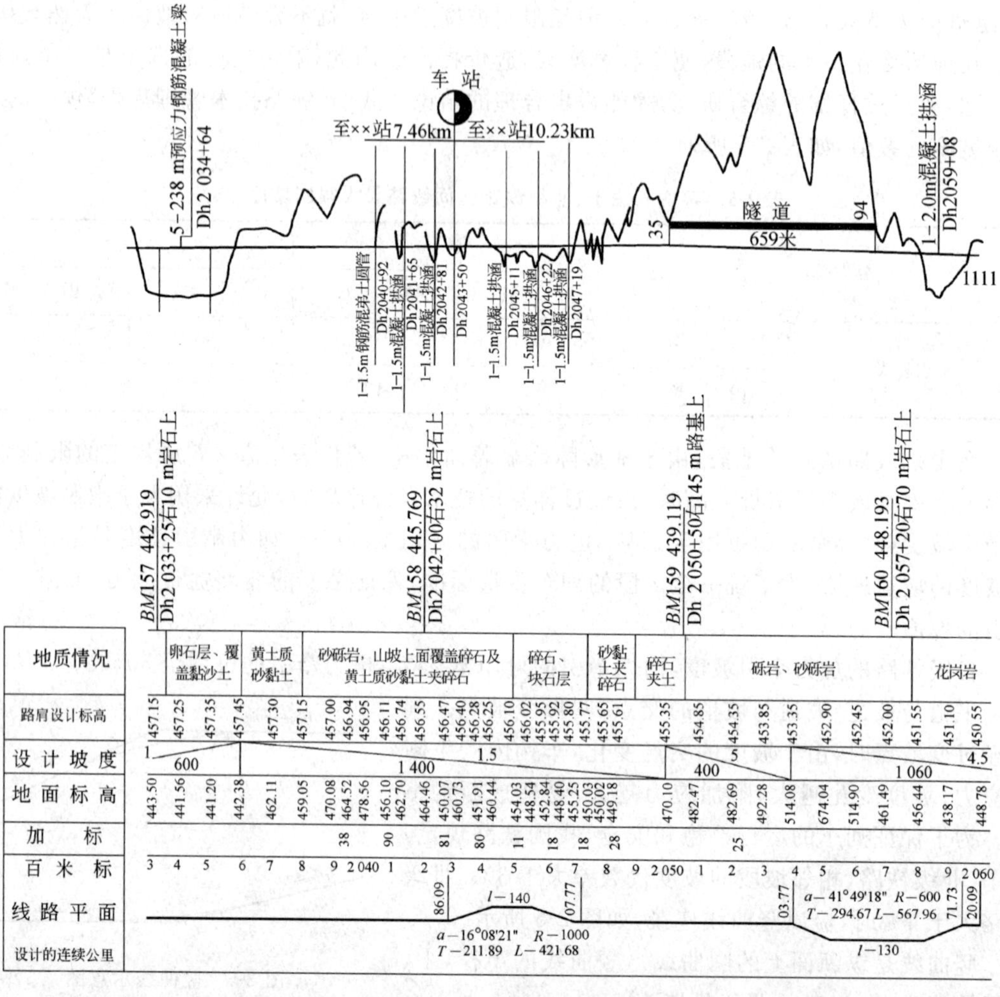

图 2-6　某一段铁路的线路纵断面图

都标出路肩设计标高）和设计坡度（每个坡段分别标出）。同时，用公里标、百米标和加标（在桥涵中心位置等必要地点都设置加标，并标明加标和前后百米标之间的距离）标明线路上各个坡段和设备的位置。此外，还有地面标高等。

在线路纵断面图上，还附有线路平面情况，以便和线路纵断面情况相对照，看清线路平、纵断面的全貌。

铁路线路平面图和纵断面图是全面、正确反映线路主要技术条件的重要文件，也是指导线路施工工作和在线路交付运营后仍需使用的技术资料。

三、线路标志

为满足行车和线路养护维修的需要，在线路沿线设有各种线路标志。其中，常见的有公里标、半公里标、曲线标、圆曲线与缓和曲线始终点标、桥梁及坡度标等，如图 2-7 所示。

公里标、半公里标是线路的里程标。公里标表示从铁路线路起点开始计算的连续里程，每公里设一个。半公里标设于线路的每半公里处。

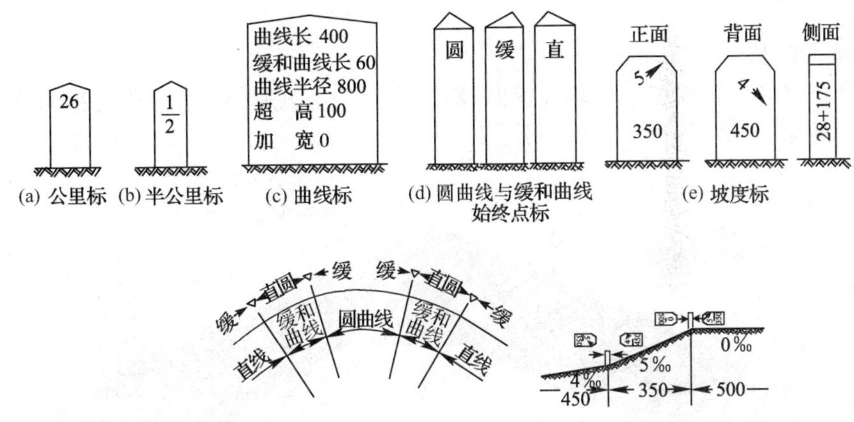

图 2-7 线路标志

曲线标为曲线的技术参数标。其上标明了曲线的有关要素（如曲线的长度、缓和曲线长度、曲线半径、超高、加宽等）。该标设于曲线的中部。

圆曲线和缓和曲线始终点标设于直线与缓和曲线、圆曲线与缓和曲线的连接处，表明经过缓和曲线的起点与终点。在该标上分别写有缓直、圆缓、缓圆、直缓字样。

坡度标设于变坡点处。它的正面和背面分别表示两边的坡度和坡段长度，并用箭头表示上坡或下坡，侧面则标明它所在的里程。

桥梁标一般设于桥头，标明桥梁编号和桥梁中心里程。

线路标志应埋设在计算里程方向的线路左侧。

第五节 路基和桥隧建筑物

路基和桥隧建筑物都是轨道的基础，它们直接承受轨道的重量，以及机车车辆及其荷载的压力。路基和桥隧建筑物的状态与线路质量的关系极为密切。所以，路基面应当平顺。其高程以路肩标高表示。路基面应有足够的宽度，符合轨道铺设、附属构筑物设置和线路养护维修作业的要求。

路基工程主要由路基本体、路基防护和加固建筑物、路基排水设备三部分建筑物组成。

一、路　基

(一)路基的基本形式

在铁路线路工程中,路基常见的两种基本形式是路堤式和路堑式。

1. 路堤式路基

当铺设轨道的路基面高于天然地面时,路基以填筑方式构成,这种路基称为路堤式,如图2-8(a)所示。

2. 路堑式路基

当铺设轨道的路基面低于天然地面时,路基以开挖方式构成,这种路基称为路堑式路基,如图 2-8(b)所示。

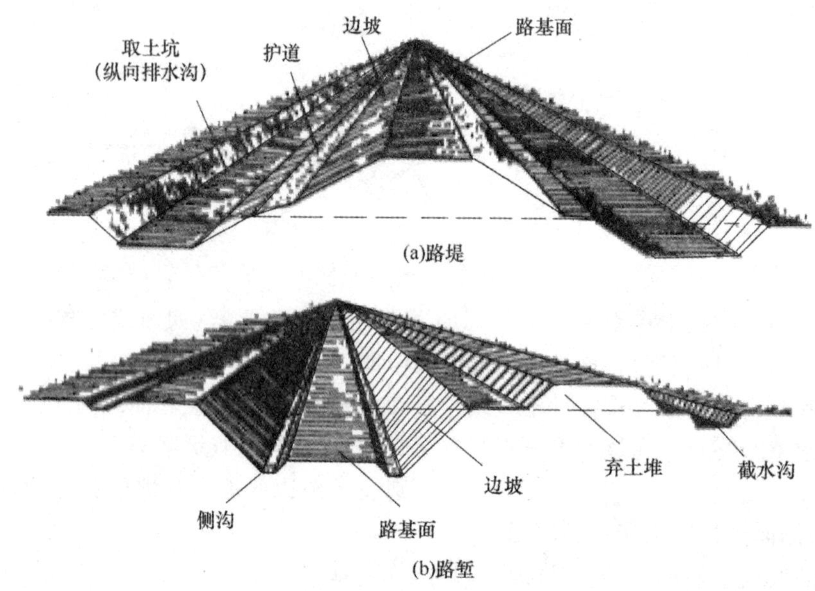

图 2-8　路基的形式

此外,还有半路堤式、半路堑式或不填不挖式路基。

(二)路基的排水和防护措施

路基必须坚实而稳固,才能承受沉重的压力。但是土质路基的坚固性和稳定性比较不易保持,它受许多因素的影响。在一般情况下,水的侵害往往是一个主要原因。因此,在路基的构造形式上处处要考虑如何有利于排水。对于非渗水土质的路基面,通常设成路拱形式。我国铁路单线路基顶面的路拱采用梯形,双线路基面的路拱采用三角形。对于岩石和渗水性土质的路基面可不设路拱。

路基顶面的宽度，则视土壤种类、线路等级和轨道类型等条件而异，通常单线为 5.0～7.4 m，双线为 9.9～11.6 m。

1. 路基排水

为保持路基经常处于干燥、坚固和稳定状态，路基上设有一套完整的排水设备。纵向排水沟、侧沟和截水沟是为了排除地面水而设置的，如图 2-9 所示。

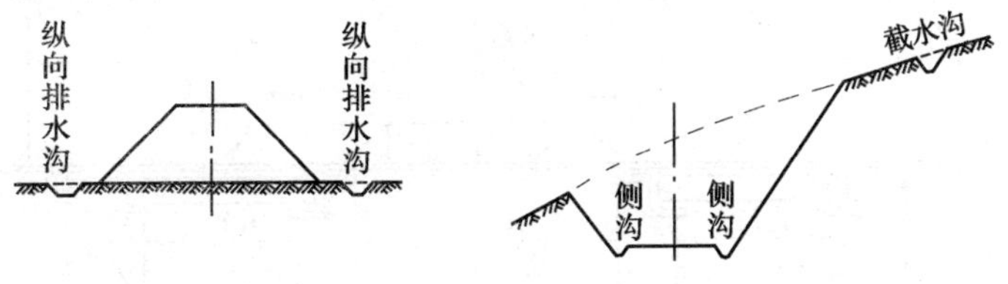

图 2-9　排除地面水设施

除了地面水以外，地下水也是破坏路基坚实、稳固的一个重要因素。为了拦截地下水，降低地下水位。常采用渗沟和渗管等地下排水设备，如图 2-10 所示。

无管渗沟适用于地下水流量小、流程短的情况。若水流量较大且流程较长时，则采用有管渗沟。有管渗沟的渗水管是管壁带有渗水孔的陶管或混凝土管。

2. 路基的防护

路基坡面的地表水流沿山坡呈片状流动，它与边坡坡度及坡面状态等有关。缓坡、粗糙或有草木生长时流速小，反之就大些。路基坡面地表水流对坡面有洗蚀破坏作用，时间越长还会把坡面冲成纹沟、鸡爪沟，进而破坏路基边坡的稳定性。因此，对路基坡面地表水流的洗蚀应及时进行坡面防护。并修筑排水设备，保证排水通畅。常用的坡面防护措施有：种草、铺草皮、植树、抹面、灌浆和砌石护坡等。此外，还可以设置挡土墙或其他拦挡建筑物。图 2-11 为挡土墙。

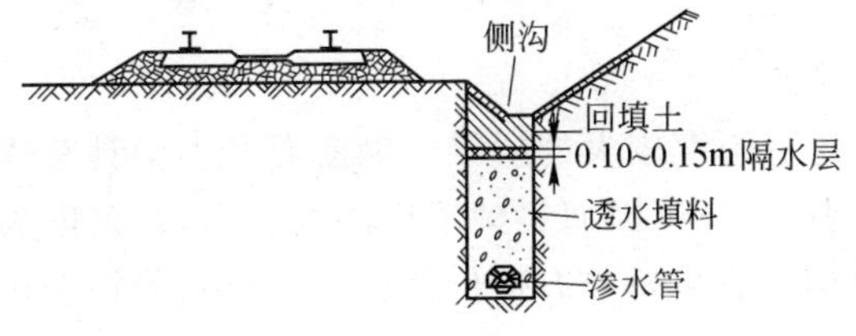

图 2-10　渗沟和渗管

图 2-11　挡土墙

二、桥隧建筑物

当铁路线路要通过江河、溪沟、谷地以及山岭等天然障碍，或要跨越公路、铁路时，就需要修建桥隧建筑物，以使铁路线路得以继续向前延伸。桥隧建筑物包括桥梁、涵洞、明渠、隧道等。在修建铁路时，桥隧建筑物的工程量一般占相当大的比重，而大桥和长隧道的施工期限，有时还成为新建铁路能否按时通车的关键。

(一)桥　　梁

1. 桥梁的组成

桥梁主要由桥面、桥跨结构、墩台及基础三部分组成，如图 2-12 所示。

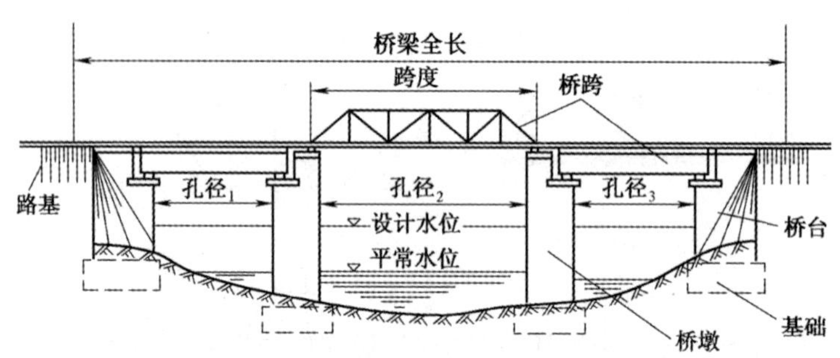

图 2-12　桥梁的组成

桥面是桥梁上铺设的轨道部分。桥跨结构是桥梁承受荷载、跨越障碍的部分。墩台是支承桥跨结构的部分，包括桥墩和桥台，设于桥梁中部的支座称为桥墩，设于桥梁两端的支座叫做桥台。桥墩与桥台的底部为墩台的基础。

两个相邻墩台之间的空间叫桥孔。每个桥孔在设计水位处的距离叫做孔径。从桥跨结构底部到设计水位的高度以及相邻两墩台之间的界限空间，叫做桥下净空。桥梁的孔径和桥下净空应能满足排泄洪水、泥石流、流水或船舶通航的要求。每一桥跨两端支座间的距离，叫做跨度。整个桥梁(包括墩台在内)的总长度，是桥梁的全长。

2. 桥梁的分类

桥梁的种类很多、形式多样，一般可按桥梁的建造材料、桥梁长度、桥梁外形以及桥梁跨越障碍等加以区分。

(1)按建造材料分：有钢桥、钢筋混凝土桥、石桥等。

钢梁的质量轻、强度大、安装较方便，适合于建造跨度较大的桥梁。钢筋混凝土梁具有造价低、节省钢材、坚固耐用、养护工作量小和噪声小等优点，因而得到了广泛的采用，在跨度为20 m以下的桥梁中，各国大量采用钢筋混凝土结构。石拱桥亦有造价低、经久耐用、养护费用省等优点，可就地取材，节省大量的钢材和水泥。

(2)按桥梁长度(L)分：有小桥($L<20$ m)、中桥(20 m$\leqslant L<$100 m)、大桥(100 m$\leqslant L<$500 m)和特大桥($L\geqslant$500 m)。

(3)按桥梁外形分：有梁桥、拱桥、斜拉桥等，如图 2-13 所示。

我国的桥梁建筑具有悠久的历史。早在公元 7 世纪初，隋代的李春就在河北省赵县城南洨河上，建成了世界上最早的、跨度达到 37.37 m 的石拱桥—河北省赵州桥(又名安济桥)，

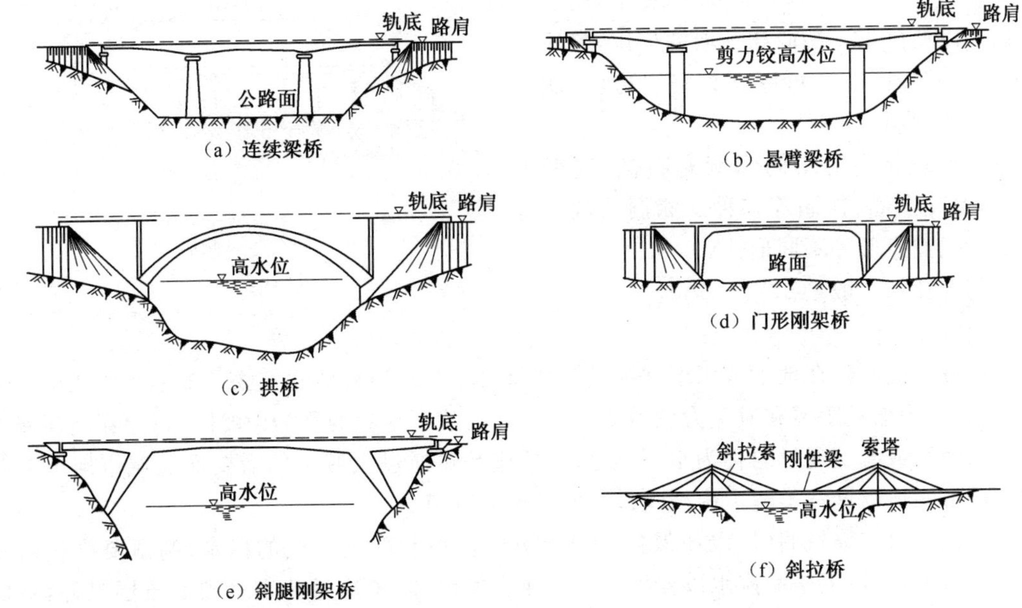

图 2-13 各式桥梁

1 300年之后的今天,它仍然屹立在洨河之上。赵州桥的设计方案和建造工艺,在国际桥梁史上占有一定的地位。

中国最早的铁路桥梁要追溯到 19 世纪的 70 年代修筑的吴淞铁路,因当地河网密布,短短十几公里的铁路修建了中小桥梁十余座,其中最大的是长 50 m 左右的吴淞蕴藻浜桥。1887 年,中国人自己修筑的第一条铁路——唐胥铁路向西延伸时,在茶淀与汉沽间的蓟运河上修建了长 173.72 m、具有近代建筑水平的铁路钢桥—蓟运河桥。此桥经过多次改造,直到今天仍在使用,它可以算为中国铁路历史最悠久的钢桥。从 1881 年唐胥铁路建成到今天,中国共修建了 4 万余座各种铁路大小桥梁,其中 1984～1995 年的 10 年里就修建了 6 259 座。

铁路桥梁荷载大,受冲击力大,行车密度大,要求能抵抗自然灾害的标准高,特别是结构要求有一定的竖向横向刚度和动力性能。100 多年来,中国铁路的建桥技术取得了举世瞩目的进步,研究制造出高强度耐久的新材料,设计出先进合理的桥式结构,拥有科学先进的制造和施工工艺设备,一座座技术先进、雄伟壮丽的桥梁,在长江、黄河、湘江等水深、流急、河面宽阔的江河上架设起来。在新中国的铁路桥梁建筑史上最有代表性的铁路桥梁有武汉长江大桥、南京长江大桥、九江长江大桥、芜湖长江大桥。

(二)涵　　洞

涵洞设在路堤下部的填土中,是用以通过水流的一种建筑物。

涵洞(如图 2-14 所示)主要由洞身(由若干管节所组成)、基础、端墙和翼墙所组成。管节埋在路基之中，它具有一定的纵向坡度（从进口向出口），以便排水。端墙和翼墙的作用，是便于水流进出涵洞，同时还可以保护路堤边坡，使它不受水流的冲刷。

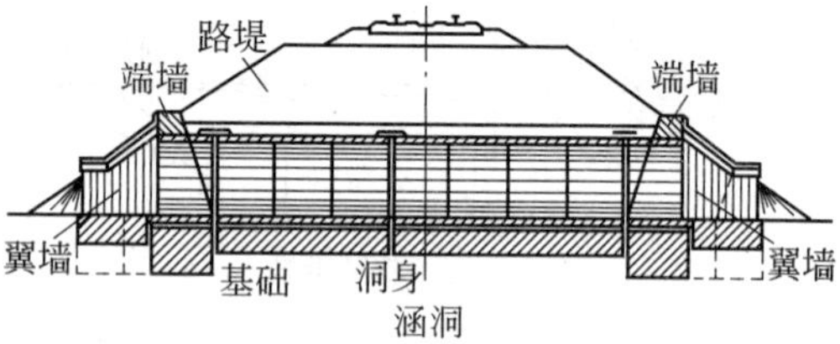

按照建筑材料的不同涵洞有石涵、混凝土涵、钢筋混凝土涵、铁涵等多种。涵洞的截面有矩形、圆形、圈拱形等不同形式。

图 2-14　涵洞

涵洞的孔径一般是 0.75～6 m。

（三）隧　　道

铁路隧道是修建在地下或水下并铺设铁路供机车车辆通行的建筑物。根据其所在位置可分为三大类：为缩短距离和避免大坡道而从山岭或丘陵下穿越的称为山岭隧道；为穿越河流或海峡而从河下或海底通过的称为水下隧道；为适应铁路通过大城市的需要而在城市地下穿越的称为城市隧道。这三类隧道中修建最多的是山岭隧道。

在隧道洞口应修筑洞门，以便保持洞口上方的仰坡和两侧边坡的稳定；洞顶要修筑截水沟，用于拦截从山坡下来的流水以保护洞口。在隧道内，除了通过特别坚硬的石层以外，一般还要用砖、石、混凝土或钢筋混凝土等材料作内部衬砌，以便防止四周岩层塌落、变形和渗水。

第六节　轨　　道

一、轨道的组成

在路基、桥隧建筑物修成之后，就可以在上面铺设轨道。轨道是由各种不同力学性能材料的部件构成，自上而下依次为钢轨、轨枕、联结零件、道床，此外还包括防爬设备和道岔等。它起着机车车辆运行的导向作用，直接承受由车轮传来的巨大压力，并把它传递给路基或桥隧建筑物。轨道的基本组成如图 2-15 所示。

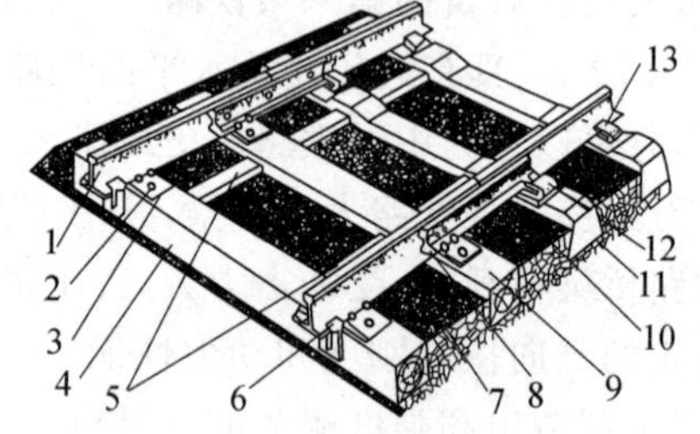

图 2-15　轨道的基本构成

1—钢轨；2—普通道钉；3—垫板；4,9—木枕；5—防爬撑；6—防爬器；7—道床；8—双头夹板；10—螺栓；11—钢筋混凝土轨枕；12—扣板式中间联结零件；13—弹片式中间联结零件。

注：图中画了多种类型扣件是为示例之用，并非现场线路中的实际使用情况。

轨道是一个整体性工程结构，经常处于列车运行的动力作用下，所以它的各组成部分均应具有足够的强度和稳定性，以保证列车按照规定的最高速度，安全、平稳和不间断地运行。

（一）钢　　轨

钢轨的作用是直接承受车轮的巨大压力并引导车轮的运行方向，因而它应当具备足够

的强度、稳定性和耐磨性。

为了使钢轨具有最佳的抗弯性能，钢轨的断面形状采用“工”字形，如图 2-16 所示，由轨头、轨腰和轨底组成。

在我国，钢轨的类型或强度以每米长度大致质量（公斤数）表示，现行的标准钢轨类型有 75 kg/m、60 kg/m、50 kg/m 等。

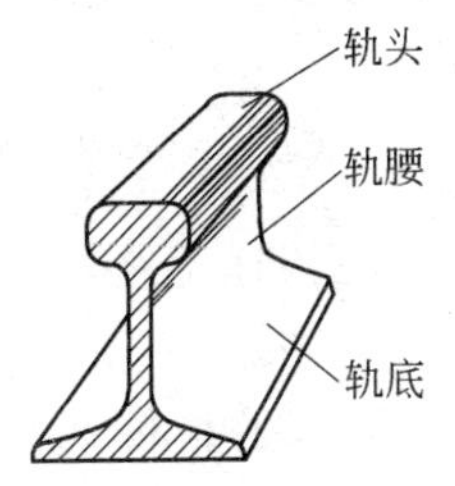

图 2-16　钢轨断面形式

钢轨的长度长一些好，可以减少接头的数量，列车运行平稳并可节省接头零件和线路的维修费用，但是由于加工条件和运输条件的限制，一根钢轨的轧制长度是有限的。目前我国钢轨的标准长度有 25 m 和 12.5 m 两种，对于 75 kg/m 钢轨只有 25 m 长一种。此外，还有专供曲线地段铺设内轨用的标准缩短轨若干种。

（二）轨　　枕

轨枕的作用是支承钢轨，并将钢轨传来的压力传递给道床，同时可保持钢轨位置和轨距。

轨枕按照制作材料分，主要有钢筋混凝土枕和木枕两种。木枕具有弹性好，形状简单，加工容易，重量轻，铺设和更换方便等优点。主要缺点是消耗大量木材，使用寿命较短。经过防腐处理的木枕，一般可用 15 年左右，最多不过 30 年。为了保护生态平衡和森林资源，木枕的使用将越来越受限制。钢筋混凝土轨枕使用寿命长、稳定性能高、养护工作量小，加上材料来源较广，所以在我国铁路上得到广泛采用，不仅可以节省大量木材，还有利于提高轨道的强度和稳定性。

我国普通轨枕的长度为 2.5 m，道岔用的岔枕和钢桥上用的桥枕，其长度有 2.6～4.85 m 多种。

每公里线路上铺设轨枕的数量，应根据运量及行车速度等运营条件确定，一般在 1 520～1 840根之间。轨枕根数越多，轨道强度越大。

（三）联结零件

联结零件包括接头联结零件和中间联结零件两类。

接头联结零件是用来联结钢轨与钢轨间的接头的，它包括双头夹板、螺栓、螺帽和弹性垫圈等。钢轨接头处必须保持一定的缝隙，这一缝隙叫做轨缝。当气温发生变化时，轨缝可满足钢轨的自由伸缩。钢轨接头是线路上最薄弱的环节，它使行车阻力和线路维修费用显著增加，因此它是线路维修工作的重点对象。

中间联结零件（又称扣件）的作用是将钢轨紧扣在轨枕上。中间联结零件因轨枕的不同，有钢筋混凝土枕用扣件和木枕用扣件两类。木枕用扣件包括普通道钉和垫板。垫板置于轨底与木枕之间，其目的在于增加木枕与轨底的接触面积，使木枕经久耐用。同时，由于它的顶面做成 1∶40 的斜度，使线路上的钢轨具有适当的内倾度（叫做轨底坡），以有利于防止和减轻轮对的蛇行运动。钢筋混凝土枕用扣件有扣板式、拱形弹片式和 ω 形弹条式三种。ω 形弹条式

图 2-17　ω形弹条扣件

扣件(如图 2-17 所示)不仅比前两种使用的零件少,结构简单,而且弹性好,扣压力最大,因此在主要干线上被大量采用。

(四)道　床

道床是铺设在路基面上的石砟(道砟)垫层。主要作用是支承轨枕,把轨枕上部的压力均匀地传递给路基;并固定轨枕的位置,阻止轨枕纵向或横向移动;缓和机车车辆轮对对钢轨的冲击。

道床的材料应当具有坚硬,不易风化,富有弹性,并有利于排水的特点。常用的材料有碎石、卵石、粗砂等。其中以碎石为最优,我国铁路一般都采用碎石道床。

道床的断面呈梯形,其顶面宽度、边坡坡度及道床厚度等均按轨道的类型而定。

(五)防爬设备

因列车运行时纵向力的作用,使钢轨产生纵向移动,有时甚至带动轨枕一起移动,这种现象叫轨道爬行。轨道爬行经常出现在单线铁路的重车方向(运量大的方向)、双线铁路的行车方向以及长大下坡道上和进站前的制动距离内。

轨道爬行往往引起轨缝不匀、轨枕歪斜等线路病害,对轨道的破坏性极大,严重时还会危及行车安全。因此,必须采用有效措施加以防止。通常的做法是,一方面加强钢轨与轨枕间的扣压力和道床阻力;另一方面是设置防爬设备(防爬器和防爬撑)。常用的防爬器为穿销式防爬器。

(六)道　岔

道岔是一种使机车车辆能从一股道转入另一股道的线路连接设备,在车站上大量铺设。最常见的是普通单开道岔。

1. 普通单开道岔

普通单开道岔由转辙器、辙叉及护轨、连接部分所组成,如图 2-18 所示。

(1)转辙器:包括两根尖轨、两根基本轨和转辙机械。尖轨是转辙器的主要部件,通过连接杆与转辙机械相连,所以操纵转辙机械可以改变尖轨的位置,确定道岔的开通方向。

(2)辙叉及护轨:包括辙叉心、翼轨及护轨。它的作用是保证车轮安全通过两股轨线的相互交叉处。

从两翼轨最窄处到辙叉心实际尖端之间,存在着一段轨线中断的空隙,叫做辙叉的有害空间。当机车车辆通过辙叉有害空间时,轮缘有走错辙叉槽而引起脱轨的可能,因此,必须设置护轨,对车轮的运行方向实行强制性的引导。

道岔上的有害空间是限制列车过岔速度的一个重要因素。为了消灭有害空间,适应列车高速运行的要求,国内外都发展了各种活动心轨道岔。一般来说,辙叉心轨和尖轨是同时被扳动的,当尖轨开通某一方向时,活动心轨的辙叉心轨就与开通方向一致的翼轨密贴,与另一翼

轨分开，从而消灭了有害空间。图 2-19 为活动心轨辙叉。

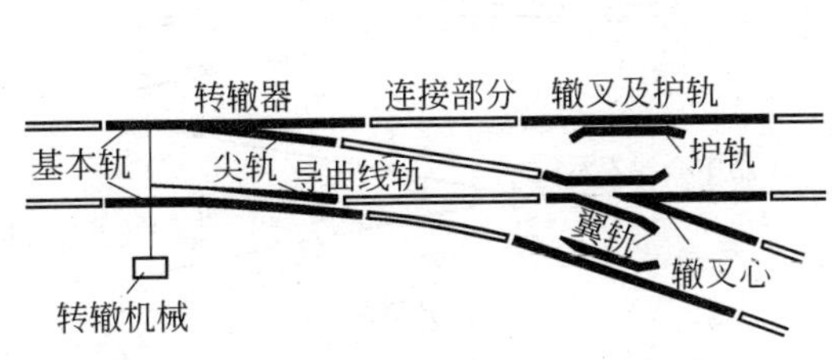

图 2-18　普通单开道岔

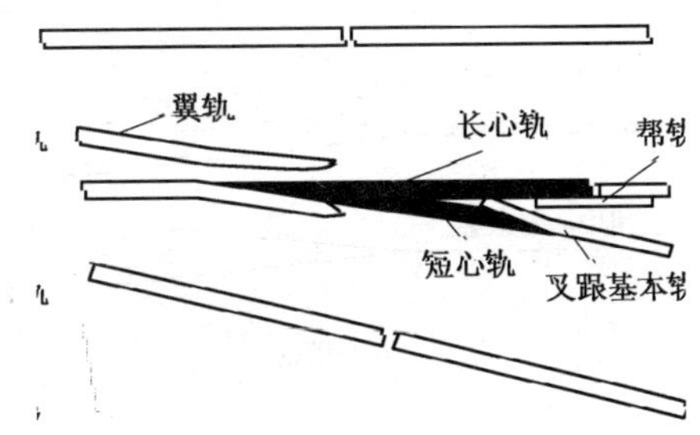

图 2-19　活动心轨辙叉

运营实践证明，由于消灭了有害空间，活动心轨道岔具有行车平稳、直向过岔速度限制较少等优点，因此适合运量大、高速行车的线路使用。

(3)连接部分：是连接转辙器和辙叉及护轨的部分，使之成为一组完整的道岔。连接部分包括两根直轨和两根导曲线轨。在导曲线上一般不设缓和曲线和超高，所以列车在侧向过岔时，速度要受到限制。

2. 道岔号数

道岔因其辙叉角的大小不同，有不同的道岔号(N)，道岔号数表明了道岔各部分的主要尺寸。对于道岔号我们习惯用辙叉角(α)的余切值来表示，如图 2-20 所示。即：

$$N=\cot\alpha=\frac{FE}{AE}$$

由此可见，辙叉角 α 越小，N 值就越大，导曲线半径也越大，机车车辆侧线通过道岔时就越平稳，允许的侧线过岔速度也就越高。所以采用大号码道岔对于列车运行是有利的，然而道岔号数越大，道岔全长就越长，铺设时占地就越多。因此，采用几号道岔来连接线路，要根据线路的用途来决定。

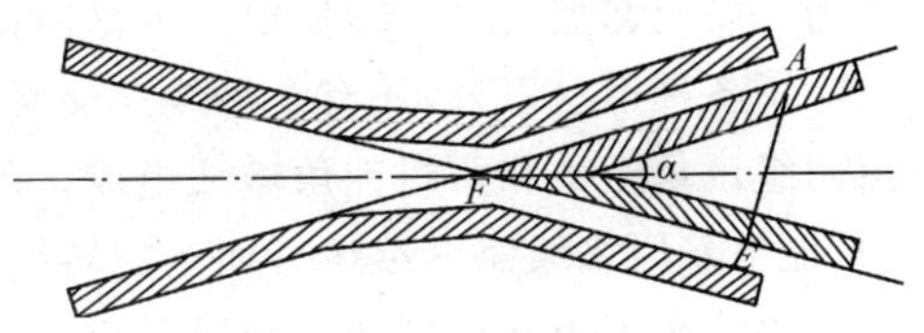

图 2-20　道岔号数计算图

目前，我国铁路的主要线路上大多使用 9、12、18 号 3 个型号道岔，它们所允许的侧向通过速度分别为 30、45、80 km/h。

2005 年，我国自主研制、开发了具有世界先进水平的，侧向过岔速度达到 140 km/h 的 30 号及以上的大号码道岔，使旅客列车在快速侧向通过道岔时也像通过直线一样安全、平稳。

3. 其他类型道岔与交叉设备

除了普通单开道岔以外，按照构造上的特点及所连接的线路数目，还有双开道岔、三开道岔和交分道岔等，如图 2-21 所示。

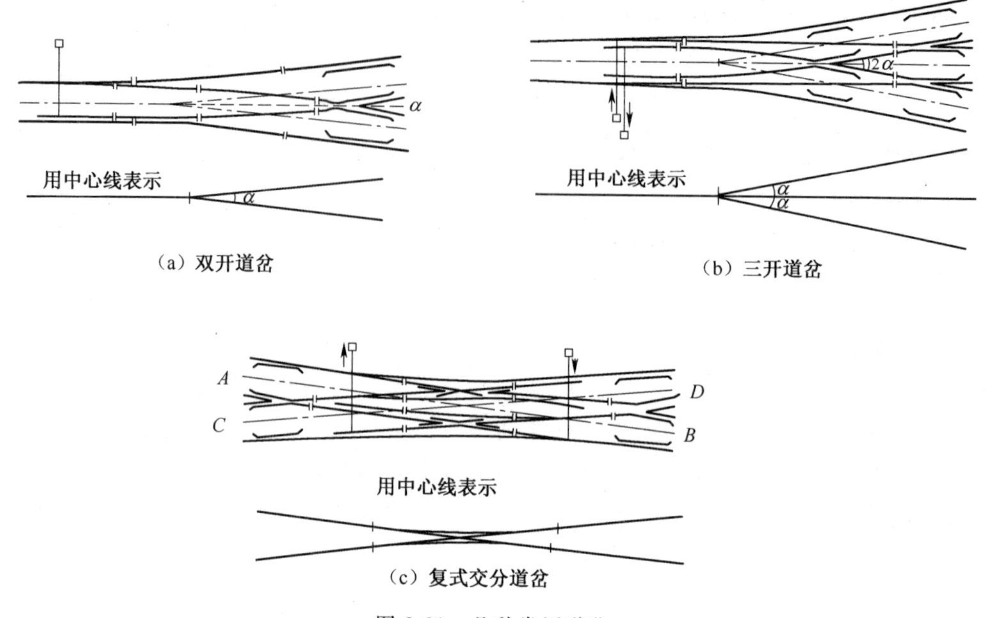

图 2-21　几种常用道岔

双开道岔的特点是与道岔相衔接的两条线路各自向两侧分岔。三开道岔的特点是可以同时衔接三条线路,所以具有两套尖轨,分别用两组转辙机械操纵。复式交分道岔相当于四组单开道岔和一副菱形交叉设备的结合体,但它需要占用的地面却小得多。

为了简明起见,在作图时,要用道岔所衔接的中心线来表示道岔,如图 2-21 所示。

除了各种道岔以外,还有一种线路交叉设备。通常使用的叫做菱形交叉,如图 2-22 所示,它由两组锐角辙叉和两组钝角辙叉组成。菱形交叉没有转辙器部分,机车车辆通过交叉设备时,只能沿着原来线路继续运行而不能转线。

如果将四副单开道岔和一副菱形交叉设备组合在一起时,则称为交叉渡线。交叉渡线不仅可以开通较多的方向,而且可以节省用地,它也是车站内使用较多的一种连接设备,如图 2-23所示。

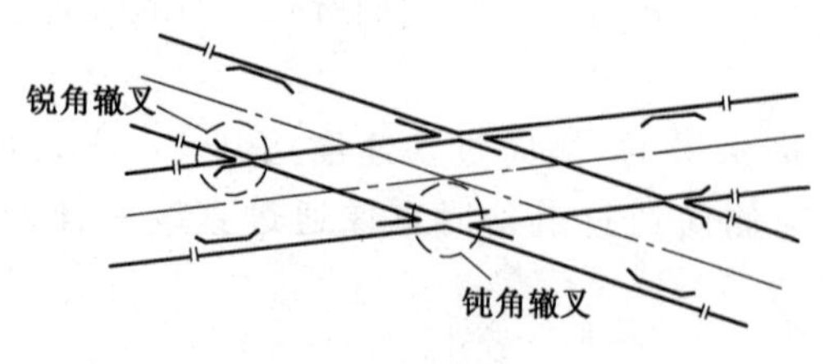

图 2-22　菱形交叉

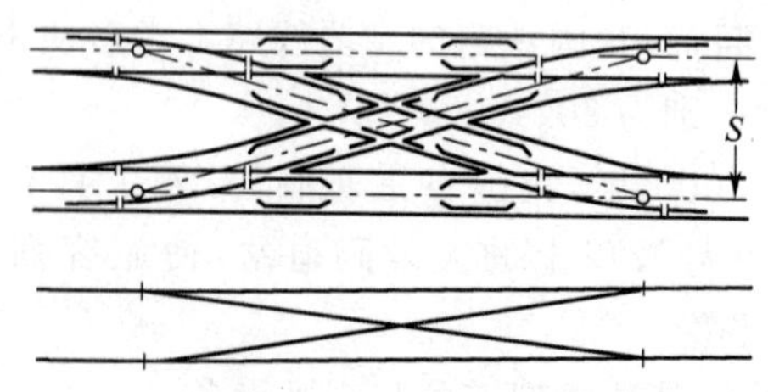

图 2-23　交叉渡线

二、轨道的类型

轨道作为列车运行的基础，它的强度应当满足该线路每年通过的最大运量和最高行车速度的要求。在列车重量大、列车密度和运行速度高的线路上，轨道强度应该大些，反之，则可以小些。轨道既然是综合性工程结构体，它的强度必然与各部分的材质、强度和数量等有关，如钢轨的重量与耐磨性，轨枕的种类和数量，联结零件的强度和道床的材料、厚度等。

目前，我国铁路正线轨道共分特重型、重型、次重型、中型和轻型等五种类型，如表 2-6 所示。

表 2-6　正线轨道类型

<table>
<tr><td colspan="4">项　目</td><td colspan="2">单位</td><td>特重型</td><td colspan="2">重型</td><td>次重型</td><td>中型</td><td>轻型</td></tr>
<tr><td rowspan="2">运营条件</td><td colspan="3">年通过总质量</td><td colspan="2">Mt</td><td>>50</td><td colspan="2">25～50</td><td>15～25</td><td>8～15</td><td><8</td></tr>
<tr><td colspan="3">旅客列车最高设计行车速度</td><td colspan="2">km/h</td><td>≤140</td><td>≤140</td><td>≤120</td><td>≤120</td><td>≤100</td><td>≤80</td></tr>
<tr><td rowspan="8">轨道结构</td><td colspan="3">钢　轨</td><td colspan="2">kg/m</td><td>75 或 60</td><td>60</td><td>60</td><td>50</td><td>50</td><td>50 或 43</td></tr>
<tr><td rowspan="4">轨枕</td><td rowspan="2">混凝土枕</td><td>型号</td><td colspan="2">—</td><td>Ⅲ</td><td>Ⅲ</td><td>Ⅱ或Ⅲ</td><td>Ⅱ</td><td>Ⅱ</td><td>Ⅱ</td></tr>
<tr><td>铺枕根数</td><td colspan="2">根/km</td><td>1 680～
1 720</td><td>1 680</td><td>1 840 或
1 680</td><td>1 680～
1 760</td><td>1 600～
1 680</td><td>1 520～
1640</td></tr>
<tr><td>防腐</td><td>型号</td><td colspan="2">—</td><td>—</td><td>—</td><td>Ⅰ</td><td>Ⅰ</td><td>Ⅰ</td><td>Ⅱ</td></tr>
<tr><td>木枕</td><td>铺枕根数</td><td colspan="2">根/km</td><td>—</td><td>—</td><td>1 840</td><td>1 760～
1 840</td><td>1 680～
1 760</td><td>1 600～
1 680</td></tr>
<tr><td rowspan="3">碎石道床厚度</td><td rowspan="2">非渗水土路基</td><td rowspan="2">双层</td><td>道砟</td><td>cm</td><td>30</td><td>30</td><td>30</td><td>25</td><td>20</td><td>20</td></tr>
<tr><td>底砟</td><td>cm</td><td>20</td><td>20</td><td>20</td><td>20</td><td>20</td><td>15</td></tr>
<tr><td>岩石、渗水土路基</td><td>单层</td><td>道砟</td><td>cm</td><td>35</td><td>35</td><td>35</td><td>30</td><td>30</td><td>25</td></tr>
</table>

注：年通过总质量包括净载、机车和车辆的质量，单线按往复总质量计算，双线按每一条线的通过总质量计算。

三、钢轨的相互位置

为了确保行车安全，轨道除了应具有合理的组成外，还应保持两股钢轨的规定距离和轨顶面的相对水平位置。

(一)直线部分的轨距和水平

1. 轨距

轨距是两股钢轨轨头顶面下 16 mm 范围内两钢轨作用边的最小距离。我国铁路主要采用 1 435 mm 的标准轨距。我国台湾省采用 1 067 mm 窄轨距，昆明铁路局部分铁路采用 1 000 mm窄轨距。此外，世界其他国家还有采用 1 520 mm 等宽轨距。

在机车车辆运行的动力作用下，轨距可能产生一定的偏差。我国规定这种偏差是按线路速度等级划分，线路允许偏差值为＋6～－2 mm。

从机车车辆轮对和直线地段钢轨的相互位置中(如图2-24所示)可以看出:

轨距 S_0 = 轮对宽度 q + 活动量 δ

由于轮缘和钢轨之间有一个活动量(δ),使轮缘能在两股钢轨之间自由滚动,而不会卡住。

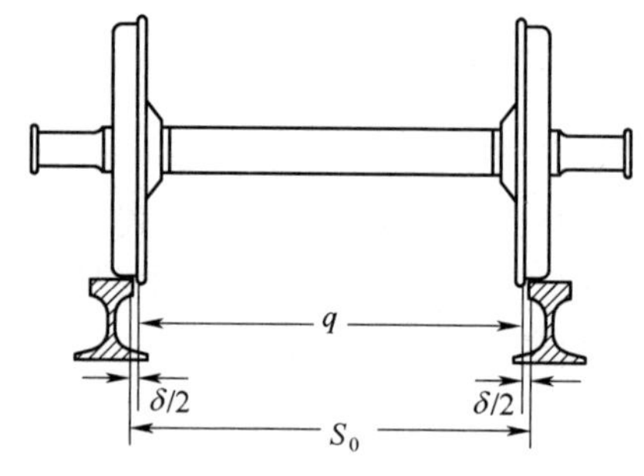

图 2-24　轮对与钢轨的相对位置

2. 水平

直线地段两股钢轨的顶面应保持在同一水平。如有误差,在正线和到发线上,在规定的距离范围内两股钢轨的轨顶面高差不允许超过 4 mm。

(二)曲线部分的轨距和水平

1. 轨距加宽

机车车辆走行部中只能保持平行而不能作相对运动的车轴中心线间的最大距离,叫做固定轴距。由于机车车辆具有固定轴距在曲线上运行时转向架的纵向中心线与曲线轨道中心线并不一致,因而引起转向架前一轮对外侧车轮轮缘和后一轮对的内侧车轮轮缘压挤钢轨的情况,如图 2-25 所示。曲线半径越小,挤压钢轨越严重,所以小半径曲线的轨距应适当加宽。为了使机车车辆顺利地通过曲线,我国《铁路技术管理规程》规定曲线轨距加宽见表 2-7。

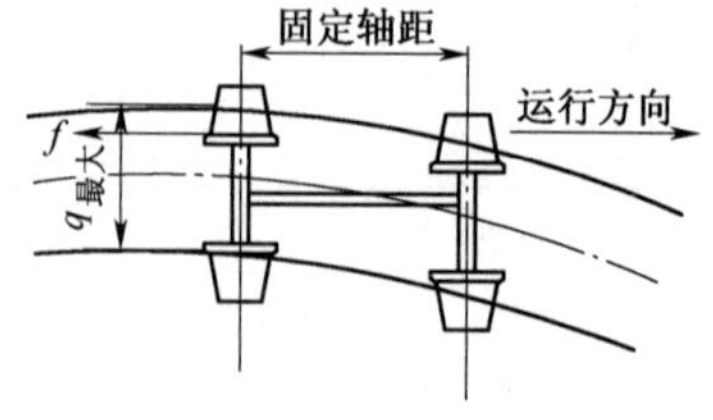

图 2-25　轨距加宽原因示意图

表 2-7　曲线轨距加宽

曲线半径 R(m)	加宽值(mm)
$R \geqslant 350$	0
$350 > R \geqslant 300$	5
$R < 300$	15

2. 外轨超高

机车车辆在曲线上运行时,由于离心力的作用使曲线外轨承受了较大的压力,因而造成两股钢轨磨耗不均匀现象,并使旅客感到不舒适,严重时还可能造成翻车事故。因此通常要将曲线上的外轨抬高,使机车车辆内倾,以平衡离心力的作用。外轨比内轨高出的部分称为超高,如图 2-26 所示。

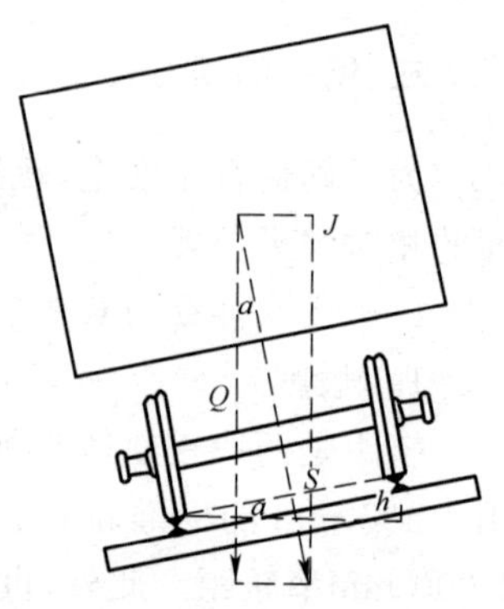

图 2-26　外轨超高原理图

曲线外轨超高量(h),通常可用下式计算:

$$h = 11.8\frac{v^2}{R} \qquad \text{(mm)}$$

式中　v——列车平均运行速度,km/h;

R——曲线半径,m。

我国规定,外轨超高的最大值单线地段不得超过 125 mm,

双线地段不得超过 150 mm。

外轨超高和轨距加宽的设置办法，都是从缓和曲线的起点开始，逐渐增加，到圆曲线起点时，超高和加宽都应达到规定的数值。

四、有砟轨道与无砟轨道

当今世界铁路存在两种轨道结构，即有砟轨道和无砟轨道。前者是传统的轨道结构，已有上百年的历史，后者则是 20 世纪 60 年代伴随高速铁路而出现的一种轨道结构。

（一）有砟轨道

传统的有砟轨道采用碎石作为道床，如图 2-27 所示。因石砟道床有增加弹性、减少振动、排水及方便维修养护等特点，使得有砟轨道具有投资小、弹性好、铺设方便、造价低、容易维修等优点，技术非常成熟。它不但可以用在一般运营条件下，通过适当加强后，也可用在重载和高速运营条件下。长期以来作为世界各国普通铁路轨道的主要结构形式。

图 2-27　有砟轨道

但是由于组成道床的道砟强度问题，和路基的地质问题，有砟轨道线路有很多的道床病害，比较典型的就是道床翻浆。而且随着列车速度的提高，轨道的振动加剧，石砟道床的变形越来越严重。在高速铁路上，石砟道床的变形非常快，给轨道的维修造成困难，同时还因为石砟变形的不均匀性造成轨道的各种不平顺，影响高速列车的舒适和安全性。高速铁路上，因高速行车造成强大的列车风，致使道砟颗粒被风卷起，道床形状难以保持，不得不采取措施进行道砟表面封闭，从而使有砟轨道失去了方便维修这一最大的优势。此外，在长大隧道及城市地铁中，因为维修不方便，不宜采用变形快、维修量大的有砟轨道。

（二）无砟轨道

无砟轨道是把线路的道床部分用混凝土进行整体的浇筑，如图 2-28 所示。无砟轨道以其高稳定性、高平顺性和少维修等特点，在铁路运营中逐渐取得了明显优势，尤其是随着客运专线和高速铁路的修建，无砟轨道更显出其优越性和重要性。随着应用经验的积累，无砟轨道在设计和施工中存在的技术问题正在逐步解决，在运营过程中出现的病害已能得到有效的预防和治理。无砟轨道的造价在大幅度下降，与有砟轨道相比较，无砟轨道修建时所增加的投资，一般可望在 1～2 个轨道大修周期内依靠节省轨道维修投入得到回收，无砟轨道的经济效益日见突出。无砟轨道线路方向和高低的调整范围很小，一般在 25 mm 左右，所以对它的施工要求较高,施工结束后的后期养护工作较少。但是一旦发生线路路基病害就很难养护,必须把基础重新浇筑,而且路基不稳定的地区采用整体道床的后期病害整治工作很难,投入也较大。

图 2-28 无砟轨道

无砟轨道类型较多,常见的有整体道床轨道、弹性支承轨道、长枕埋入轨道、板式轨道等结构形式。而整体道床又分为支承块式整体道床、整体浇筑式整体道床、弹性整体道床等;弹性支承轨道又分为短轨枕式、长轨枕式及双头轨枕式;长枕埋入式轨道又分普通钢筋长枕埋入式、预应力混凝土板式轨道、防振板式轨道以及浮置板轨道。

由于无砟轨道对轨道基础要求较高,不允许基础发生较大变形,因此,无砟轨道首先在长大隧道、特大桥上及地铁等具有坚实基础的地段得到应用,目前大多数无砟轨道结构形式也主要适合于铺设在坚实基础上。但土质基础上铺设无砟轨道也已取得了较为成功的经验,如日本和德国均成功地完成了土质路基无砟轨道试验段,且应用效果良好,并专门设计了适合于土质路基铺设的无砟轨道结构形式。在对减振降噪有特殊要求的地段,还研制了特殊的无砟轨道结构形式,如防振板式轨道和浮置板轨道等。

无砟轨道在世界范围内得到了广泛的推广应用。并且,在无砟轨道的研发、试铺及应用过程中,许多国家都根据各自铁路的特点,研发了各具特色的无砟轨道结构形式。我国正在实施的主要有整体道床、弹性支撑无砟轨道、枕式无砟轨道、板式无砟轨道等形式。

1. 整体道床

整体道床(integrated bed)由混凝土整体灌筑而成的道床,道床内可预埋木枕、混凝土枕或混凝土短枕,也可在混凝土整体道床上直接安装扣件、弹性垫层和钢轨,又称为整体轨道。整体道床具有维护工作量少、结构简单、整体性强及表面整洁等诸多优点,在国内外铁路上均已大量使用。中国于 1957 年开始铺设整体道床。但另一方面,由于整体道床是连续现浇的混凝土,一旦基底发生沉陷,修补极为困难。因此要求设计和施工的质量较高,同时也应将整体道床尽可能铺设于隧道内或石质路基等坚硬的基础之上。中国早期铺设的整体道床多采用素混凝土,为了增强整体道床的抗裂性能,近年来已更多地

采用钢筋混凝土。

2. 弹性支承无砟轨道

在秦岭隧道内铺设的就是弹性支承无砟轨道。弹性支承块无砟轨道由混凝土底座、道床板、支承块、橡胶套靴、块下橡胶垫板、60 kg/m 钢轨及扣件等部件组成。

(1)混凝土底座与隧道基底连接成整体,用 C40 级混凝土浇注而成。

(2)混凝土道床板用 C40 混凝土填充于支承块和底座之间而成。

(3)钢筋混凝土支承块。支承块采用普通钢筋混凝土结构,用 C50 混凝土,按强度要求配以必要数量的钢筋。

(4)橡胶套靴。它的外形和尺寸必须严格与混凝土支承块匹配。套靴用于缓冲列车横向荷载对线路的冲击作用,套靴的横向端面上设置了沟槽,产生弹性,底部不设沟槽,主要起隔离作用。在支承块与套靴底面间设置橡胶垫板。

(5)扣件。采用Ⅲ型弹条扣件。

3. 枕式无砟轨道

秦沈客运专线线路上主要采用枕式无砟轨道。枕式无砟轨道主要包括 60 kg/m 钢轨、混凝土底座、道床板、隔离层、穿孔轨枕(WCK 型)和配套扣件等部件。

(1)混凝土底座与高架桥桥面上的预留钢筋连接成整体。

(2)混凝土道床板。

(3)穿孔轨枕(WCK 型)。

(4)隔离层。道床板与底座之间设置了隔离层。

(5)扣件。因桥上铺设无缝线路,为了减少梁轨之间的相互作用力,应采用我国独特设计的 WJ2 型小阻力扣件。

4. 板式无砟轨道

秦沈客运专线桥梁上主要采用板式无砟轨道。板式无砟轨道由 60 kg/m 钢轨、弹性分开式扣件、预制轨道板、CA 砂浆、混凝土凸形挡台及混凝土底座等部件组成。

(1)预制轨道板。预制轨道板的外形尺寸应在板的受力混凝土结构设计、构造、装载、运输及铺设等因素中进行优化选择。

(2)扣件。与预制轨道板配套的扣件与枕式无砟轨道一样的要求。

(3)CA 砂浆。由于板式无砟轨道的底座在施工时,精度不易控制,难以满足轨道平顺性的要求,同时,为了增加弹性以缓冲列车振动,所以,在预制轨道板与底座之间设置一层50 mm 左右的 CA 砂浆。

(4)混凝土底座与桥面用钢筋牢固连接在一起。

(5)凸形挡台。为便于预制轨道板的铺设与维修,在预制轨道板两端的中部设置半圆柱形缺口,将设置在底座上的圆柱形凸形挡台安装在内。凸形挡台顶面应与大板顶面保持同一高度。

五、无缝线路

无缝线路也叫长钢轨线路，如图 2-29 所示。就是把若干根标准长度的钢轨经焊接成为 1 000～2 000 m 而铺设的铁路线路。通常是在焊轨厂将标准轨焊接成 250～500 m 的轨条，再运到现场就地焊接后铺设。

图 2-29　无缝轨道

与普通线路相比，无缝线路在其长钢轨段内消灭了轨缝，从而消除了车轮对钢轨接头的冲击，使得列车运行平稳，旅客舒适，延长了线路设备和机车车辆的使用寿命，减少了线路养护维修工作量并能适应高速行车的要求，是轨道现代化的发展方向。

铺设无缝线路的关键是设法克服长钢轨因轨温变化而产生的温度力问题。为此，无缝线路上长钢轨的两端是用钢轨联结零件和防爬设备加以强制性固定的，其他部分也是采用强度大的中间联结零件和防爬设备使之紧扣于钢筋混凝土轨枕之上，称为锁定线路。锁定时(即铺设或维修时)的钢轨温度称为锁定轨温。当温度变化时，钢轨不能自由伸缩，只能在钢轨内部产生应力，这个力是由轨温变化引起的，叫做温度力，它均匀地作用在钢轨的全长上。夏天轨温升高，钢轨内部产生压应力；冬天轨温降低，钢轨内部产生拉应力。温度力 $F=250\Delta t \cdot s$ (s 为钢轨断面积)，所以温度力只和轨温变化 Δt 有关。可见，选择适当的锁定轨温，对无缝线路的强度和稳定性具有很大影响。

选择锁定轨温时，应使钢轨在冬季和夏季所受到的最大温度力尽量接近，一般采用稍高于本地区的中间轨温作为锁定轨温，比较适宜。例如，北京地区最高轨温为 62.6 ℃，最低轨温为 －22.8 ℃，中间轨温为 19.9 ℃，而设计时的锁定轨温一般采用 24 ℃。

第七节　限　　界

为了确保机车车辆在铁路线路上运行的安全，防止机车车辆撞击邻近线路的建筑物和设备，而对机车车辆和接近线路的建筑物、设备所规定的不允许超越的轮廓尺寸线，称为限界。铁路基本限界可分为机车车辆限界和建筑限界两种。

机车车辆限界是机车车辆横断面的最大轮廓，它规定了机车车辆不同部位的宽度、高度的最大尺寸和底部零件至轨面的最小距离。机车车辆限界是和桥梁、隧道等限界起相互制约作用的，当机车车辆在满载状态下运行时，也不会因产生摇晃、偏移等现象而与桥梁、隧道及线路上其他设备相接触，以保证行车安全。

建筑限界是一个和线路中心线垂直的横断面,它规定了保证机车车辆安全通行所必需的横断面的最小尺寸。凡靠近铁路线路的建筑物及设备,其任何部分(和机车车辆有相互作用的设备除外)都不得侵入限界之内。

一切建筑物、设备,在任何情况下均不得侵入铁路的建筑限界。与机车车辆有直接互相作用的设备,在使用中不得超过规定的侵入范围。

机车车辆无论空、重状态,均不得超出机车车辆限界。

机车车辆限界及直线建筑限界如图 2-30 所示。

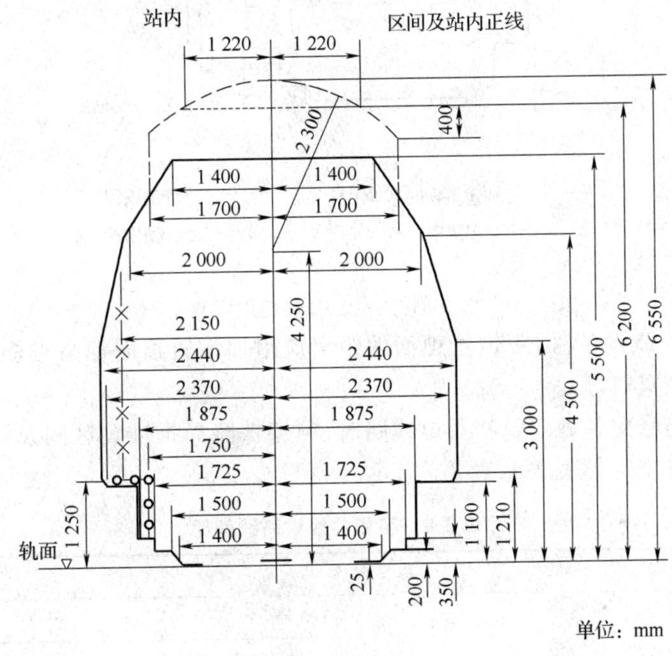

图 2-30 客货共线铁路路基基本建筑限界($v \leqslant 160$ km/h)

由图可知,在机车车辆限界和直线建筑限界之间,留有一定的空隙,以避免碰撞,保证行车安全。

此外,随着经济的发展,经由铁路运输的长大货物不断增加,当货物装车后,货物任何部分的高度和宽度超过机车车辆限界时,称为超限货物。按货物超限的程度,分为一级超限、二级超限和超级超限三个级别。一级超限和二级超限限界如图 2-31 所示。对超限货物的运输,则要采取特殊的组织方法来进行。

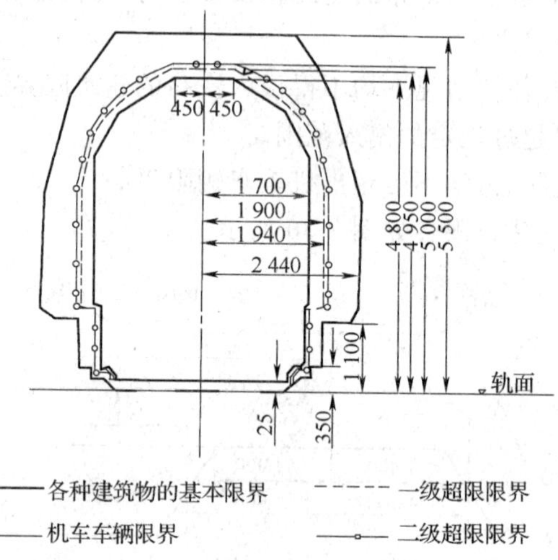

图 2-31　一级、二级超限限界

在设计建筑物或设备时，距钢轨顶面的距离应附加钢轨顶面标高可能的变动量（路基沉落、加厚道床、更换重轨等）。

靠近铁路线路修建各种建筑物及电线路时，须经铁路局批准。区间及站内两相邻线路中心线间的标准距离规定如表 2-8、表 2-9 所示。

表 2-8　客货共线铁路线间距

<table>
<tr><th>顺序</th><th colspan="4">名　称</th><th>线间最小距离(mm)</th></tr>
<tr><td rowspan="3">1</td><td rowspan="3" colspan="2">区间双线</td><td colspan="2">$v \leqslant 120$ km/h</td><td>4 000</td></tr>
<tr><td colspan="2">120 km/h $< v \leqslant$ 160 km/h</td><td>4 200</td></tr>
<tr><td colspan="2">160 km/h $< v \leqslant$ 200 km/h</td><td>4 400</td></tr>
<tr><td>2</td><td colspan="4">三线及四线区间的第二线与第三线</td><td>5 300</td></tr>
<tr><td>3</td><td colspan="4">站内正线</td><td>5 000</td></tr>
<tr><td rowspan="7">4</td><td rowspan="7">站内正线与相邻到发线</td><td colspan="3">无列检作业</td><td>5 000</td></tr>
<tr><td rowspan="6">有列检作业或上水作业</td><td rowspan="2">$v \leqslant 120$ km/h</td><td>一　般</td><td>5 500</td></tr>
<tr><td>改建特别困难</td><td>5 000</td></tr>
<tr><td rowspan="2">120 km/h $< v \leqslant$ 160 km/h</td><td>一　般</td><td>6 000</td></tr>
<tr><td>改建特别困难</td><td>5 500</td></tr>
<tr><td rowspan="2">160 km/h $< v \leqslant$ 200 km/h</td><td>一　般</td><td>6 500</td></tr>
<tr><td>改建特别困难</td><td>5 500</td></tr>
</table>

续上表

<table>
<tr><th>顺序</th><th colspan="2">名　　称</th><th>线间最小距离(mm)</th></tr>
<tr><td>5</td><td colspan="2">到发线与相邻到发线</td><td>5 000</td></tr>
<tr><td>6</td><td colspan="2">站内相邻两线均需通行超限货物列车</td><td>5 300</td></tr>
<tr><td>7</td><td colspan="2">站内相邻两线只有一条通行超限货物列车</td><td>5 000</td></tr>
<tr><td>8</td><td colspan="2">铺设列检小车轨道的两到发线</td><td>5 500</td></tr>
<tr><td>9</td><td colspan="2">换装线</td><td>3 600</td></tr>
<tr><td>10</td><td colspan="2">编组站、区段站的站修线与相邻一条线</td><td>8 000</td></tr>
<tr><td rowspan="2">11</td><td rowspan="2">牵出线与其相邻线</td><td>调车作业繁忙车站</td><td>6 500</td></tr>
<tr><td>改建困难或仅办理摘挂取送作业</td><td>5 000</td></tr>
<tr><td>12</td><td colspan="2">站内中间设有接触网支柱的相邻线</td><td>6 500</td></tr>
<tr><td>13</td><td colspan="2">线间设有融雪设备的相邻线</td><td>5 800</td></tr>
<tr><td>14</td><td colspan="2">安全线与其他线路</td><td>5 000</td></tr>
<tr><td>15</td><td colspan="2">其他站线</td><td>4 600</td></tr>
</table>

一、直线部分

站内正线保证能通过超限货物列车。此外，在编组站、区段站及区段内选定的三至五个中间站上，单线铁路应另有一条线路，双线铁路上、下行各另有一条线路，须能通行超限货物列车。

表 2-9　客运专线铁路线间距

<table>
<tr><th>顺序</th><th colspan="2">名称</th><th>线间设施</th><th>线间最小距离(mm)</th></tr>
<tr><td rowspan="4">1</td><td rowspan="4">区间正线
站内正线</td><td>200 km/h</td><td></td><td>4 400</td></tr>
<tr><td>200 km/h<v≤250 km/h</td><td></td><td>4 600</td></tr>
<tr><td>250 km/h<v≤300 km/h</td><td></td><td>4 800</td></tr>
<tr><td>300 km/h<v≤350 km/h</td><td></td><td>5 000</td></tr>
<tr><td rowspan="5">2</td><td colspan="2" rowspan="5">正线与相邻到发线</td><td>无</td><td>5 000</td></tr>
<tr><td>声屏障</td><td>5 940＋结构宽</td></tr>
<tr><td>接触网支柱</td><td>5 200＋结构宽</td></tr>
<tr><td>雨棚柱</td><td>4 590＋结构宽</td></tr>
<tr><td>有站台</td><td>3 530＋站台宽</td></tr>
</table>

续上表

顺序	名称	线间设施	线间最小距离(mm)
3	到发线间或到发线与其他线	无	5 000
		接触网支柱	5 000+结构宽
		雨棚柱	4300+结构宽
		有站台	3 500+站台宽
4	正线与其他线		5 000

二、曲线部分

区间及站内线路曲线部分中心线间的水平距离，线路中心线至建筑限界的水平距离，均按曲线半径大小，根据《铁路技术管理规程》规定的曲线上建筑限界加宽公式计算确定。

铁路线路两侧应按规定设立安全保护区，在安全保护区边界设置标桩，并根据需要设置围墙、栅栏、防护桩等防护设施。

第八节　工 务 工 作

在列车不间断地运行和自然条件作用下，铁路线路会发生各式各样的变形或损坏。为了确保列车能按规定的最高速度，安全、平稳和不间断地运行，以及延长线路各组成部分的使用寿命，必须加强线路的养护和维修工作，使线路设备经常保持完好状态，这就是铁路工务部门的基本任务。

工务段是工务部门的基层生产单位，负责领导线路维修工作。在铁路局下面，一般还设有线路、桥隧大修队，负责管内线路、桥隧的大中修以及无缝线路的铺设工作。

线路的维修养护工作主要包括线路的经常维修和线路的大中修。

一、线路经常维修

线路经常维修的基本任务是经常保持线路状态的完好，使列车能以规定速度安全、平稳和不间断地运行，并尽量延长设备使用寿命。线路经常维修工作包括综合维修(计划维修)、紧急补修、重点病害整治和巡道工作等。

综合维修是按周期对线路进行综合性修理，以改善轨道弹性，调整轨道几何尺寸，整修和更换设备零部件，以恢复线路完好的技术状态。我国铁路规定所有正线、到发线、道岔和主要站线、专用线每年必须做一遍计划维修。

基本作业包括起道、拨道、改道、调整轨缝、捣固、清筛道砟等。起道是矫正线路的纵断面，就是将钢轨和轨枕向上抬至必要高度；拨道是矫正线路的平面，就是将钢轨和轨枕一起横移至规定位置；改道是改正轨距；捣固是将钢轨底部轨枕下的道砟捣压密实。

紧急补修是指在计划维修之外的个别地点，由于出现超过容许误差的线路质量问题而必须立即进行的紧急修理工作。

重点病害整治是指彻底消除线路上较长时期存在的、工作量大的某些病害，例如全面整治接头、整治线路爬行、彻底整治路基翻浆冒泥等。

巡道工作是保证线路状态完好，维护行车安全所必须的重要措施。巡道工人的任务是在工区管内负责巡视钢轨、道岔以及联结零件等的状态；察看路基是否有沉陷、塌方、水害、雪害等情况，以及信号及线路标志是否完好等。此外，巡道工人还应对所发现的不良现象尽力做好处理工作。

二、线路大修

线路经常维修的特点在于预防线路病害的发生，保持线路的完好状态。但是经过较长时间后，线路的各个部分还会发生磨损或变形。当磨损或变形达到相当程度时，单靠经常维修就难以整治了，因此有必要进行线路大修。线路大修施工的内容有：矫正并改善线路的平面和纵断面；全面更换或抽换、修理钢轨；更换或补充轨枕；清筛和更换道床，补充道砟，全面起道并捣固、改善道床断面；整治路基和安装防爬设备等。线路经过大修后，其质量标准应符合设计要求或得到加强。

三、线路作业的机械化、自动化

线路作业过去是一项既费时费工，又极为繁重的体力劳动，它需要占用大量的人力、物力和财力。由于列车运行间隔时间短，利用列车间隔施工的养路方式以及采用小型养路机械，都不能满足要求。这自然要使用高效率的大型机械，大力发展各项养路工作的机械化。为了改变人工作业的落后面貌，提高维修质量和作业效率，节约劳动力和维修费用，世界各国都在努力研制各种养路机具。在法国，大修作业机械化程度在 90%以上，维修养护作业机械化程度也达到 50%以上。日本和德国也都基本上采用了各种养路机械进行作业。目前养路机械已由小型到大型、由低级到高级、由单机到联合机械，逐步发展到采用先进技术设备的大型、高效、多功能的机械。例如，大型起道、拨道、捣固联合作业机，每小时可以捣固线路 600～1 000 m；清筛机每小时可清筛道砟 650 m^3；线路大修列车能够完成拆卸旧轨排直到铺设新轨排的全部作业，每小时作业进度为 3 000 m 以上。各国的实践证明，由于实现维修作业机械化，使线路质量和作业效率大为提高，维修费用和人力也得到大量节省。

目前，我国线路作业机械化程度约为 30%左右。为了加快发展步伐，在工务段普遍设立了机械化工队和养路工区，配备了以单项、小型为主的养路机械，如电动捣固机、扒砟机、边坡回填机、液压起道机等，从而减轻了劳动强度，提高了作业效率。

2005 年，我国在引进、消化、吸收国外先进制造技术的基础上成功地实现了对大型养路机械捣固车、清筛机、动力稳定车和配砟整形车等设备的国产化，使我国的大型养路机械装备规模、综合能力、作业水平都有了显著提高。

机械化维修机具比较笨重，综合作业时占用线路的时间较久，往往需要封闭线路，这对运输繁忙的线路来说困难较大。在双线区段，一般可采用封闭一条区间正线的办法进行作业；而在繁忙的单线铁路上，则要由工务部门和运输部门共同作出安排，实行短期内封闭线路或利用较长的列车间隔时间的办法，进行线路维修作业既要保证作业的安全，也要尽量减少对列车运行的影响和干扰。

下面介绍几种主要的线路监测与检查设备：

1. 多头捣固机

目前，在线路维修作业中已采用了多头捣固机。日本使用的多头捣固机带有 32 个捣头。此外，还有一种专门用于捣固道岔等特殊设备的专用多头捣固机，捣固效果极佳。德国有一种捣固拨道机，具有捣固、拨道两种功能，并组装成专用车辆在线路上作业。捣固镐头由 16 个增加为 64 个，利用激光进行拨道，并设有机械装置，用以测定道砟夯实程度和轨道位置。

2. 清筛机械

经常清筛道砟也是线路维修作业中一种繁重的劳动。目前各国大都采用各种清筛机械以代替人力。如德国采用了高效清筛机，其清筛效率可达 630 m^3/h，即每小时可以清筛 325～400 m 长的道床。

3. 轨排运送机

轨排运送机安装在大修列车上，它能够拆铺结构复杂的道岔并直接铺设和回收 120 m 以上的焊接长钢轨。每换 120 m 轨排需要 100 min 左右，施工时用起重机逐节拆除旧轨排，平整道床后再逐节铺放新轨排，以捣固机捣固并对轨道进行整理。

4. 轨道检测车

轨道检测车，如图 2-32 所示，可以在高速运行中检查动荷载下的轨道几何状态，并能及时处理数据。当轨道变形超过规定限度时，能在现场自动喷射涂料，在轨道上留下标志。轨道检测车可以测定轨距、水平、方向、高低(轨道超高)、20 m 弦割距、车辆振动加速度、轴重等项目。

图 2-32　轨道检测车

此外，还能测定噪声强度。轨道检测车可以在 200 km/h 以上速度运行条件下测定动态的轨道变形情况。测定时利用固定在车体各个位置上的各种仪器进行每个项目的测量。如：轨道垂直和水平变形，用差动变换器测量；车轮侧推力以电阻丝应变仪测量；车辆振动加速度用电阻丝应变仪式的加速仪测量。为测轨道变形，设有若干个变换器，把测量数值转换为电压；计算后传送到类似描笔示波器的电流计上，并记录下来。轨道检测车的测定设备主要由检测部、运算部和记录部等组成。现代检测车的重要特点是使用电子计算机和各种分析仪器，及时处理轨道检测数据，完全取消了费时费事又会发生错误的人工判断。检测数据记录除用磁笔模拟记录在纸上外，各国还采用了模拟磁带和数字磁带记录，并装有光学示波器记录装置。

5. 钢轨探伤车

钢轨探伤由原来采用手工操作的探伤仪，发展成自动化超声波钢轨探伤车，如图 2-33 所示。探伤车是利用超声波探伤原理进行探伤的。运用检查金属质量的各项新技术，对钢轨内部各种缺陷、隐患进行无损检查。这对于保证行车安全，以及研究钢轨缺陷发生、发展的规律是非常有用的。钢轨探伤车上装有探伤器、钢轨接头检测器、里程检测器、钢轨缺陷分类器、记录器等。探伤器的探头为旋转式的。旋转探头、钢轨接头检测器和导向轮则安装在垂挂于车体上的测定架上。测定架由压缩空气操作，其他装置则通过装在车体上的配电盘进行操作。探伤车由其他动力牵引，一般以内燃发电机组做为动力。目前正在研究将探伤车附挂到货物列车上。探伤速度为 30～40 km/h。当今，有一种新型钢轨损伤检测车。这种检测车自备动力。该车在以 80 km/h 的速度运行时，车上由计算机控制的超声波检测电路可用来检测钢轨的伤损、裂纹和空穴。检测到的伤损情况输入计算机作高速实时处理。计算机与标识系统连结，当检测到伤损时，喷漆装置即启动，向钢轨上的伤损处喷漆，供养路人员识别。此外，车上还装有一台光学钢轨断面测量系统。这一系统每秒钟能向钢轨射出 30 次高密度光束，用来测量钢轨的精确尺寸和监控钢轨的磨耗情况。

图 2-33　钢轨探伤车

6. 钢轨磨削车

在铁路铁路上，对轨头顶面的管理是十分重要的。轨头顶面损伤的原因有三种。在钢轨焊接处由于高速列车的撞击使轨头顶面产生微小凹凸，这会引起车轮及钢轨的损伤；车轮与钢轨间接触应力反复作用产生的疲劳伤，会使钢轨产生裂纹，这是十分危险的；制动地区会使钢轨产生波状磨耗，这是产生噪声也是引起轮重变化的一种原因。为了对这种波状磨耗作磨削处理，在铁路上使用了多种钢轨磨削车。单节车辆磨削车装有 1～8 个研磨机，适用于较短区间的钢轨打磨作业。列车式磨削车，则是一列装有16～32个研磨机的列车，并配有磨削后轨头顶面测定器，适用于长大区间的钢轨打磨作业。

第九节　高速铁路

一、概　　述

根据UIC(国际铁路联盟)的定义，高速铁路是指通过改造原有线路(直线化、轨距标准化)，使营运速度达到200 km/h以上，或者专门修建新的“高速新线”，使营运速度达到250 km/h以上的铁路系统。

高速铁路是当代铁路的一项新的重大技术成就。它以快速、方便、舒适的特点和能力大、能耗省、污染轻、占地少、成本低、安全好的优势，适应了现代化的需要，并将成为世界铁路建设的发展趋势。

在世界上首条以法律条文形式明确高速铁路定义的是1970年5月日本的第71号法律《全国新干线铁路整备法》。该法规定，列车在主要区间以200 km/h以上速度运行的干线铁道称高速铁路。1985年5月联合国欧洲经济委员会将高速铁路的最高速度定为客运专线300 km/h，客货运混合线250 km/h。1986年1月国际铁路联盟秘书长勃莱(J. Bouley)认为，高速铁路的最高速度至少应达到200 km/h。

20世纪中期，日本、法国等发达国家就致力于铁路高速化的研究、运用，在世界范围内悄然兴起了一场铁路运输的技术革命。高速铁路的定义，是随着世界科学技术的发展和客观条件的变化而变化的。

目前，通常认为，速度在140 km/h以下时为常速铁路，速度在140～200 km/h时为准高速铁路，速度在200～400 km/h时为高速铁路，速度在400 km/h以上时为超高速铁路。

与其他运输方式相比，高速铁路有明显优势：

1. 速度高

高速铁路的试验速度已经超过500 km/h，最高运行时速300 km，且仍有提速空间。而高速公路一般限速在120 km/h以内。据研究，在200～1 000 km以内乘坐高速列车比小汽车和飞机更省时。

2. 输送能力大

一条4车道高速公路年均单向输送能力为8 000万人次。高速铁路最小行车间隔可达4 min，若按每列车载客800人、扣除4 h/d维修时间每天开行400列计算，年均单向输送能力达1.1亿人次。

3. 全天候

高速铁路由计算机控制运行，风雨雪雾等恶劣天气，对它没有影响。列车按规定时刻到发与运行，规律性很强。

4. 安全可靠

有资料表明，在各种交通运输方式中，铁路、公路、民航事故率(每百万人公里的伤亡人数)之比大致为1:24:0.8。由于高速铁路采用全封闭、自动化运行方式，且有一系列完善的安全保障体系，能自动控制列车运行速度，调整列车运行间隔，安全可靠性大，其有关固定设施和移动设备都装有信息化程度很高的诊断与监测系统，并建立科学养护制度，防止了人为过失、设备故障和自然灾害等突发事件引起的事故。

5. 能耗低

研究表明，若以普通铁路每人·公里消耗能源为1单位，则公共汽车为1.5，小汽车为8.8，飞机为9.8，而高速铁路仅为1.3。

6. 污染轻

电气化高速铁路基本消除了CO_2、CO和NO所造成的环境污染，噪声比高速公路低5～10 dB。

7. 占地少

四车道高速公路路基面宽为26 m；双线高速铁路路基面宽为11 m。

8. 舒适

高速铁路运行车辆空间大，旅客卧、坐、行都比其他交通方式更加舒适。

9. 投资省

法国东南线造价为216万美元/km，而国外高速公路造价为375万美元/km。沿重要干线修建高速客运专线，其造价只是普通铁路的1.5～2.0倍。

10. 效益高

日本东海道新干线总资为3 800亿日元，由于投入运营后客流量迅速增长，而运输成本只有飞机的1/5，投资回收期只有7年，1985年以来，每年创利都在2 000亿日元以上。法国东南新干线总投资为128亿法郎，运营10年之内已全部还清贷款。因此正式投入运营的第七年便全部收回了投资。

高速铁路可以通过加强路基、改善线路结构、减少弯度和坡度等方面的改造，某些既有线路或某些区段就可以达到高速铁路的行车标准。如，日本1964年投入运营并大受欢迎的东京至大阪的新干线，在没有对机车做重大改进的情况下，仅通过修建曲线半径较大，即没有急转弯和陡坡较小的铁路等方法，使列车速度大大提高。再如德国的汉堡至柏林既有铁路线，经过技术改造后，某些区段的最高速度可达230 km/h。此外，欧洲一些国家如德国、瑞典、意大利等国的设计人员，还采用使车厢在转向架上转动和倾斜的升降技术来对付铁路弯道(即采用摆式车体)，这样在无须对既有线路进行改造和更新的情况下，也使列车行驶速度提高到220 km/h。在对既有线路进行高速铁路改造的过程中，还可以实现高、中速混跑，列车根据不同区段的最高限速以不同的速度行驶。

高速铁路技术在世界上已日趋成熟，与其他运输方式相比，具有非常明显的优越性。

高速铁路具有上述技术经济优势，自问世以来发展迅速，现在有些国家已从修建高速铁路线向高速铁路网方向发展。高速铁路逐步替代原有铁路，已成为世界上铁路的发展趋势。

二、高速铁路线路的特征

高速铁路线路的外表结构形式与普速铁路线路差别不大，但是组成高速铁路线路的每一个分部所采用的技术及其条件，以及各分部的接合，却大大有别于普速铁路线路。自开通运营之日起就能适应高速列车不间断地、高密度运行的线路，其每一个组成部分都是依托在高新技术的应用与开发上的。高速铁路线路与普速铁路线路相比主要具有下述特征：

1. 高平顺性

轨道不平顺所引起的轮轨动力响应及其对行车安全性、平稳性和乘车舒适性的影响，均随行车速度的提高而显著增大。高速铁路的理论研究和实践表明，在平顺的轨道上，车辆处于稳态运行状态，列车速度低于临界速度时，即使速度很高，轮轨动力附加荷载也很小。反之，即使轨道、路基和桥梁结构在强度方面完全满足要求，而平顺性不良时，列车运行虽未接近临界速度，但由线路引起的车辆振动和轮轨动作用力将大幅度增加。

因此，高速铁路要求高平顺性的轨道，而高平顺性的轨道是依托在高平顺性的曲线、路基、桥梁等基础之上的。高平顺性是设计、建设高速铁路的控制性条件，也是高速铁路有别于中、普速铁路的最主要方面。必须从线形、路基、道床、钢轨、桥梁等各方面采取保证措施，才能达到高平顺性要求。

2. 高稳定性

稳定、沉降小且沉降均匀的平顺路基是高平顺性轨道的基础。稳定性好的路基，主要是靠控制路基工后沉降和不均匀沉降，以及控制路基顶面的初始不平顺保证。这正是高速铁路路基设计、施工与普速铁路的主要区别，即高速铁路主要是以“变形”控制路基的设计、施工，而普通铁路则主要是以“强度”控制路基的设计与施工。因为，路基的工后沉降大或沉降不均匀，就要求经常维修线路，而经常处于维修的线路，其稳定性、平顺性肯定是差的，这就影响了高速行车。同时，路基的不均匀沉降过大，或其顶面初始不平顺大，将导致道床厚度不一致，道床的残余变形积累不均匀。

3. 高精度

严格控制轨道铺设精度是实现轨道初始高平顺的保证。轨道铺设的初始不平顺，是运营后不平顺发生、发展、恶化的根源。初始状态好的轨道，维修周期长，可长期保持轨道的良好水平；而初期状态不好的轨道，不仅维修周期短，即使增加维修次数，也难改变“先天不良”的痼疾。

由于铁路轨道是由多种部件组成，特别是有砟轨道，轨排位于碎石道砟散粒体之上，在高速列车荷载的作用下，这些部件会发生变形，当变形的量值或其变形发展的速度超过一定限值时，将失去轨道的高平顺性。因此，对高速铁路轨道各部件的设计，不仅要保证强度，更重要的是保证小的残余变形，既保证了高平顺性，又保证了少维修的要求。

4. 宽线路空间

列车沿地面高速运行时，将带动列车周围的空气随之运动，形成一种特定的非定常流场，称为“列车绕流”，俗称“列车风”。这种列车风形成的列车气动力将威胁沿线工作人员和站台旅客的安全，对沿线建筑物也有破坏作用。列车风卷起的杂物也可能危及行车安全。相邻线路两列车相向高速运行交会时，产生的空气压力冲击波易震碎车窗玻璃，使旅客耳朵感到不适，甚至影响列车运行的平稳性。所以高速铁路要求有一个宽大的行车空间，即增大两线间的距离和加宽站台上旅客的安全退避距离。在有高速列车通过的车站站台上，除加宽临近站台的安全退避距离外，还需在安全线上设置手扶安全护栏，留出可供旅客上下车的活门。此外，由于高速列车动能和惯性力很大，一旦与其他物体发生碰撞，其后果不堪设想。故高速铁路线路要求一个独行的空间，即采用全封闭形式，沿线路两侧设全长护栏。同时，在高速铁路与道路或既有铁路相交时，一律采用立体交叉。这样可避免列车在平交道口与汽车等物体相撞的可能，也避免出现列车频繁加减速的可能。

5. 高水平管理

高平顺的轨道在列车荷载的不断作用下，是会发生变形和位移的。当轨道及其各部件的变形、位移量值或其变形、位移发展的速度超过一定限值时，将失去轨道的高平顺性，从而恶化轮轨间的相互作用，影响列车运行的舒适性、安全性。因此，对运营中的高速线路要实行严格的轨道状态检测和科学的轨道管理制度，及时掌握铁路运营过程中轨道不平顺的量值及其发展速度，并予以校正，使其恢复到小残变状态，以保证高速列车运行的安全、平稳、舒适。安全对于任何交通工具都是第一位的技术条件，对于高速铁路来说就更为重要。因此，高速铁路除了保证设备本身安全要求外，对于一些超出设备本身安全限度范围的灾害，如自然灾害——暴雨、强风、地震等，突发性灾害——坍方落石、异物侵入限界等，以及设备的运用状态、故障等要实时监测，并根据这些监测信息，对列车的运行进行严格地管理，如限速、停车等。

三、高速铁路线路的设计

1. 最小圆曲线半径

最小圆曲线半径是高速铁路线路最重要的技术标准。它对行车速度、工程费和运营费，以及旅客舒适度都有重大影响。目前各国高速铁路的最小曲线半径标准一般为 2 000～4 000 m，个别线路有采用 7 000 m 的，既有线标准一般为 1 500 m 左右。最小曲线半径应根据高速铁路的最高速度、最大超高以及允许欠超高和允许过超高等选定。

2. 缓和曲线

当速度提高至 200 km/h 以上后，列车对线路上微小的不平顺极其敏感，从而产生极大的横向力作用于轨排，引起轨排横移。而轨排横移是导致列车脱轨的最危险因素。

3. 夹直线

运行列车由一个曲线进入另一曲线，由于外轨超高的关系，车辆产生绕线路纵轴旋转现象。在反向曲线地段，车辆始终按同一方向转动，而在同向曲线地段的转动方向则是左右交替的。从这一现象出发，有些国家认为同向曲线的运行条件不如反向曲线有利，同向曲线间的夹直线应长于反向曲线间的夹直线，使走行于同向曲线间的列车在变换转动方向之前有一段较长的稳定时间。但是，列车通过曲线时，受力情况较复杂，除绕线路纵轴转动外，还有缓和曲线始终点处的冲击以及未被平衡横向加速变化的影响等。此外，据运营实践经验，在各方面条件相同情况下，反向曲线的阻力要比同向曲线大。车辆在反向曲线上行驶，轮轨间易于滑动，使车身摇晃。夹直线短时，反向曲线的方向和水平更难以保持。所以，仅以走行列车绕线路纵轴的旋转方向是否一致来确定夹直线长度是不够全面的，反向曲线间的夹直线不宜过短。

4. 线间距

线间距离和行车速度、机车车辆的形状、密封程度、尺寸大小及构成车窗的材料有关。列车会车时，会产生侧向风压，如果线间距离过小，将会震碎玻璃危及行车安全和造成人身伤亡。为此，线间距应适当加宽。

5. 线路最大坡度

线路最大坡度是根据货物列车重量、旅客列车速度以及经行地区的地形地质条件等多方因素确定的。最佳抉择是在保证完成客货运输前提下，做到工程投资和运营费用综合效果最为经济合理。

列车在运行中，空气阻力与速度平方成正比。随着列车速度的提高，空气阻力也相应增大。机车牵引力除克服坡道阻力外，还须克服空气阻力。在一定牵引力条件下，坡度越大，对速度的影响就越大。

随着机车牵引功率的提高，制动技术的发展和制动力的提高，以及机车车辆的轻型化，列车的爬坡能力和下坡限速比以前大为提高。现代化的牵引动力在克服空气阻力与坡道阻力方面具备良好性能，尤其是动车组的应用，分散动力于各节车上，黏着牵引力较大，可以适应较陡的坡道。

高速铁路的最大坡度与普通铁路的限制坡度有区别。限制坡度是机车牵引普通货物列车上坡，最后以计算速度作等速运行的坡度，坡长不受限制，不考虑动能闯坡。高速铁路的最大坡度属动力坡度的范畴，它与坡段长度紧密联系。为了保证在最大坡道上速度不致降低过多，对坡长应有限制。

第十节　磁悬浮线路

一、概　　述

磁悬浮线路是一种靠磁悬浮力(即磁的吸力和排斥力)来推动列车的线路，如图 2-34 所示。由于其轨道的磁力使之悬浮在空中，行走时不需接触地面，因此其阻力只有空气阻力。磁悬浮列车的最高速度可以达 500 km/h 以上，因此可成为航空的竞争对手。

磁悬浮技术的研究源于德国，早在 1922 年德国工程师赫尔曼·肯佩尔就提出了电磁悬浮

原理，并于1934年申请了磁悬浮列车的专利。20世纪70年代后，随着世界工业化国家经济实力的不断加强，为提高交通运输能力以适应其经济发展的需要，德国、日本、美国、加拿大、法国、英国等发达国家相继开始筹划进行磁悬浮运输系统的开发。

图2-34 上海磁悬浮线路

而美国和前苏联则分别在20世纪70年代、80年代放弃了这项研究计划，目前只有德国、日本仍在继续进行磁悬浮系统的研究，并均取得了令世人瞩目的进展。

德国曾在20世纪80年代于柏林铺设磁悬浮列车系统。该系统设有3个车站，长度1.6 km，用的是无人驾驶列车，于1989年8月开始试验载客，1991年7月正式服务。该线于运行2个月后改为普通轮轨列车行走。

英国的伯明翰国际机场曾于1984年至1995年使用低速磁悬浮列车，全长600 m。由于可靠性的问题，该线后来也改用单轨列车行走。

2000年，中国西南交通大学磁悬浮列车与磁浮技术研究所研制成功世界首辆高温超导载人磁悬浮实验车。

2001年我国上海浦东国际机场至地铁龙阳路站兴建磁悬浮列车系统，并于2002年正式启用。该线全长30 km，列车最高时速达430 km，由起点至终点站只需8 min。

2003年，四川成都青山磁悬浮列车线完工，该磁悬浮试验轨道长420 m，主要针对观光游客，票价低于出租汽车车费。

日本山梨县试验线使用低温超导磁铁，可容纳更大的缝隙，该线列车的最高速度达580 km/h，成为世界纪录。

2005年5月，中国自行研制的“中华06号”吊轨永磁磁悬浮列车于大连亮相，设计时速可达400 km。

2005年9月，中国成都飞机公司开始研制的CM1型“海豚”高速磁悬浮列车，最高时速可达500 km。

2006年4月30日，中国第一辆具有自主知识产权的中低速磁悬浮列车，在四川成都青城山一个试验基地成功经过室外实地运行联合试验。利用常导电磁悬浮推动。

目前世界上有三种类型的磁悬浮：以德国为代表的常导电磁悬浮；以日本为代表的超导电磁悬浮；以中国为代表的永磁悬浮。

常导电磁悬浮和超导电磁悬浮都需要用电力来产生磁悬浮动力。永磁悬浮利用特殊的永磁材料，不需要任何其他动力支撑。

二、磁悬浮线路的设计

1. 线路平面

线路平面由直线、圆曲线和缓和曲线组成。在曲线地段为消除或减少曲线运行时产生的自由侧向加速度，必须为轨面设置横坡，这就导致线路的扭转。线路的扭转是将上部结构绕线路中心线旋转，并保持线路中心线的高程和纵断面不变。也就是说，使列车在运行中，车辆的重心与线路中心线的距离始终保持不变。曲线半径的选用，在保证旅客舒适度条件下，尽量满足降低轨道梁结构设计、制造难度的要求，采用能满足以直梁拟合曲线的结构设计要求。缓和曲线线型除必须满足横坡角、曲率、自由横向加速度时变率连续变化的条件外，还应保证通过缓和曲线时加速度产生的附加力以及加速度冲动不超过"允许的限度"，为此，日本的磁悬浮线路准备采用半波正弦型缓和曲线，而德国的磁悬浮线路选用一波正弦型缓和曲线。上海的磁悬浮工程采用的缓和曲线线型是按照德国的设计标准设计的。

2. 线路纵断面

线路纵断面由直线(坡段)、竖曲线和回旋曲线组成。根据国外研究的结果，磁悬浮线路可以采用较大的纵向坡度。竖曲线半径的选用应满足行车舒适度要求，同时应考虑便于轨道梁的结构设计和施工。为了避免坡道上竖向加速度及其时变率出现突变，必须在坡段的直线和竖曲线之间设置竖向缓和曲线，其线型采用回旋曲线形。

3. 横断面

磁悬浮线路的横断面基本上可分为几种类型：高架支承结构、平地、路堑、隧道和路堤，其中采用最多的是高架支承结构。

4. 线间距

空旷区段线间距取决于车辆宽度和在两列车会车时空气动力产生的压力差允许值要求的距离。隧道内线间距由于空气动力影响增大需相应加宽，其数值的大小与隧道断面积有关。

5. 道岔

磁悬浮列车从一条线路转到另一条线路运行的连接设备称为道岔。磁悬浮线路的道岔结构和工作原理与传统铁路完全不同。目前可以采用的类型有多种，如钢管弯曲式道岔、横动式(traverser)道岔和侧壁移动式道岔等。

6. 渡线、越行站设置

为了在出现故障情况下确保区段的通过能力，一般要求在设计中每隔 25 km 设置区间渡线。

如果两相邻车站之间距离达到 100～150 km 时，在设计时，应考虑在两站之间大约 50 km 和 75 km 处设置一个越行站，以便于组织高速列车的越行。

7. 轨道梁

轨道梁对平整度要求很高，涉及列车的舒适性和安全性。对于轨道梁，其选型的原则是：

对于线路加工要求稍低的直线、平整段采用预制的单跨预应力混凝土线路支承梁，梁体选用单室倒梯形箱形截面，以保证线路有足够的刚度。若跨越河流或立交桥时，必须考虑设计特殊的结构，但仍以桥式承载结构作为基本结构，并在它上面铺设线路。对于线路加工要求很高的曲线段、坡段及道岔段，考虑只允许很小的制造和装配误差、特殊的设备工艺(长定子驱动)、支撑条件及气候影响等因素，可以采用两跨连续梁钢结构梁，使其能实现应力与刚度之间的协调。

8. 轨道的平顺性

轨道的不平顺包括轨道扭曲和高低两个方面。它们对行车的平稳性、舒适性和安全性有很大的影响。如果与高速铁路作比较，由于磁悬浮交通行车速度还要高，再加上悬浮的间隙仅10 mm左右，因此，其养护维修管理值的标准要更高，对线路结构的制造、架设、基础沉降的控制都要十分精确。若采用预应力混凝土梁，还应限制由于混凝土收缩徐变引起的上拱。

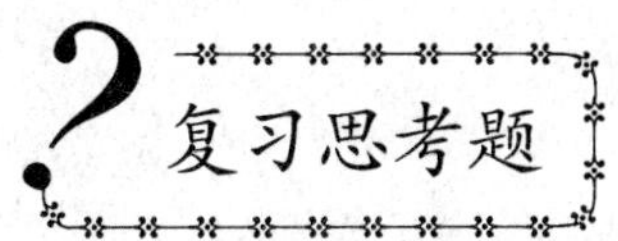

复习思考题

1. 铁路设计包括哪些内容？
2. 铁路设计中的主要技术标准有哪些？
3. 铁路定线时，影响线路基本走向的主要因素有哪些？
4. 铁路线路由哪几部分组成？
5. 路基按其横断面形式分为哪几种？
6. 何谓路堤？试绘出路堤横断面示意图，并标注各组成部分名称。
7. 何谓路堑？试绘出路堑横断面示意图，并标注各组成部分名称。
8. 轨道联接零件有哪几种？各自的作用如何？
9. 曲线外轨超高如何确定？列车通过曲线的最高允许速度如何确定？
10. 线路经常维修的基本任务是什么？
11. 修建无缝线路的基本原理是什么？
12. 试绘出单开道岔示意图，并在其上标注各组成部分及主要部件的名称。
13. 何谓道岔的有害空间？如何消除道岔的有害空间？
14. 影响机车车辆直向及侧向过岔速度的主要因素有哪些？
15. 铁路沿线常见的线路标志有哪些？
16. 什么是机车车辆限界？什么是建筑限界？常用的限界有哪些？
17. 小半径曲线上，轨距为什么要加宽？
18. 在曲线上为什么要设置外轨超高？怎么设置外轨超高？

第三章　铁路车站与枢纽

第一节　铁路车站与枢纽概述

铁路车站是办理旅客运输和货物运输的基地，也是铁路和旅客、货主联系的纽带。车站还是铁路运输的基层生产单位。在车站上除了办理旅客与货物运输的各项作业外，还要办理与列车运行有关的各项作业。

一、车站基础知识

1. 区间与分界点

为了保证行车安全和必要的通过能力，铁路线上每隔一定距离需要设置一个车站。车站把每一条铁路线路划分成若干个长度不同的段落，这些段落叫做区间。而车站就成为相邻区间之间的分界点，因此，区间和分界点是组成铁路线路的两个基本环节。

车站上除了正线以外，还配有其他线路（到发线、牵出线等），所以我们把各种车站称为有配线的分界点。此外还有一种无配线的分界点，它包括非自动闭塞区段两车站间设置的线路所和自动闭塞区段两车站间划分为若干个闭塞分区处所设置的通过色灯信号机。

从上述可知，区间也有不同的分类。车站和车站之间的区间称为站间区间；车站与线路所之间的区间称为所间区间；自动闭塞区段上通过色灯信号机之间的段落称为闭塞分区。

区段通常是指两相邻技术站间的铁路线路，它包括了若干个区间和分界点。区段的长度一般取决于牵引动力的种类或路网状况。

2. 车站的分类

目前，我国铁路上有大小车站几千个。根据他们所担负的任务量及在国家政治、经济中的地位，共分为六个等级，即特等站和一、二、三、四、五等站。车站按技术作业的不同可分为编组站、区段站和中间站。编组站和区段站统称为技术站。按业务性质又分为货运站、客运站和客货运站。

3. 车站线路种类

车站应设有正线，根据车站作业的需要还需配置各种用途的站线。

正线即直接与区间连通的线路。站线包括到发线、牵出线、调车线、货物线及站内指定用途的其他线，如图 3-1 所示。

到发线是用于接发旅客列车的线路；牵出线是用于进行调车作业时将车辆牵出的线

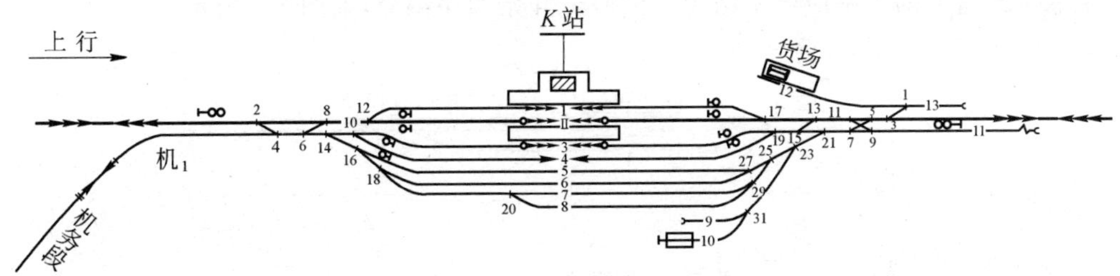

图 3-1　车站线路图

Ⅱ—正线；1、3、4—到发线；5、6、7、8—调车线；9、10—站修线；11、13—牵出线；12—货物线；机$_1$—机车走行线。

路；货物线是用于货物装卸作业的货车停留线路；调车线是用于车列解体或编组并存放车辆的线路。

站内指定用途的其他线路主要有机车走行线、车辆站修线、驼峰迂回线及驼峰禁溜线等。

4. 线间距

线间距是指两相邻线路中心线之间的距离。线间距应能保证行车和车站工作人员工作时的安全，它是根据铁路限界、安全保护区、线路是否通过装载超限货物的列车，以及相邻线路间是否装设信号机等设备，并考虑留有适当的余地来确定的。直线地段常用线路间距见表 2-8 和表 2-9。曲线部分的线间距应根据计算进行适当加宽。

二、站界、股道和道岔的编号及股道有效长

(一)站界及警冲标

为了保证行车安全和分清工作责任，车站和它两端所衔接的区间应有明确的界限，通常称为"站界"。在单线铁路上，站界的范围以两端进站信号机柱的中心线为界。在双线铁路上，站界是按上下行正线分别确定的，即一端以进站信号机柱中心线，另一端以站界标的中心线为界。

警冲标是信号标志的一种，设在两汇合线路线间距离为 4 m 的中间，用来指示机车车辆的停留位置，防止机车车辆的侧面冲撞，如图 3-2 所示。

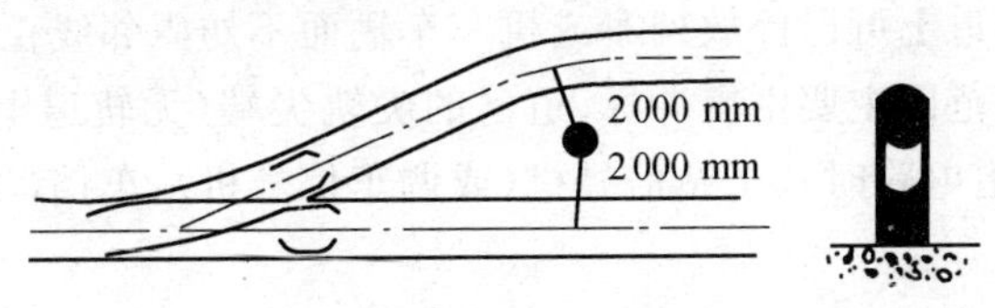

图 3-2　警冲标

(二)股道和道岔编号

1. 股道编号方法

站内正线规定用罗马数字编号(Ⅰ、Ⅱ、…)，站线用阿拉伯数字编号(1、2、3、…)。

在单线铁路上的车站应当从站舍一侧股道开始顺序编号，如图 3-3 所示。

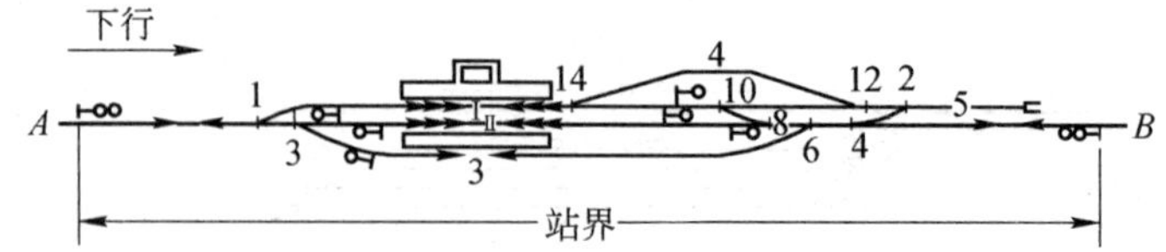

图 3-3　单线铁路中间站布置图

在双线铁路上的车站，下行正线一侧用单数，上行正线一侧用双数，从正线向外顺序编号，如图 3-4 所示。

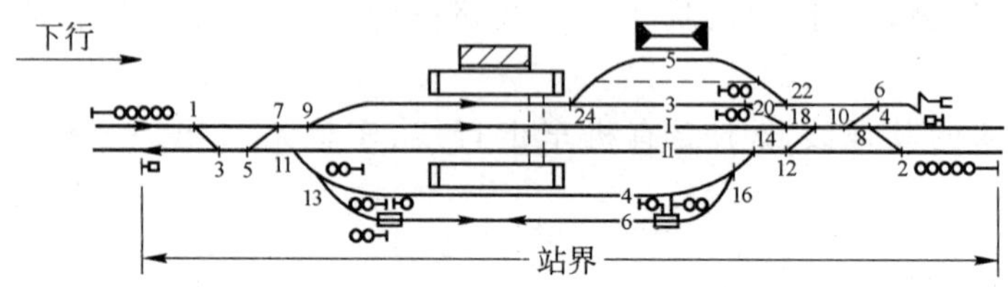

图 3-4　双线铁路中间站布置图

大站上股道较多，应分别按车场各自编号。

2. 道岔编号方法

(1)用阿拉伯数字从车站两端由外向里依次编号，上行列车到达一端用双数，下行列车到达一端用单数，如图 3-3、图 3-4 所示。

(2)每一道岔均应编为单独的号码，对于渡线、交分道岔等处的联动道岔，则应编为连续的单数或双数。

(3)站内道岔，一般以车站站舍中心线作为划分单数号与双数号的分界线。

(4)当车站有几个车场时，每一个车场的道岔必须单独编号，此时道岔号码应使用三位数字。

(三)股道有效长

股道有效长是指股道上可以停放列车或机车车辆而不妨碍邻线正常行车的部分。

股道有效长的起止范围主要由警冲标、道岔的尖轨尖端(无轨道电路时)或道岔基本轨接头处的钢轨绝缘(有轨道电路时)、出站信号机(或调车信号机)、车挡(尽头式线路时)等因素确定，如图 3-5 所示。

我国铁路采用的货物列车到发线有效长度在Ⅰ、Ⅱ级铁路上为 1 250 m、1 050 m、850 m、750 m、650 m，Ⅲ级铁路上为 850 m、750 m、650 m、550 m。开行重载列车为主的铁路可采用大于 1 250 m 的到发线有效长度。

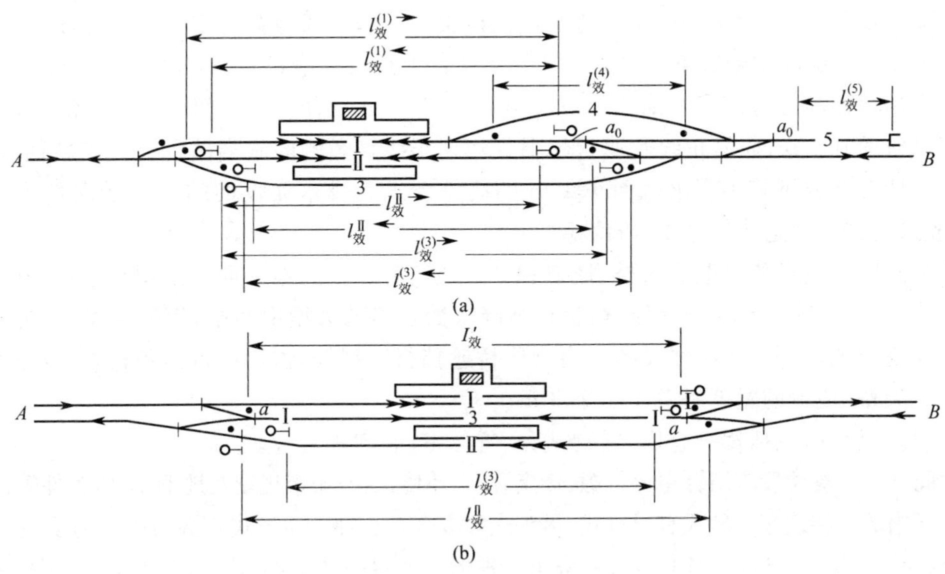

图 3-5　股道有效长的起止范围

第二节　中　间　站

一、中间站

中间站是铁路上数量最多的车站，一般位于中小城镇，是城乡联系的重要纽带。中间站还可以提高铁路区段通过能力，保证行车的安全。

1. 中间站的作业

(1)旅客的乘、降和行李包裹的承运、保管、装卸与交付。

(2)货物的承运、保管、装卸与交付。

(3)接发列车作业(包括接车、发车和放行通过列车)，这是中间站的主要行车工作。

(4)摘挂列车的车辆摘挂作业，以及向货物线、专用线取送车辆的调车作业。

2. 中间站的设备

中间站的设备应根据作业的性质和工作量大小而定。

(1)客运设备。为了保证安全、迅速地运送旅客，中间站应设有旅客站舍(售票房、候车室、行包房)、旅客站台、雨棚和跨越设备(天桥、地道、平过道)等。

旅客站舍是办理售票、候车和行包邮件承运、交付及保管的地方。中间站由于客货运量小、作业简单，往往将站长室、行李房、运转室合并于旅客站舍内。

旅客站台按其与站房和车站到发线的相互位置可分为基本站台和中间站台两种。靠近站房一侧的为基本站台，设在线路中间的为中间站台。旅客站台的长度应按旅客列车长度、列车编组情况确定,一般不短于 300 m。基本站台在旅客站房范围内宽度不应小于 6 m,其余部分不应小于 4 m。中间站台宽度不应小于 4 m。站台上设有跨线设备时,站台应适当加宽。

旅客站台的高度有高出轨面 0.3 m、0.5 m 和 1.1 m 三种。在中间站上,旅客站台高度一般应高出轨面 0.5 m;邻靠正线及通行超限货物列车线路旁侧的旅客站台应高出轨面 0.3 m;仅在特殊情况下方可采用高出轨面 1.1 m 的高站台。为排水而设的站台面横向坡度不宜过大,一般采用向站台边缘倾斜 2%的坡度。

站台间的跨线设备一般有天桥、地道和平过道三种。中间站一般多采用平过道,其宽度应不小于 2.5 m,数量应不少于两处;在旅客乘降人数较多的大型中间站,为确保安全,可根据需要修建天桥或地道等立体跨线设备。由于天桥遮挡行车视线,占用站台面积较多,故宜优先选用地道。天桥、地道的宽度一般不小于 3 m。

(2)货运设备,包括货物仓库、货物站台、货运室、装卸机具等。

中间站的货场位置应结合主要货源、货流方向、环境保护、城市规划及地形、地质条件等选定。

货场内的货物线布置形式有通过式、尽头式和混合式三种。通过式两端均连通到发线,上下行调车作业灵活,易于管理,我国中间站多采用这种形式。尽头式货物线一头伸入货场,另一头和到发线连通,调车不够灵活,但线路布置可以多样化,适合货物作业量较大、货物线较多的车站。

货物线有效长度应按货运量、取送车间隔时间确定,但最短不应小于 5 辆货车长度,即不短于 70 m。

中间站小型货场货物仓库宽度一般采用 9～12 m,长度根据需要堆积货物的面积计算确定。为方便装卸作业,仓库应设在货物站台上。

货物站台有普通站台和高站台两种,普通货物站台高出轨面 1.1 m,高出轨面 1.1 m 以上的为高站台。

(3)站内线路。中间站的线路设备除正线外,还有站线(包括到发线、货物装卸线、牵出线和存车线),分别用于接发列车、进行调车和货物的装卸作业;特别用途线(安全线、避难线、与车站接轨的工业企业专用线)等。

中间站的到发线可设计为单进路或双进路。单进路系指每条到发线固定一个运行方向(上行或下行)使用,而双进路的每条到发线可供上、下行两个方向使用。双进路机动性大,但需要增加信号联锁设备。单线铁路到发线一般应按双进路设计,使列车办理运行调整有更大的灵活性。双线铁路宜按上、下行分别设计为单进路,为增加调整列车运行的灵活性以及方便摘挂列车作业,个别到发线也可按双进路设计。站内正线应保证超限货物列车通行。换挂机车的车站及区段内选定的 3～5 个(采用长交路时可适当增加)会让站、越行站或中间站应满足超限货物列车的会让与越行要求。上述车站除正线外,单线铁路应另有一条线路,双线铁路上、下行应各另有一条线路能通行超限货物列车。

中间站是否需要设置牵出线,应根据衔接区间正线数、行车密度大小、车站调车作业量以及货场设置位置等因素确定。牵出线的有效长度不宜小于该区段的货物列车长度的一半,在

困难条件下或车站作业量不大时，不应小于 200 m。

安全线为进路隔开设备之一，是防止列车或机车车辆进入另一列车或机车车辆进路的一种安全设备。其有效长一般应不小于 50 m。

在山岳或丘陵的陡坡地区，区间线路纵断面条件特殊或不利时，为了防止在陡长下坡道上失控的列车发生冲突或颠覆，应根据线路情况，计算确定是否需在区间或站内设置避难线。避难线的长度可根据站间坡道、列车质量、行车速度及制动能力等条件进行单独计算和设计。避难线的位置应根据车站的作业性质、地形条件、站间通过能力以及失控列车进人避难线的最大速度等条件综合考虑。

(4)信号及通信设备。

此外，某些中间站还设有机车整备设备和列车检查设备等。

单线、双线铁路中间站布置如图 3-3 及图 3-4 所示。

3. 中间站的布置图型

中间站宜设置为横列式，可按图 3-1 的图型布置。横列式布置的优点是站坪长度短、工程投资少；车站值班员对两端咽喉有较好的瞭望条件，便于管理；无中部咽喉，可减少扳道人员数量；零担、摘挂列车调车时车辆走行距离短，节省运营费；到发线使用灵活，站场布置紧凑。在特别困难条件下，单线铁路中间站可采用其他形式的图型。

纵列式中间站的特点是到发线纵向排列，并逆运行方向错移一个货物列车到发线有效长度。纵列式布置有利于组织不停车会让，便利超长列车的会车，站坪宽度小，在地形狭窄时可减小工程量。与横列式相比，站坪长度较长使紧坡地段延长线路，摘挂列车的调车作业走行路线长，道岔分散，管理不便，一般在组织列车不停车会让及超长列车运行的区段采用。

双线铁路中间站每端咽喉区的两条正线间设两条渡线，以满足调车作业、列车反方向运行以及双方向接发列车的需要，或因区间线路大修、线路临时发生故障和其他情况下采取运行调整措施，必须使一条正线上运行的列车转入另一条正线上继续运行。特殊情况下，当每端各设一条渡线时，应预留铺设第二条渡线的位置。当站坪长度受限制时，可采用交叉渡线。

二、会让站

1. 会让站的作业及设备

会让站是设置在单线铁路上，属于中间站范畴，仅在设计规范中使用的，主要办理列车的到发、会车、越行，也办理少量的客、货运业务的车站。会让站设有正线和到发线，用于列车的接、发、通过和停留；通信、信号设备，用于指挥列车的安全运行；旅客乘、降设备，用于旅客的购票、检票、乘车等；此外还有办公房屋等设备。

2. 会让站布置图

会让站一般应设置为横列式，可按图 3-6 的图型布置。在特别困难条件下，可采用其他形式的图型。

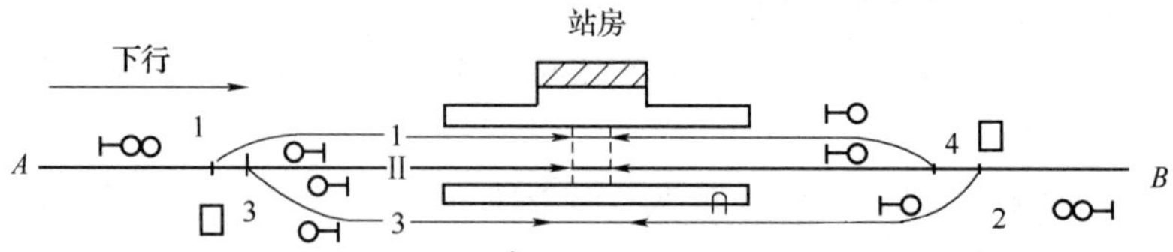

图 3-6　会让站

会让站宜设两条到发线，使车站具有三交会的条件。当行车量较小时可设一条到发线，但这样的会让站连续布置不应超过两个，目的是便于调整列车运行图，而且当运输秩序出现不正常情况时其影响范围也不致过大。

横列式会让站设两条到发线时，宜将两条到发线分设正线两侧，与两条到发线设于正线一侧相比站坪长度短，土石方工程量小，在单线发展为双线时，拆迁工程也较少。

当会让站设一条到发线时，其到发线与运转室宜分别布置在正线两侧。这样布置的优点是便于利用正线接发通过列车，在基本站台上就可以办理正线列车通过作业；另外车站值班员可不跨越线路，也不被停留在到发线上的其他列车隔开，经由正线接发的旅客列车可停靠在基本站台旁，不必经过侧向道岔，从而使列车运行平稳，旅客感觉比较舒适。

会让站一般不设中间站台。若旅客乘降较多且远期发展快时，可设中间站台，其位置应设在旅客站房对侧到发线与正线之间。

纵列式会让站是将两到发线纵向排列，并向逆行方向错移一个货物列车到发线有效长度。

三、越行站

1. 越行站的作业及设备

越行站是设置在双线铁路上，属于中间站范畴，仅在设计规范中使用的，主要办理同方向列车的越行，必要时办理反方向列车的转线，也办理少量的客、货运业务的车站。越行站设有正线和到发线，用于列车的接、发、通过和停留；通信、信号设备，用于指挥列车的安全运行；旅客乘、降设备，用于旅客的购票、检票、乘车等；此外还有办公房屋等设备。

2. 越行站布置图

越行站一般应设置为横列式，可按图 3-7 的图型布置。

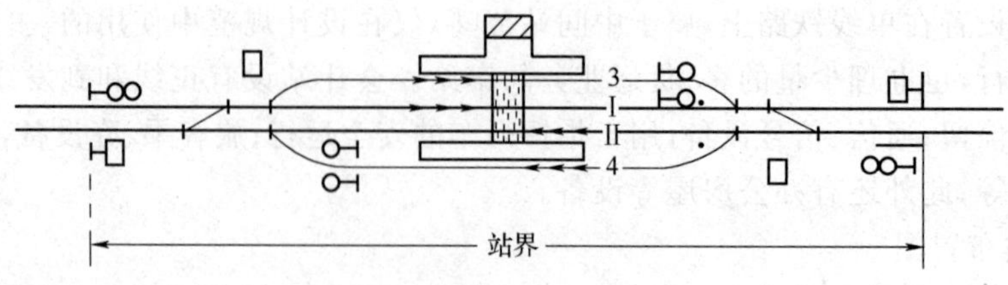

图 3-7　越行站

越行站一般应设置两条到发线，分别位于正线两侧，使双方向列车都能同时待避。特殊困难条件下，可设一条到发线，并布置在两条正线中间。

越行站每端咽喉的两条正线间应设两条"八"字形渡线。交叉渡线因养护维修不便，故仅在站坪长度受限制时采用。特殊困难条件下，每端各设一条渡线时，渡线应朝向运转室，并预留铺设第二条渡线的位置。

第三节　区　段　站

区段站多设在中等城市和铁路网上牵引区段(机车交路)的起点或终点。区段站的主要任务是为邻接的铁路区段供应及整备机车，为无改编中转货物列车办理规定的技术作业，并办理一定数量的列车解编作业及客货运业务。

区段站的作业和设备尽管在数量和规模上都不是最大的，但是作业和设备的种类却是比较齐全的。

一、区段站的作业

根据区段站所担负的任务，它要办理的作业可以归纳如下：

1. 客运业务

与中间站办理的客运业务基本相同，只是数量较大。

2. 货运业务

与中间站办理的货运业务大致一样，但作业量要大。

3. 运转作业

包括与旅客列车有关的运转作业，主要办理通过旅客列车的接发作业，有的车站还办理局管理内或市郊旅客列车的始发、终到作业及个别车辆的甩挂作业；与货物列车有关的运转作业，主要办理无改编中转列车的接发和有关作业，对区段列车要进行解体和编组作业，同时还办理向货场、工业企业线取送作业车等，某些区段站还担当少量的始发直达列车的编组任务。

4. 机车业务

主要是换挂机车和乘务组，对机车进行整备、检修等。

以更换货物列车机车和乘务组为主，有些车站还更换旅客列车机车和乘务组。当采用循环交路时，在机务段所在的区段站上，列车机车不进段，仅在站内到发线上或其附近进行检查、整备作业。当采用长交路时，有的区段站无需更换机车，仅更换机车乘务组或进行部分整备作业。

5. 车辆业务

办理列车的技术检查和车辆的检修任务。在少数设有车辆段的区段站上，还办理车辆的段修业务。

二、区段站的设备

为保证完成区段站上述作业，区段站应设有以下各项设备：

1. 客运业务设备

主要有旅客站房、站台、雨棚及跨越线路设备等。

2. 货运业务设备、货场及其有关的设备

主要有货场及其有关设备，如装卸线、存车线、货物站台、仓库、雨棚、堆放场及装卸机械等。

3. 运转设备

包括旅客列车到发线、货物列车到发线、调车线、牵出线（有时设简易驼峰）、机车走行线等。

(1)供旅客列车使用的运转设备——旅客列车到发线，必要时设客车车底停留线。

(2)供货物列车使用的运转设备——货物列车到发线、牵出线（有时设小能力驼峰）、机车走行线及机待线等。

4. 机务设备

包括机务段或机务折返段。在机务段所在的区段站上，如采用循环运转制时，在到发场应设有机车整备设备。采用长交路轮乘制时可设置机车运用段或换乘点。

5. 车辆设备

包括车辆段、列车检修所和站修所等。在大的区段站上还设有车辆段。

6. 其他设备

除以上各类设备外，还有信号、通信、给水、排水、电力、照明、技术办公房屋以及与城镇道路交叉处的平（立）交等设备。

三、区段站布置图

区段站的客运、货运、运转、机务和车辆等五项设备的合理布置，可从区段站的布置图上看出。由于地形、城市规划要求、运量及运输性质、正线数目等因素的影响，为合理布置区段站的各项设备而形成了多种多样的布置图型。常见的有横列式、纵列式及客货纵列式三类。图 3-8是单线铁路横列式区段站布置图。

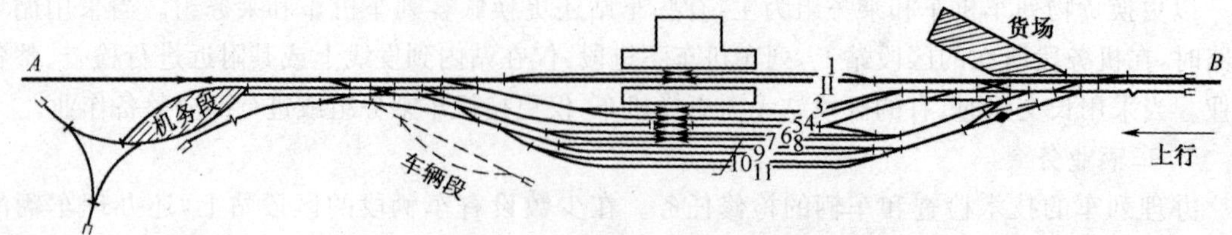

图 3-8　单线铁路横列式区段站布置图

当上、下行到发线(场)平行布置在正线一侧,调车场在到发场的一侧时,称为横列式区段站布置图。图中Ⅱ道是正线。1、Ⅱ、3 道是旅客列车到发线,在必要时也可以接发货物列车。4、6、7 道是货物列车到发线,车站到发线的布置,可以保证从上、下行两个方向同时接发列车。5 道是机车走行线,下行出发和到达的货物列车机车可经由 5 道出入段。8～11 道是调车线。调车场两端均有牵出线,并设有一个简易驼峰,以保证解体、编组和取送车辆等调车作业的顺利进行。

横列式区段站布置图的主要优点是布置紧凑、站坪长度短、占地少、设备集中、管理方便、作业灵活性大和对各种不同地形的适应性强。它的缺点是一个方向的列车机车出入段走行距离长,对站房同侧的货物取送车和正线有交叉干扰。

图 3-9 是双线铁路纵列式区段站布置图。

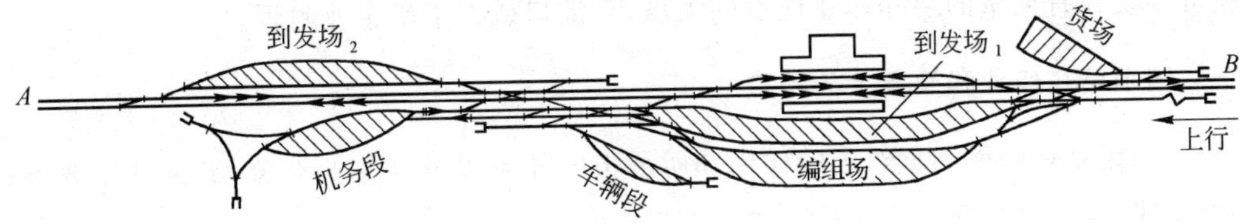

图 3-9　双线铁路纵列式区段站布置图

在双线铁路上,当运量较大时,为减少站内两端咽喉区上、下行客、货列车进路的交叉干扰,区段站可采用纵列式布置图。在区段站上,当上、下行到发场分设在正线两侧,并逆运行方向全部错移,在其中一个到发场一侧,设一个双方向共用的调车场时,称纵列式区段站布置图。

纵列式区段站的优点是作业上的交叉干扰较横列式少;机车出入段走行距离短;当机车采用循环运转制时,到发线上的整备设备比较集中;对站舍同侧的支线或工业企业线的接轨也比较方便。它的缺点是站坪长度长、占地多、设备分散、投资大、定员较多、管理不便、一个方向货物列车的机车出入段要横切正线。因此,一般只有在机车采用循环交路时,才采用这种图型,以便充分发挥其优越性。

图 3-10 是客货纵列式区段站布置图。这种区段站是客运运转设备(主要指旅客列车到

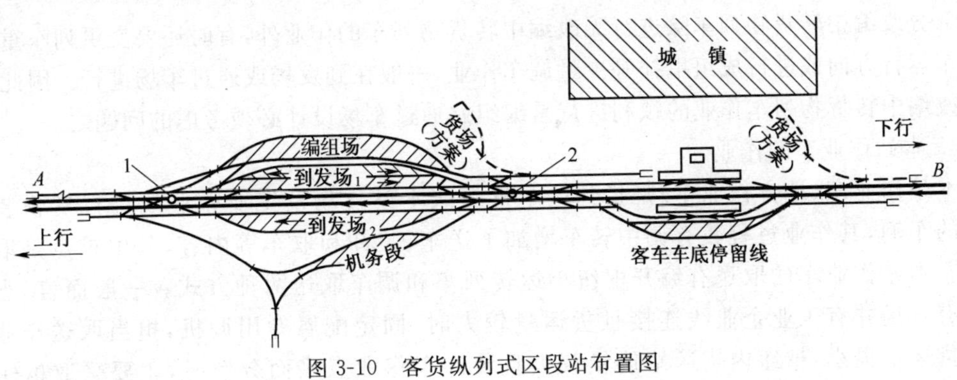

图 3-10　客货纵列式区段站布置图

发场)与货运运转设备(主要指货物列车到发场)纵向配列。此种图型往往是改建时逐步形成的,故客、货运转设备和机务设备相互位置的配置形式很多。其优缺点与纵列式图型大致相同。

第四节 编 组 站

编组站是铁路网上办理大量货物列车解体,将中转车流改编为技术直达、直通和其他列车,并设有比较完善的调车设备的车站。编组站按列车编组计划的要求,编解各种类型的列车,为合理组织车流服务,是一个编组列车的“工厂”。编组站通常设在几条主要干线的汇合处,也可以设在有大量的装卸作业地点的大城市、港口或大工矿企业附近。

一、编组站在作业和设备上的特点

根据编组站在路网和枢纽内的作用和所承担的任务以及其作业对象,编组站主要办理以下几项作业:

1. 改编中转货物列车作业

改编中转货物列车作业包括解体列车的到达和解体作业,始发列车的集结、编组和出发作业。

这些作业是在车站不同的地点,利用不同的设备办理的。改编中转货物列车作业是编组站最主要的作业,作业时间比较长,要占用编组站的大部分设备。因此,保证该项作业的流水性是编组站设计的关键。

2. 无改编中转货物列车作业

无改编中转货物列车作业比较简单,内容少且时间短,地点仅限于到发场或通过车场,主要是换挂机车和列车技术检查作业。因此,合理配置机务段、通过车场和机走线的位置是缩短该项作业时间的关键。

3. 部分改编中转货物列车作业

部分改编中转货物列车除进行无改编中转货物列车的作业外,有时还要变更列车重量、变更列车运行方向或进行成组甩挂等少量调车作业,一般在到发场或通过车场进行。因此,保证部分改编中转货物列车作业的顺利进行是编组站通过车场设计必须考虑的问题之一。

4. 本站作业车的作业

本站作业车(地方作业车)是指到达本枢纽或本站货场及工业企业线进行货物装卸或倒装的车辆,其作业过程较有调中转车增加了送车、装卸和取车等内容,其中重点是取送车作业。本站作业车的取送有编开枢纽小运转列车和调车取送两种方式。一般而言,当编组站设有货场并有工业企业线连接且货运量较大时,固定配属专用调机,担当取送作业。当本站货运量很小,枢纽内货运站运量较大且装卸车作业点多而分散时,主要采取枢纽小运

转列车进行取送。因此,尽量避免从调车场取送车与其他作业的交叉干扰是布置货运设备时应注意的问题。

5. 机务作业

编组站的机务作业和区段站一样,包括机车出段、入段、段内整备及检修作业。保证机车顺利出入段、缩短机车出入段的走行距离是布置机务段、机车走行线和机车出入段线应注意的重要问题。

6. 车辆检修作业

编组站的车辆作业包括列车技术检查及不摘车的经常维修、轴箱及制动装置的经常保养,这是列车技术作业过程中的重要内容,在到发线上进行;摘车的经常维修,这是货车的站修,车辆破损程度较为严重时需摘车倒装后送往站修线或车辆段修理;货车的段修,这是按车辆使用规定期限,定期入车辆段进行检修作业,有大修、中修、年修之分。

此外,根据具体情况,编组站有时还需办理以下作业:

(1)客运作业,包括旅客乘降及换乘;

(2)货运作业,包括货物装卸、换装,保温车加冰、加盐,牲畜车上水、除粪便,鱼苗车换水等;

(3)军运列车供应作业。

编组站和区段站同属技术站。从技术作业上来看,编组站和区段站都要办理列车的接发、解编、机车的供应或换挂,列车的技术检查及车辆的检修等。

编组站的设备,从种类上看,一般与区段站一样,也有旅客和货物运转、客货运业务及机车、车辆等设备。但位于大城市郊区的编组站,可能不设客、货运设备。在货物列车运转设备方面,调车场和调车设备的规模和能力都比区段站大得多。

编组站和区段站在作业的数量和性质以及设备的种类和规模上均有明显区别。区段站以办理无改编中转货物列车的作业为主,并办理少量区段、摘挂列车的改编作业。而编组站以办理改编中转货物列车的作业为主,编解包括小运转列车的各种货物列车,负责路网上和枢纽内车流的组织,同时还供应列车动力,对机车进行整备和检修,使其性能良好地投入运营,并对车辆进行日常维修和定期检修,作业数量和设备规模均较大。

二、编组站的调车设备

调车工作是铁路运输过程的重要组成部分,对于编组站来说,更是日常运输生产的主要活动。调车工作按使用设备不同分为牵出线调车和驼峰调车两种。

牵出线调车时,车辆的动力是靠调车机车的推动力,适合车列的编组作业。

驼峰调车时,是利用其高差的位能,车辆溜放的动力以其本身的重力为主,调车机车的推力为辅,适合车列的解体作业。

驼峰与牵出线纵断面比较如图 3-11 所示。

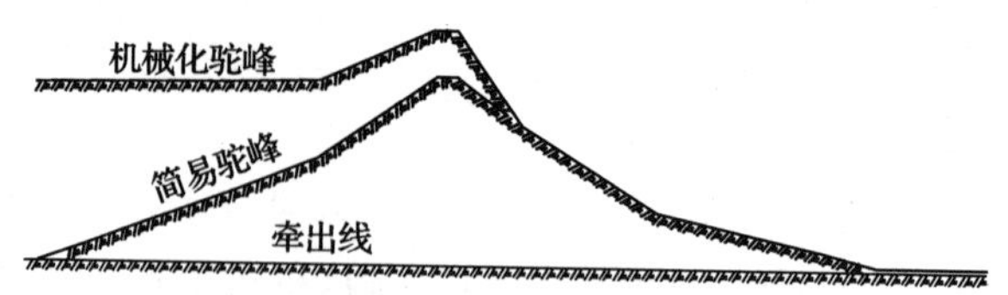

图 3-11 驼峰与牵出线纵断面比较图

(一)驼峰的平、纵断面

驼峰的范围是指峰前到达场(在不设峰前到达场时为牵出线)与调车场之间的一部分线段(如图 3-12 所示),它包括推送部分、溜放部分和峰顶平台等。

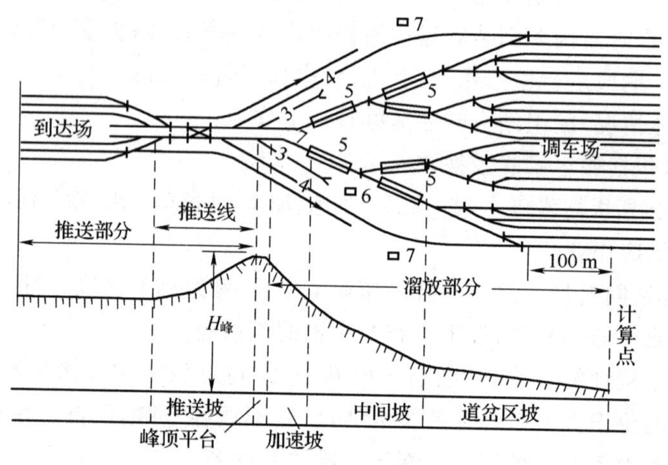

图 3-12 驼峰组成图

1—推送线;2—溜放线;3—禁溜线;4—迂回线;5—缓行线;6、7—信号楼。

1. 推送部分

推送部分是指经驼峰解体的车列其第一钩车位于峰顶时车列全长所在的线路范围。设置这一部分的目的是为了使车辆得到必要的高度,并使车钩压紧,便于摘钩。

2. 溜放部分

溜放部分是指由峰顶至调车场头部的各股道警冲标后 100 m(对机械化驼峰)或 50 m(对非机械化驼峰或简易驼峰)处的线路范围。

3. 峰顶平台

峰顶平台是指推送部分与溜放部分的连接处设置的一段平坦地段。

(二)驼峰的分类

根据每昼夜解体的车辆数和相应的技术设备,调车驼峰可分为以下三类:

1. 大能力驼峰

大能力驼峰的日解体能力为 4 000 辆以上,应设 30 条及以上调车线,应配有溜放进路自

动控制系统、钩车溜放自动调速系统及推峰机车遥控系统。

2. 中能力驼峰

中能力驼峰的日解体能力为 2 000～4 000 辆，应设 17～29 条调车线，应配有溜放进路自动控制系统，宜配有钩车溜放自动或半自动调速系统及推峰机车遥控系统。

3. 小能力驼峰

小能力驼峰的日解体能力为 2 000 辆以下，应设 16 条及以下调车线，应配有溜放进路控制系统，宜配有钩车溜放半自动调速系统及驼峰机车信号。作业量较少时，也可采用简易现代化调速设备，逐步取消人工调速设备。

驼峰类型应根据解体作业量的大小、车站站型及发展趋势选定。设计解体能力利用率不应大于 0.80，困难时不应大于 0.85。

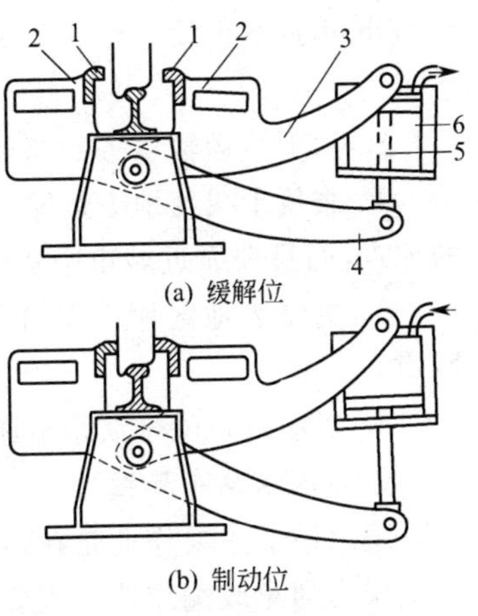

图 3-13 非重力式减速器构造图

1—夹板；2—制动梁；3、4—杠杆；5—活塞杆；6—缸体。

(三)驼峰调速工具

驼峰调车场调速工具，是为了提高驼峰的改编能力，保证作业安全所必需的设备。目前我国铁路上常采用的调速工具有手闸、制动铁鞋、车辆减速器和减速顶等。在机械化驼峰上，除调车场内使用铁鞋制动外，在驼峰溜放部分均采用车辆减速器。而在自动化驼峰上，是根据车辆的走行性能、重量、预定的停车地点以及溜放速度等条件，由自动化装置控制减速器的制动能力。

现在，我国铁路采用的减速器，主要有压力式钳形减速器和重力式减速器两种形式。压力式钳形减速器，是利用压缩空气作为动力，由钢轨两侧的制动夹板挤压车轮进行制动，如图 3-13所示。

重力式减速器主要借助于车辆本身的重量使制动夹板产生对车轮的压力而进行制动。

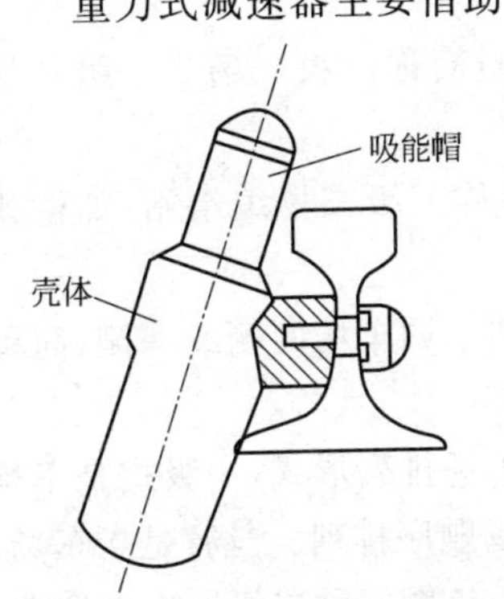

图 3-14 减速顶的安装位置

减速顶是一种不需要外部能源，可以自动控制车辆溜放速度的调速工具。减速顶安设在钢轨内侧或外侧，如图 3-14 所示。

减速顶由外壳、吸能帽、活塞组合件和止冲装置等组成。车轮经过减速顶时，吸能帽斜对轮缘部分，对高于临界速度的车辆可起减速作用，对低于临界速度的车辆不起减速作用。减速顶的优点是灵敏度高、性能良好、维修简便。

三、编组站布置

(一)编组站选址

编组站的选址一般应考虑如下几个方面：

1. 妥善处理与城市的关系，避免与城市相互干扰。编组站占地大，对组织城市交通是很大的障碍应安排在城市郊区。同时也要防止编组站被大量专用线、大型货场甚至工业区所包围，影响铁路正线的正常运营与编组站作业。此外，在选址时还要考虑到城市能为大量职工及家属的生活居住、公共设施、道路交通等做出安排。

2. 编组站位置应便利集纳车辆。为保证主要车流方向有便捷的道路，并使折角车流最少，编组站一般应设在铁路干线汇合处，位于主要车流方向短顺的干线上。在有的铁路枢纽城市可能不止设一个编组站，应根据其车流性质与编组站的类型具体选择其在城市中的位置。

3. 为干线运输服务的路网性编组站，应远离城市，设在主要干线车流顺直的地点。

4. 兼负干线与地方运输双重任务的区域性编组站，应远离城市，设在主要干线车流顺直的地点，而且要靠近城市中货流产生的地点，如工业区、仓库区等。

5. 主要为地区服务的工业或港湾编组站，则应设在车辆集散的地点附近，不可远离城市。

6. 当编组站位于铁路枢纽网的终端时，则应设在铁路干线引入方向的市郊。

（二）编组站布置图

编组站的主要作业是在编组站的各个车场上完成的。因此到达场、编组场（调车场）、出发场就成为列车改编作业的主要场地。调车设备是编组站的核心设备。调车设备的数量与规模及各车场的相互位置，就构成了编组站不同形式的布置图。

1. 按照调车设备的套数及调车驼峰方向分类

（1）单向编组站。只有一个调车场，上、下行合用一套调车设备（包括驼峰、调车场、牵出线），其驼峰溜车方向一般向主要改编车流运行方向，如南京东、兰州西、三间房编组站。

（2）双向编组站。有两个调车场，上、下行各有一套调车设备。一般情况下，两系统的调车驼峰应朝向各自的上行和下行调车方向，如哈尔滨南、广州北编组站。

2. 按每一套改编系统内车场相互位置和数目分类

（1）横列式编组站。上、下行到发场横列于调车场两侧或一侧，简称一级三场或一级二场编组站。

（2）纵列式编组站。到达场、调车场、出发场顺序纵列布置，简称三级三场编组站，如柳州南编组站。

（3）混合式编组站。到达场与调车场纵列，上、下行出发场横列于调车场两侧或一侧，简称二级四场或二级三场编组站，如太原北为单向二级四场编组站。

我国铁路现场对编组站图型有“几级几场”的称呼。“级”是指车场排列形式，一级式是车场横列，二级式是到达场、调车场纵列，三级式是到达场、调车场、发车场顺序排列。“场”是指车场，站内有几个车场，就叫几场。如图3-15为单向混合式编组站布置图，该图又称二级四场布置图。图3-16为车辆在二级四场编组站内作业流程。图3-17为双向纵列式编组站布置图。

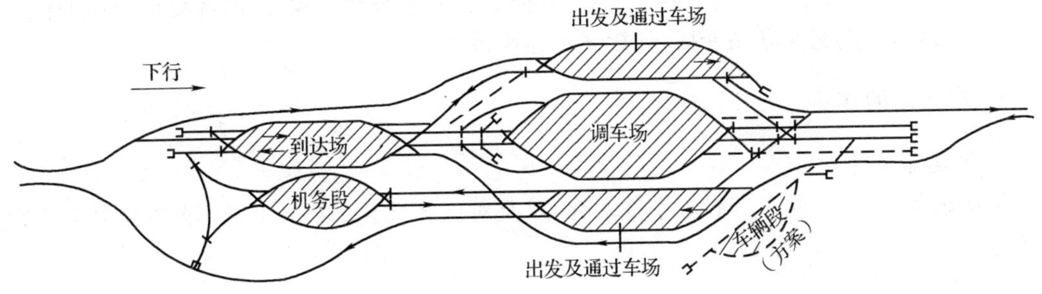

图 3-15 单向混合式编组站布置图

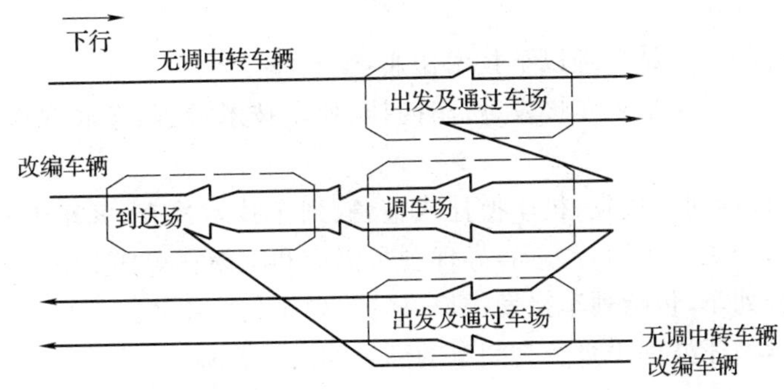

图 3-16 车辆在二级四场编组站内作业流程

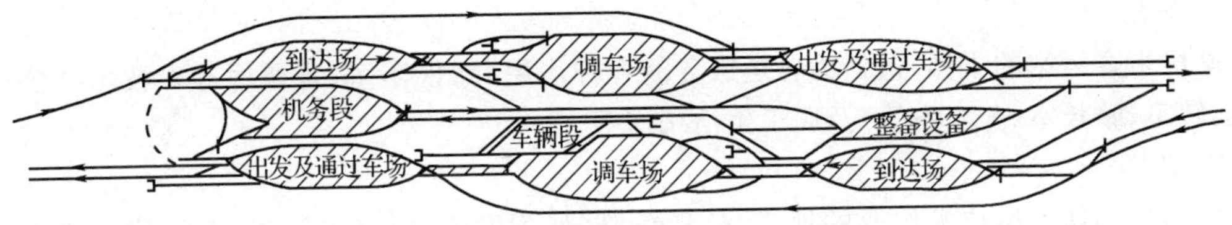

图 3-17 双向纵列式编组站布置图

双向纵列式编组站的优点是为上下行方向到达改编的车流创造了良好的作业条件，列车的到达、解体、编组、出发都是顺序进行的，形成"流水式"作业，因此改编能力较大。

我国编组站布置图的基本类型归纳起来共有六种，即：单向横列式，单向纵列式，单向混合式；双向横列式，双向纵列式，双向混合式。其他类型都是在这个基础上派生的，并且数量很少。

第五节 客 运 站

客运站是指专门和主要办理旅客运输作业的车站，是铁路客运的基本生产单位。其主要任务是安全、迅速、有序地组织旅客上下车，方便旅客办理旅行手续，为旅客提供舒适的候车条件，保证铁路与市内交通联系便捷，使旅客迅速疏散。

一、客运站的作业

1．客运服务作业

包括旅客上下车、候车、问询、小件寄存，以及对旅客文化、饮食、住宿、购物和卫生方面的服务等。

2．客运业务

包括客票发售，行包承运、装卸、保管和支付，邮件装卸和搬运等。

3．技术作业

按列车种类不同，客运站办理以下技术作业：

(1)始发、终到列车，包括列车接发、机车摘挂、列车技术检查、车底取送、个别客车甩挂以及餐车整备等。

(2)通过列车，包括列车接发、机车换挂或整备、列车技术检查、客车上水。个别情况下还办理个别客车甩挂，变更列车运行方向，办理餐车供应和上燃料等作业。

(3)市郊(通勤)列车，包括列车接发、机车摘挂、列车技术检查及车底取送等。

(4)在某些客运站还办理少量货物列车的到发和通过作业。

二、客运站的设备

1．站房

站房是客运站的主体，包括为客运服务的各种房屋(如候车室、售票厅等)、技术办公房屋(如运转室、站长室、公安室等)及职工生活用房等。

2．站场

站场是办理客运技术作业的地方，包括线路(如到发线、机车走行线、车辆停留线等)、站台、雨棚、跨线设备等。

3．站前广场

站前广场是客运站与城市的结合部，包括旅客活动地带、停车场、旅客服务设施、绿化带等。

第六节　货　运　站

凡专门办理货物装卸作业的车站，以及专门办理货物联运或换装的车站，均称为货运站。以办理货物装卸为主并办理少量的客运或货车中转作业的车站也属于货运站。货运站如图3-18所示。

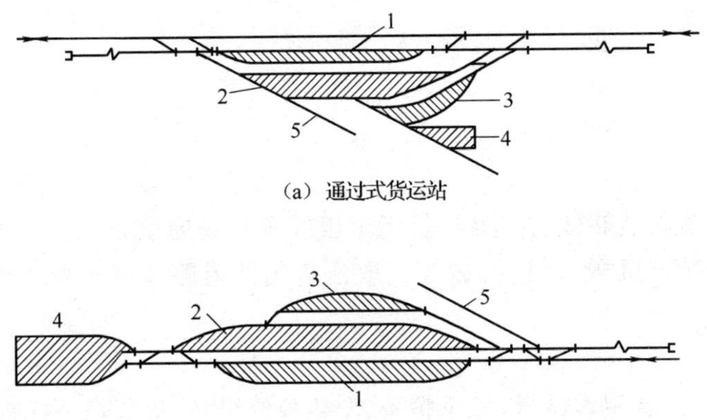

(a) 通过式货运站

(b) 尽头式货运站

图 3-18　货运站布置示意图

1—到达场；2—调车兼出发场；3—调车场；4—货场；5—专用线。

货运站按其工作性质分为装车站、卸车站和装卸站。装车站以办理货物的装车为主，需接入大量空车，发出大量重车。卸车站以办理货物的卸车为主，需接入大量重车，排出大量空车。装卸站的装车和卸车工作量大致平衡，可大量组织车辆的双重作业。

货运站按其办理货物的种类又可以分为综合性货运站和专业性货运站。凡办理多种不同种类货运作业的车站称为综合性货运站；而办理单一品类（粮食、木材、煤、矿石、矿务性建筑材料、石油及其制品等）大宗货物及危险货物作业的车站称为专业性货运站。

货运站按其服务对象分成为城市企业、居民和仓库区服务的公共货运站，为不同铁路轨距之间货物换装服务的换装站，为某一工矿企业或工业区生产服务的工业站，为港口服务的港湾站等。

一、货运站的作业

1. 运转作业

办理从编组站开来的小运转列车或从衔接区间开来的直达列车的接车作业；按装卸点选编车组、调送车组及按货位配置车辆；收集各装卸点装卸完毕的车组，并在调车线上进行集结；编组小运转列车或直达列车，向编组站或衔接区间发车。

2. 货运作业

包括货物的托付和交付、装卸和保管；货运票据的编制；货物的过磅、分类、搬运、堆码以及换装、加固、检查装载；办理铁路与其他运输部门的联运。有时还兼办部分客货列车的接发、通过和交汇；不良车的修理；调车机车的整备以及车辆的清扫、洗刷等项作业。

二、货运站的设备

1. 运转设备

包括到发线、调车线、牵出线等。

2. 货运设备

包括货场配线(货物装卸线、存车线、货场牵出线等)、场库设备(仓库、雨棚、站台、堆放场等)、装卸设备(各种装卸机械、运输机械等)、取送货物的道路及停车场和给排水设备及消防设备。

3. 其他设备

可根据作业需要设置旅客站台,机车整备、车辆检修设备,集装箱及托盘的维修保养设备,货车消毒洗刷设备,篷布维修设备,加冰设备,货物检斤设备和量载设备。

三、铁路装卸机械

(一)装卸机械类型

铁路装卸机械按技术特性分为间歇作业机械和连续作业机械两大类。间歇作业机械是在一定时间内进行一次装车、卸车过程或搬运过程的机械;连续作业机械是连续不间断地装卸或搬运货物的机械。

铁路常用的间歇作业机械主要分为起升和搬运车辆(如叉车、装载机等),门(桥)式类型起重机(如龙门起重机、集装箱专用门式起重机、桥式起重机等),旋转类型起重机(如汽车起重机、门座起重机等)。连续作业机械主要包括带式输送机。

1. 叉车

叉车是叉式装卸车的简称,也叫叉式装卸机或铲车。叉车是一种用途较广的装卸搬运机械,它主要用于完成成件包装货物的装卸、短途搬运和堆垛等作业。叉车广泛用于车站、货场、港口、码头、机场和仓库等场所,是实现成件包装货物机械化的一种高效率的装卸机械。按照动力装置可将叉车分为内燃叉车和电瓶叉车。按照结构特点不同可将叉车分为平衡重式叉车,插腿式叉车,前移式叉车,侧面式叉车,铁路货场使用的叉车主要是平衡重式叉车。叉车示意图如图 3-19 所示。

图 3-19　叉车

2. 装载机

装载机是一种用途十分广泛的工程机械,它可以用来铲装、搬运、卸载、平整散堆装货物,如果换装相应的工作装置,还可以进行推土、起重、装卸木料

及钢管等作业。铁路货场采用大多是载重量小于5 t的轮胎式铰接式车架装载机，进行装车转堆等作业。

3. 龙门起重机

龙门起重机主要用于铁路货场装卸长大笨重货物和集装箱，配以抓斗还可用于装卸散堆装货物。龙门架具有两条支腿，可沿铺设在地面上的轨道运行，建造费用低，不影响货场改扩建，且能充分利用货位，作业范围大，作业方便。另外，龙门起重机还具有构造简单、制造方便，作业效率高、稳定性好等优点。因此，龙门起重机目前是铁路货场最主要的装卸机械。龙门起重机示意图如图3-20所示。

图3-20　龙门起重机

4. 集装箱专用门式起重机

集装箱专用门式起重机的发展是伴随着集装箱运输的发展而发展的，是目前铁路集装箱货场应用的一种新型门式起重机。集装箱门式起重机是在龙门起重机的基础上发展起来的一种集装箱专用门式起重机。它的特点是起重量大，跨度大和起升高度(堆码层数)高，能安全、高效装卸各种型号集装箱。它是铁路集装箱专用货场或中转站货场进行装卸、搬运和堆码集装箱的专用机械。

5. 汽车起重机

汽车起重机是装在普通汽车底盘或特制汽车底盘上的一种起重机，其行驶驾驶室与起重操纵室分开设置。这种起重机的优点是机动性好，转移迅速。它的缺点是工作时须支腿，不能负荷行驶，也不适合在松软或泥泞的场地上工作。

汽车起重机的底盘性能等同于同样整车总重的载重汽车，符合公路车辆的技术要求，因而可在各类公路上通行无阻。此种起重机一般备有上、下车两个操纵室，作业时必需伸出支腿保持稳定。汽车起重机起重量的范围很大，可从8～1 000 t，底盘的车轴数，可从2～10根。汽车起重机是产量最大，使用最广泛的起重机类型。

6. 门座起重机

门座起重机是桥架通过两侧支腿支承在地面轨道或地基上的桥架型起重机。具有沿地面轨道运行，下方可通过铁路车辆或其他地面车辆。门座起重机大多沿地面或建筑物上的起重机轨道运行，进行起重装卸作业。主要用于露天堆料场，用抓斗或吊钩装卸。门座起重机示意图如图3-21所示。

7. 带式输送机

带式输送机是一种摩擦驱动以连续方式运输物料的机械。应用它，可以将物料在一定的输送线上，从最初的供料点到最终的卸料点间形成一种物料的输送流程。它既可以进行碎散物料的输送,也可以进行成件物品的输送。带式输送机具有输送距离长、运量大、连续输送等优点,而且运行可靠,易于实现自动化和集中化控制。带式输送机示意图如图 3-22 所示。

图 3-21　门座起重机

图 3-22　带式输送机

8. 漏斗仓

漏斗仓是我国为加快煤炭装车速度而引进的集大能力装载、自动化计量于一体的一种专用设备。

(二)装卸机械选用

随着社会化的发展和进步,劳动力与机械的专业分工越来越细,各种专业设备的配套与衔接,使得整个运输系统运作井然有序,效率得到成倍提高,人们开始意识到装卸搬运设备的重要性,在具体工作实践中,能否正确的选择合适的装卸机械设备对整个运输过程的作业效率会产生很多的影响。选择装卸机械需要认知分析、考虑很多方面的因素和状况。

在货物运输过程中,车站及货场采用合理的装卸设备,其最终目的是为了实现在货物运输中的最低货损。那么,所选择的装卸工具和装卸方法就必须适合货物长度、宽度、高度、重量以及在移动过程中易损坏的特点。操作中容易发生货损的地方主要包括:由于货物被吊起过高,并发生移动,易产生较大晃动,产生货损;货物吊起,水平移动过程中,由于有些货物易重心不稳,可能发生货物翻斗,产生货损;货物在从车体、仓库等处提出时,由于货物摆动等不可控因素,货物易发生碰撞、磨擦,导致货损;利用传统叉车装卸货物,由于叉车臂频繁接触货物,造成对货物的磨损;货物超重,且吊起时间过长,采用钢丝绳作为吊捆工具时,易损坏货物包装,造成货损等。因此在货物装卸过程中应该根据货物重量、货物的特点,采取不同的装卸工具,达到降低货损的目的。

《铁路装卸机械管理规则》((82)铁货字 400 号 1982 年 7 月 1 日)第二章“装卸机械的运用”第 22 条及第 23 条分别规定“铁路局和站段要定期研究装卸工艺。要根据机械性能和货场设备条件对主要货物品种的装卸作业全过程制定出合理的装卸工艺,在货物进出货场的搬运、堆码、取放、套索方法等方面定出具体的作业步骤和要求。”“要充分发挥机械能力,根据货物包

装特点和集装化方式研制使用相应的吊具、索具，铁路局应及时组织交流经验和定型推广，对已经定型的吊具制定管理办法，并将运用方式列入装卸工艺内容。”

在组成不同的机械化装卸搬运系统时，为了保证装卸搬运高效、经济，要特别注意装卸搬运机械系统设备配置及主体装卸搬运机械设备类型的选择。

装卸搬运作业机械的配置、选择原则如下：

1. 根据作业性质和作业场合进行配置、选择

明确作业是单纯的装卸或搬运，还是装卸、搬运兼顾，从而可选择更合适的装卸搬运机械。如果是以搬运为主，则采用输送带等设备；如果以装卸为主，则可选择吊车；如果装卸和搬运均存在的作业场所，则可选择叉车等设备。

2. 根据作业运动形式进行配置、选择

装卸搬运作业运动形式不同，需配置不同的机械设备。水平运动，可选用卡车、连续运输机、牵引机、小推车等机械；垂直运动，可选用提升机、起重机等机械。

3. 根据作业量进行配置、选择

机械设备具有的作业能力应该和装卸搬运作业量大小相适应，作业量大时，应配备作业能力较高的大型专用机械设备；作业量小时，最好采用构造简单、造价低廉而又能保持相当生产能力的中小型通用机械设备。

4. 根据货物种类、性质进行配置、选择

货物的物理性质、化学性质以及外部形状和包装千差万别，有大小、轻重之分，有固体、液体之分，又有散装、成件之分，所以对装卸搬运设备的要求也不尽相同。

5. 根据搬运距离进行配置、选择

长距离搬运一般选用火车等运输设备，较短距离可选用叉车、连续运输机等机械设备。为了提高机械利用率，应当结合设备种类的特点，使行车、货运、装卸、搬运等作业密切配合。

(三)装卸机械的发展

今后新建货场要选用低能耗、高效率的装卸设备，优先选用以电能为动力源的装卸设备。优化装卸工艺和设备选型设计，加快对集装箱装卸设备和散货装卸设备关键技术的研究，优先采用轻型、高效、变频控制的设备。现有货场逐步更新改造耗能高、效率低的老旧设备，利用信息技术加强科学生产调度；积极推广绿色照明工程。

第七节　高速铁路车站

一、高速铁路车站特点

高速铁路车站与普通铁路车站相比具有如下特点：

1. 高速铁路车站作业单一，只办理客运业务，不办理货运业务。

2. 我国普通客车多挂有行李、邮包车厢，而高速旅客列车不办理行包和邮件装卸业务，因

此为减少工程投资，节约运输成本，减少旅客列车停站时间，我国高速铁路车站不应办理行包和邮件装卸作业。

3. 高速铁路车站必须保证安全第一。

4. 高速铁路车站更要充分体现"以人为本、方便旅客"的宗旨，提倡旅客流程立体化、进出站自由化和多样化。

5. 高速铁路车站的客运和行车工作组织、客运设施要适应高效率快速作业要求。

6. 高速铁路车站旅客候车为通过式，一般采用上进下出设施。

7. 高速铁路车站更重视与城市交通系统的换乘，设置方便的换乘设施。

8. 高速铁路车站设置更多的旅客自助服务设施，以及更明确的引导设施。

9. 高速铁路动车段(运用所)，作为动车组的运用检修基地，与高速铁路车站进行合理布局和联系。

二、高速铁路车站布置图

1. 高速站与既有站分设的布置图

根据技术作业性质的不同，高速铁路车站可分为越行站、中间站、始发终到站和通过站。

(1)高速越行站

高速越行站的主要作业是办理中速旅客列车待避高速旅客列车。正线办理高速列车通过，到发线办理中速列车待避。

(2)高速中间站

高速中间站主要办理高速和中速旅客列车停站或不停站通过、中速旅客列车待避高速旅客列车、少量高速旅客列车夜间折返停留以及停站旅客列车的客运业务。

(3)始发、终到站

始发、终到车站设于高速铁路的起点和终点，主要办理高速旅客列车的客运业务、高速旅客列车的始发、终到、动车组取送和折返作业以及动车组的整备、检修作业。

(4)高速通过站

高速通过站设于高速铁路沿线大、中城市，一般都有普通铁路接轨，主要办理高、中速旅客列车的客运业务和旅客换乘，高、中速旅客列车的通过作业，部分高速列车的始发、终到作业以及高速动车组的整备、检修作业。新建的高速通过站布置图与上述始发、终到站或中间站基本相同。

2. 高速站与既有站合设的布置图

为充分利用既有客运站的设备，方便旅客换乘，可采用高速铁路车站与既有客运站合设的布置方案。高速站与既有站合设时，客运站场一般应按高速列车车场和中速列车车场分开设计，在中速列车需上下高速线运行的车站，高速车场与中速车场之间应利用渡线或具有立交疏解设备的联络线互相连通。

(1)高速车场与既有站在同一平面并列合设

高速线与既有线并行引入既有客运站,可将靠近既有站至站房一侧的既有线改建为高速列车到发场,新建副站房,并在该侧扩建普通列车到发场。或在既有车场一侧扩建高速车场,专供接发高速列车,既有车场供接发中速或普通列车。

(2)既有站上方设高架高速车场

若高速线高架引入既有站,可在其上方设高架高速车场,接发高速列车和普通线通过本站的中速列车。既有站接发其他旅客列车。

(3)既有站下方设地下高速车场

若高速线从地下引入,可在既有站地下新建高速车场,既有站与高速车场的固定用途与在既有站上方设高架高速车场相同。

三、高速铁路车站实例

2008 年 8 月正式重新开通运行的北京南站占地面积 49.92 万 m^2,地上两层,地下三层,如图 3-23 所示。从上到下依次为,高架候车厅以及配合的高架环形车道、站台轨道层、换乘大厅、地铁 4 号线、地铁 14 号线。北京南站承担京津城际铁路列车的到发任务,还是京沪高速铁路等客运专线列车在北京到发的客运站。站台轨道层共设 24 条到发线,13 座站台,3 个客运车场。其中从北往南依次为普速车场设到发线 5 条,3 座站台,客运专线车场设到发线 12 条,6 座站台,城际铁路车场设到发线 7 条,4 座站台。

图 3-23　北京南站

地上二层为高架候车层,是旅客进站层,建筑面积 47 654 m^2,其中央为独立的候车室,东西两侧是进站大厅,自北向南依次为各候车区。高架候车大厅的四个角设有售票办公楼,车站共设置了 84 台窗口售票机和 39 台自动售票机。检票进站也全部由自动验票系统控制。北京南站还实现了乘客不出站台零距离换乘,每个站台上都有多部直梯和扶梯,这些电梯将候车大厅、站台层和地下换乘大厅连接为一体。站内共设有111部电梯，旅客可以通过这些设施无障碍地进出站和到达车站的各个服务区域。

第八节　重载铁路车站

一、重载运输

重载运输是铁路现代化的一个标志。重载运输是指在先进的铁路技术装备条件下，扩大列车编组，提高列车重量的运输方式。国际重载协会认为，重载铁路必须满足以下三条标准中的至少两条：经常、定期开行或准备开行总重至少为5 000 t的单元列车或组合列车；在长度至少为150 km的线路区段上，年计费货运量至少达2 000 t；经常、正常开行或准备开行轴重25 t以上(含25 t)的列车。

我国大秦铁路通过开行1万t和2万t重载列车，年运量由原设计能力的1亿t逐步提高到2008年的3.4亿t，成为世界上年运量最大的重载铁路。全国铁路第六次大面积提速后，京沪、京广、京哈等繁忙提速干线将重载列车牵引定数由5 000 t提升到了5 500～5 800 t，进一步提高了繁忙干线的运输能力。

二、重载列车组织形式

目前，国内外铁路开行的重载列车组织形式主要有单元式、整列式和组合式重载列车三种。

1. 单元式重载列车

单元式重载列车是以固定的机车车辆(大功率机车和一定编组辆数的同一类型的专用货车)组合成为一个运输单元，并以此作为运营计费单位，在装卸车站间循环直达运行的货物列车。这种重载运输方式运用范围广，经济效益显著。美国、加拿大、澳大利亚等国均采用此方式，我国大秦重载运煤专线上也有重载单元列车的开行。

2. 整列式重载列车

整列式重载列车是采用普通列车的组织方法，由挂于列车头部的大功率单机或多机牵引，由不同型式和载重的货车车辆混合编组，达到规定载重量标准的列车。在我国繁忙干线上开行的重载列车主要为这种模式。

3. 组合式重载列车

组合式重载列车是由两列及以上同方向运行的普通货物列车首尾相接、合并组成的列车。这种重载运输方式始于1964年前苏联。我国大秦线进行的20 000 t重载列车采用该形式。

三、重载运输对铁路车站的要求

为保证重载列车正常的接发、通过、办理相关技术作业，重载运输相关车站的站场配置和线路有效长度应能满足列车牵引长度的要求，能保证重载列车的停靠和作业。如整列式重载列车的到

达、发车、解体、编组和途中越行及技检作业；组合式重载列车的合并、分解和途中越行及技检作业；单元式重载列车的到发和装卸作业等。由于重载运输的列车重量往往在5 000 t以上，有 1 km 多长。所以停靠重载列车的车站站线有效长度基本要达到 1 050 m，最好达到 1 700 m。

第九节　铁路枢纽

在铁路网的交汇点或终端地区，往往由几条铁路干线相互交叉或接轨，这些地区除编组站以外还建有几个专业车站或综合车站，统一指挥，分工合作，办理各种列车运转和客货运业务，这些由各种铁路线路、专业车站以及其他为运输服务的有关设备组成的整体，称为铁路枢纽，如图 3-24 所示。

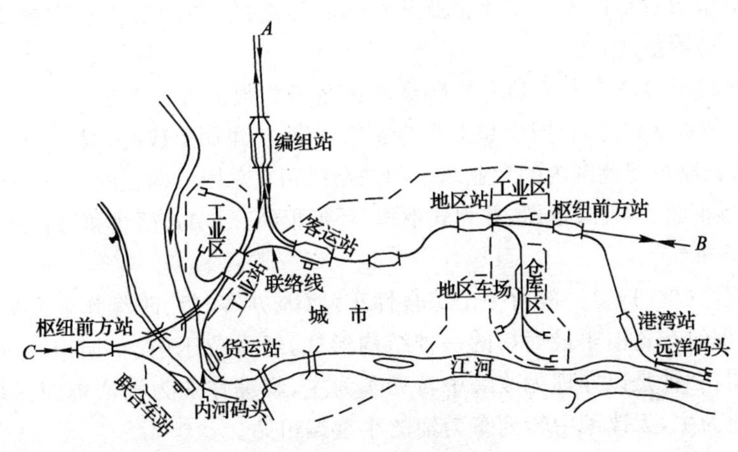

图 3-24　铁路枢纽示意图

铁路枢纽是铁路网的一个重要组成部分。

铁路枢纽是客货流从一条铁路转运到各接轨铁路的中转地区，也是所在城市客货到发及联运的地区。除办理枢纽内各种车站的有关作业外，在货物运转方面，还办理各铁路方向之间的无改编中转和改编中转列车的作业，以及担当枢纽地区车流交换的小运转列车的作业。在旅客运转方面有直通、管内和市郊旅客列车作业。在货运业务方面，办理各种货物的承运、装卸、发送、保管等作业。此外，还要供应运输动力、进行机车车辆的检修等作业。

铁路枢纽对于工农业生产的发展，城市和国防建设以及各种交通运输工具之间的分工与协作，都有密切的关系。

一、铁路枢纽的分类

(一)按其在铁路网上的地位和作用分

1. 路网性铁路枢纽

凡承担的客、货运量和车流组织任务涉及整个铁路网的枢纽都属路网性铁路枢纽。

这种枢纽一般都位于几条铁路干线交叉或衔接的大城市，办理大量的跨局通过车流和地方车流，设有较多的专业车站，其设备的规模和能力都很大，如北京、郑州、徐州、武汉、沈阳、上海等枢纽。

2. 区域性铁路枢纽

凡承担的客、货运量和车流组织主要为一定的区域范围服务的枢纽都属区域性铁路枢纽。这种枢纽一般都位于干线和支线的交叉处或衔接的大、中型城市，办理管内的通过车流和地方车流，设备规模不大，如太原、蚌埠和柳州等枢纽。

3. 地方性铁路枢纽

凡承担的运量和车流组织主要为某一工业区或港湾等地方作业服务的枢纽都属地方性铁路枢纽。这种枢纽一般都位于大工业企业和水陆联运地区，办理大量的货物装卸和小运转作业，如大同、秦皇岛等枢纽。

(二)按枢纽范围内的专业车站和铁路线路在总图结构上的特点分

铁路枢纽是随着铁路建设、城市和工业的逐步改建、扩建而形成的，因此，枢纽的布置图型是多种多样的。按铁路枢纽范围内的专业车站和铁路线路在总图结构上的特点，分为一站枢纽、三角形枢纽、十字形枢纽、顺列式枢纽、并列式枢纽、环形枢纽、尽端式枢纽和混合式枢纽等。

1. 一站铁路枢纽

一站铁路枢纽(枢纽站)一般由一个综合性车站(兼办客、货、改编作业)和 3～4 条引入线路组成，是铁路枢纽布置图中最简单的一种结构形式，通常位于中、小城市。一站铁路枢纽有两种不同布置图：一种是以办理无改编中转列车为主，解编作业为辅的枢纽区段站；另一种是以办理解编作业为主，无改编中转列车为辅的小型编组站。

这种枢纽的运营特点是所有客、货运及列车改编作业完全集中在一个车站上进行，不存在保证各车站间运输联系通道和作业量分配等复杂问题，设备集中，管理方便，运营效率较高。但由于作业集中，必然产生大量的作业进路交叉干扰，通过能力和改编能力都较小。为此，要求各线路方向能直接引入枢纽站的到发车场，以保证各方向接发车的独立性和机动性。运量较大时，要修建必要的立体疏解设备；引入新线时，应保证主要车流方向的无调中转列车不变更运行方向。

2. 三角形铁路枢纽

三角形铁路枢纽是引入枢纽线路汇集于三点，并在三点间修建相应的联络线而形成。一般各衔接方向间都有较大的客、货运量交流。

当引入铁路线汇合于三点，各方向间有较大的客、货运量交流时，可参照三角形枢纽图进行总体规划。

3. 十字形铁路枢纽

十字形铁路枢纽布置图的主要特征是两条铁路线近似正交，在枢纽中心设有呈“十字形”的交叉疏解布置，车站设在各引入线上，根据车流状况和车站布置修建必要的联络线。它适用

于相互交叉的衔接线路之间交换的客、货运量特别少，而直线方向具有大量的直通客、货流的铁路枢纽。

这种枢纽布置图的优点是能保证相互交叉的线路独立作业，互不干扰，直通客、货列车可顺利通过本枢纽，获得缩短运程、节省投资的经济效果。但随着相交线路间换乘的旅客、转线的货物列车等作业的增加，这种布置图的优越性将会越来越小。

4. 顺列式铁路枢纽

顺列式铁路枢纽的主要特征是枢纽内的所有车站(包括客运站、货运站、编组站等)都顺序纵列布置在枢纽内同一条伸长的通道上。顺列式铁路枢纽多数是受地形的影响，使枢纽不得不布置在傍山沿河等狭长地带而形成。引入线路一般都汇合在枢纽的两端，顺向车流可通过纵向通道运行，折角车流宜在枢纽前方组织分流而不进入枢纽，这就要求在枢纽两端引入线汇合处设置编组站或联络线等设施。

这种枢纽的优点是进、出站线路疏解布置简易，客、货运站和编组站的布置有较大的灵活性，枢纽分阶段发展适应性较强。其缺点是到发和通过枢纽的客、货列车及枢纽内小运转列车均集中运行在同一条通道上，区间通过能力紧张，车站咽喉区负担过重，货物列车通过客运站，对客运作业干扰大。

5. 并列式铁路枢纽

并列式铁路枢纽的特点是编组站与客运站平行布置，衔接铁路线先按线路方向引入枢纽，再按列车种类(客、货)分别引入平行布置的编组站和客运站。

这种枢纽通常适用于客、货运量都很大而当地条件又适合并列布置两个专业站的枢纽。

6. 环形铁路枢纽

环形铁路枢纽布置图的主要特征是引入线路方向较多，用环形线路将所有引入线路方向连接起来形成一个整体，各种专业车站布置在环线、半环线上或自环线引出伸入城市中心附近，利用联络线将车站与环线连接。

这种枢纽的主要优点是：由于引入线路分散在环线上，避免了接轨点过分集中在编组站或枢纽两端而带来的客、货列车相互干扰的缺陷；专业站的设置有更多的选择余地，能更好地结合城市规划使其布置在适当地点；便于各方向间大量车流(包括折角)的交换，通道灵活，环线能发挥平衡与调节作用，枢纽通过能力大。其缺点是：环线的修建工程费用大，有的方向的列车必须迂回接入编组站或客运站，增加了列车运行里程。

环形铁路枢纽布置图一般适用于有众多线路方向分散引入，且其间有大量的客、货运量交流，并要求枢纽内的列车运行径路有较大的灵活机动性，需设置环线或半环线的大城市铁路枢纽。

7. 混合型铁路枢纽

混合型铁路枢纽是路网发展、城市改建、车流条件和自然条件等多种因素影响下逐步发展形成的。根据各枢纽的历史条件、地理环境、城市规划等发展过程，这种枢纽的结构是多种多样的。

在城市组成庞大、工业企业布置分散、客货运量大、引入线路多、地方和中转车流任务繁重，需设置多处客运站、货运站、编组站和工业站，根据上述各种枢纽图型规划枢纽内各项设备不能满足运营要求时，可根据具体情况，参照具有不同结构的混合型铁路枢纽进行总体规划。

二、铁路枢纽的设备

在铁路枢纽内，一般具有下列设备：

1. 铁路线路

铁路线路包括引入线路、联络线、环线、工业企业专用线等。

2. 车站

车站包括客运站、货运站、编组站、工业站、港湾站等。其中客运站和货运站分别如图 3-25、3-26 所示。

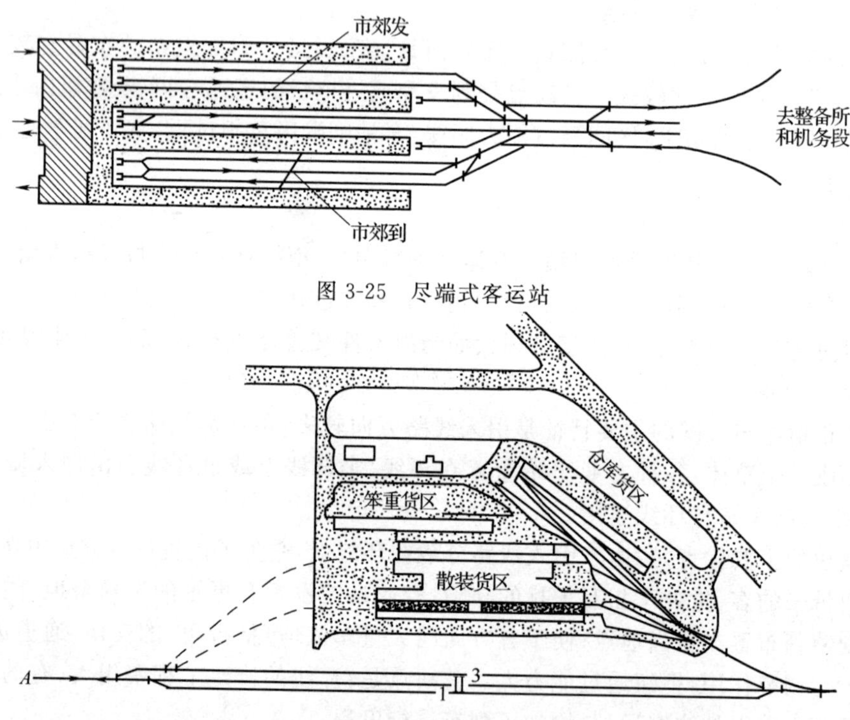

图 3-25　尽端式客运站

图 3-26　尽端式货运站

3. 疏解设备

疏解设备包括铁路线路与铁路线路的平面和立交疏解、铁路线路与城市道路的立交桥和道口以及线路所等。

4. 其他设备

其他设备包括机务段、车辆段、客车整备所等。其中客车整备所如图 3-27 所示。

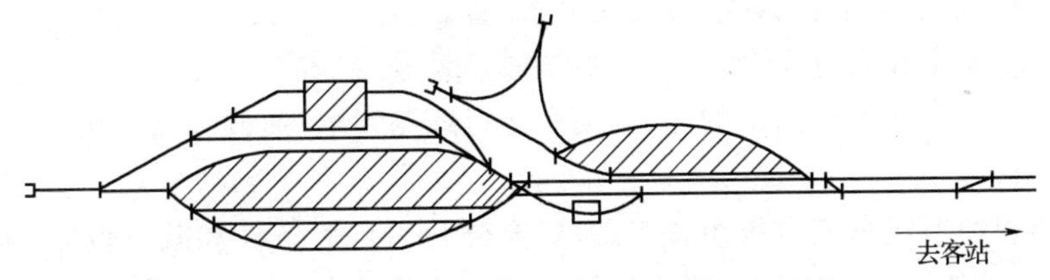

图 3-27　客车整备所

在枢纽设备中，编组站是组织列车运输的核心。枢纽内编组站的数目和配置，应根据车流量、车流性质及方向、引入线路情况和路网中编组站的分工，结合当地条件全面比选确定。

枢纽内的大型客运站一般只设一个。枢纽内客运站的数目、分工和配置，应从方便旅客运输出发，根据客运量、客流性质、既有设备情况、运营要求、城市规划和当地交通运输条件等因素比选确定。枢纽内的货运站是铁路组织货源、货流的基地，又是城市货物运输的集散点。

联络线是衔接枢纽范围内的车站与线路的线路。联络线的主要作用是分散枢纽内主要干线及专业车站上的列车流，以增加枢纽的通过能力，缩短列车运行距离，使列车以最短路径通过枢纽，消除折角列车运行，尽可能地不变更列车运行方向，减轻车站的作业负荷和交叉干扰，增强枢纽运营作业的机动灵活性。

三、客运专线引入枢纽

客运专线引入枢纽或地区的方式多种多样，一般而言，按引入线的平、纵断面不同，有平面引入、高架引入、地下引入三种方式；按引入客运站类别不同，有引入既有站和新建高速站两种方式。

客运专线引入枢纽或地区一般应满足以下要求：

(1)其走向要与城市规划密切配合：高速线的走向应尽量顺直通过枢纽，要尽量与枢纽内既有线并行，以免造成对城市的重新分割；尽量避免与城市干道交叉；要绕避城市居民密集区，不影响城市景观，避免噪声干扰。

(2)高速线引入应尽量不影响货运系统布局，避免货运系统设备的改移。

(3)高速站应与其他客运站密切配合：当采用合设方案时应尽量引入既有主要客运站，以便吸引更多的旅客乘坐高速列车，并充分利用既有客运站的设施，减少改扩建工程；当采用新建高速站方案时，应保证高速站与既有客运站间有便捷的通道。

四、枢纽改造

为了适应日益增长的客流需求，客运专线等新线建设以及设备更新等情况，需要对铁路枢纽进行改造。

枢纽改造一般应符合以下原则：

(1)符合新时期铁路建设要求，如《高速铁路设计规范》(TB 10621—2009)中提出：大型铁路枢纽客货运布局,宜采用“客货分线、客内货外”布置。

(2)保证行车安全和人身安全。

(3)保证区间线路和枢纽内部的客、货列车运行线路短顺、通畅和灵活机动,以及枢纽线路与车站的能力协调。

(4)根据合理的枢纽车流资料布置车站,要充分利用自然条件和既有设施,力求节省工程投资,方便运营,在技术经济比较中能收到最大经济效益。

(5)配合城市建设和综合运输的发展规划,为客货运输提供便利条件,尽量减少枢纽内列车运行和车站作业对城市的干扰。

(6)枢纽分阶段建设,近、远期结合,分期工程应能适应远期车流条件的发展变化,便于进行必要的修改与调整。

(7)枢纽内机务、车辆、工务、电务、信息等设施布局的位置、功能应符合枢纽特点,充分发挥各自的效率。

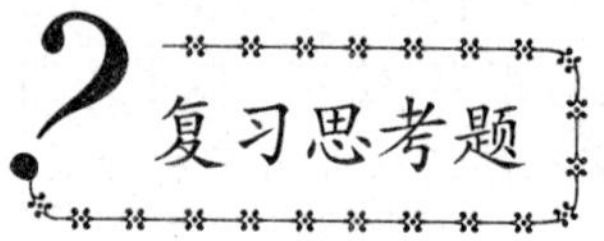

复习思考题

1. 铁路车站是如何分类的?
2. 道岔和股道是怎样编号的?
3. 股道有效长是怎样确定的?
4. 影响到发线有效长度的主要因素有哪些?
5. 中间站的作业内容有哪些?
6. 中间站有哪几类主要设备?
7. 区段站的作业内容有哪些?
8. 区段站有哪几类主要设备?
9. 编组站和区段站在作业和设备上有什么区别?
10. 调车驼峰由哪几部分组成?
11. 高速铁路车站有什么特点?
12. 客运专线引入枢纽应满足哪些要求?

第四章 铁路车辆

第一节 概 述

铁路车辆是运送旅客和货物的工具。它一般没有动力装置，必须把车辆连挂成列，由机车牵引才能沿线路运行。

一、车辆的分类

1. 铁路车辆按用途可分为客车、货车及特种用途车。常见的客车有硬座车、软座车、硬卧车、软卧车、餐车、行李车、邮政车等数种。为了运送各种不同的货物，货车又分为通用货车、专用货车、特种货车三种不同的类型。

通用货车包括平车、敞车、棚车等。

专用货车有冷藏车和罐车、家畜车、水泥车、漏斗车、自翻车和集装箱专用平车等。

特种货车有长大平车、落下孔车、凹型车、钳夹车等。

特种用途车包括试验车、发电车、轨道检查车、检衡车、除雪车等。

2. 铁路车辆按轴数分为四轴车、六轴车和多轴车。四轴车的每两根车轴分别组成两个相同的转向架；能相对于车底架做自由转动，因此，缩短了车辆的固定轴距，使之能顺利地通过曲线。我国铁路上的大部分车辆均采用这种形式。对于载重量较大的车辆，为使每一车轴加在线路上的重量不超过线路强度所规定的吨数(称为“轴重”)，可以做成六轴车或多轴车。

3. 按载重量分，铁路货车有 50 t、60 t、75 t 和 90 t 等多种。

二、车辆的类型与用途

1. 敞车：主要用来运送煤炭、矿石、钢材等不怕湿的货物。必要时，在所装运的货物上面加盖防水篷布，也可代替棚车装运怕湿的货物。因此，敞车具有很大的通用性，是货车中数量最多的一种。

敞车按卸货方式的不同可分为两类：一类是适合于人工或卸车作业机作业的通用敞车。另一类是适合于大型工矿企业、专用码头，用翻车机卸货的专用敞车；对装卸地点固定的散装货物，还可采用漏斗车或自翻车。

2. 棚车：主要用来运送日用品、仪器等比较贵重的和怕晒、怕湿的货物。大多数棚车是通用型的。此外，为了固定装运某种货物，还制造了一些专用棚车，如家畜车就是专门用来运送家畜的。

3. 平车:主要用来运送钢材、木材、汽车、机器等体积或重量较大的货物,也可借助集装箱装运其他货物。有的平车装有活动墙板,这种平车可用来装运矿石等散粒货物。

4. 冷藏车:冷藏车主要用来运送鱼、肉、水果、蔬菜等鲜活易腐货物。我国自行设计制造的 B_{19} 型机械冷藏车,每 5 辆一组,由 1 辆发电车和 4 辆货物车组成。

5. 罐车:主要用来运送油、酸、水等各种液体、液化气体及粉状货物。装运轻油、重油、酸、碱等的罐车在结构上都不完全相同,每一种罐车只适宜运送一种货物,所以罐车的通用性较差。

6. 守车:又称望车,是为货物列车车长在列车运行中工作和乘坐用的。守车自重:18 t;换长:0.8。一般是挂在货车的尾部,用来瞭望车辆及协助刹车。货物列车中加挂守车,在一定程度上影响了货车的编组,降低了效率。因此自 20 世纪 80 年代初,我国铁路的部分区段,就开始实施取消守车。

7. 长大货车:长大货车是铁路运输中使用的一种特种车辆,专为装运各种长大重型货物,如大型机床、发电机、化工合成塔等。长大货车按其结构形式可分为长大平车、凹底平车(或称元宝车)、落下孔车和钳夹车等。由于这些车的载重量及自重较大,为适应线路允许的轴重要求,因此,长大货车的轴数较多。

8. 客车:按其用途不同,又可以分为运送旅客的车辆(如软、硬座车,软、硬卧车)、为旅客服务的车辆(如餐车、行李车)以及特种用途的车辆(如邮政车、公务车、医务车、卫生车、试验车、维修车、文教车、空调发电车等)。

第二节　铁路车辆的基本构造

铁路车辆种类繁多,但其结构大致相似。一般由车体底架、走行部、车钩缓冲装置、制动装置和车辆内部设备等五个基本部分组成。

一、车体底架

车体底架是旅客乘坐或装载货物的部分,车体一般和车底架构成一个整体,其结构与车辆的用途有关。

车底架是车体的基础。它承受车体和所装货物的重量,并通过上下心盘将重量传给走行部。在列车运行时,它还承受机车牵引力和列车运行中所引起的各种冲击力,所以必须具有足够的强度和刚度。

货车车底架由中梁、侧梁、枕梁、横梁及端梁等组成,如图 4-1 所示。

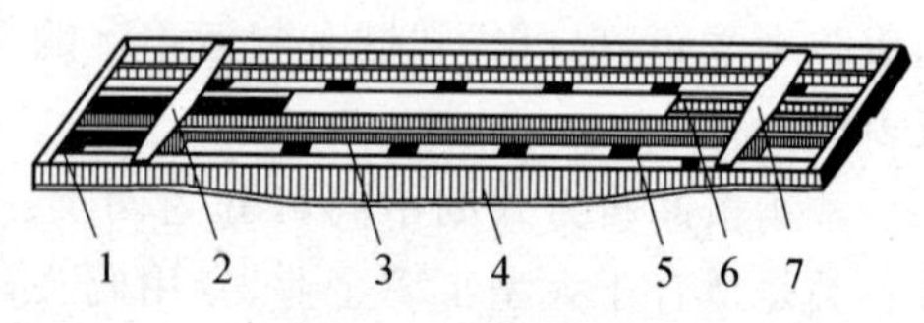

图 4-1　货车车底架

1—端梁;2、7—枕梁;3—纵梁;4—侧梁;5—横梁;6—中梁。

中梁位于车底架的中央，为车底架的骨干，两端是安装车钩缓冲装置的地方，是主要承受垂直载荷和纵向作用力的杆件。

枕梁是车底架和转向架摇枕衔接的地方。在枕梁下部安装的上旁承和上心盘，分别与转向架摇枕上的下旁承和下心盘相对并将重量传给走行部。

客车车底架构造和货车车底架相似。客车两端必须设置通过台，所以它的两端各有一个通过台架。

下面简要介绍几种常见车体。

1. 棚车(图 4-2)

车体由地板、侧墙、端墙、车顶、门和窗组成。棚车是铁路货车中的通用车辆，用于运送怕日晒，雨淋、雪侵的货物，包括各种粮谷，日用工业品及贵重仪器设备等。

图 4-2　棚车

2. 敞车(图 4-3)

车体无车顶，由地板、侧墙、端墙组成。主要供运送煤炭、矿石、矿建物资、木材、钢材等大宗货物用，也可用来运送重量不大的机械设备。若在所装运的货物上蒙盖防水帆布或其他遮篷物后，可代替棚车承运怕雨淋的货物。因此敞车具有很大的通用性，在货车组成中数量最多。

3. 平车(图 4-4)

车体只有地板，没有固定的侧墙和端墙。平车主要用于运送钢材、木材、汽车、机械设备等体积或重量较大的货物，也可借助集装箱运送其他货物。平车还能适应国防需要，装载各种军用装备。装有活动墙板的平车也可用来装运矿石、沙土、石渣等散粒货物。从结构上来分，平车主要分为平板式平车带活动墙板式平车两种。

图 4-3　敞车

4. 冷藏车(图 4-5)

图 4-4　平车

冷藏车的车体与棚车车体外形相似，为了减少太阳辐射热，车体外表涂成银灰色，墙板夹层装有隔热材料，车里装有保温、制冷、测温和通风装置。冷藏车主要用来运输冷冻或保鲜的货物的封闭式厢式运输车，是装有制冷机组的制冷装置和聚氨酯隔热厢的冷藏专用运输汽车，常用于运输冷冻食品(冷冻车)、奶制品(奶品运输车)、蔬菜水果(鲜货运输车)、疫苗药品(疫苗运输车)等。

5. 罐车(图 4-6)

车体外形为一个卧放的圆筒，具有较大的强度和刚度。罐体上设有安全阀，当外界温度发生变化时，罐体内的压力超过一定数值，安全阀能自行打开，将罐内气体放出；罐内压力低于一定数值时，通过安全阀向罐内补气，以保证运行安全。罐车用来装运各种液体、液化气体和粉末状货物等。按用途可分轻油类罐车、粘油类罐车、酸碱类罐车、液化气体类罐车和粉状货物罐车；按结构特点可分为有空气包和无空气包罐车，有底架和无底架罐车，上卸式和下卸式罐车等。

图 4-5　冷藏车

图 4-6　罐车

6. 客车

铁路客车是指载运旅客的车辆、为旅客提供服务的车辆以及挂运在旅客列车中的其他用途的车辆，图 4-7 为普通硬座客车，图 4-8 为双层客车。车体采用薄壁筒形结构，由底架、侧墙、车顶、内外端墙、门窗等组成。目前，中国铁路客车根据用途的不同，主要有如下几种：硬座车、软座车、硬卧车、软卧车、行李车、餐车、邮政车、试验车。此外，还有公务车、卫生车、医务

车、维修车、文教车、特种车等。

图 4-7　普通客车

图 4-8　双层客车

各种车辆的结构和用途主要为：

（1）运送旅客的车辆

硬座车：供旅客乘坐用。车内主要设备是座席，座椅采用半软座垫和靠背。车厢内一般设有两人座椅和三人座椅各一列；两侧墙上装有行李架、衣帽钩等设备。

软座车：作用与硬座车相同，但座垫和靠背均有弹簧装置或其他软垫，车厢内设两人座椅两列或两人座椅各一列，比较宽敞舒适。

硬卧车：为长途旅客提供半软垫的卧铺。车内一般分成若干个敞开式的间隔，每个间隔内设六个铺位（上、中、下铺各两列），靠走廊一侧装有活动座椅，通道上部设有行李架。此外在车辆的端部都有厕所和盥洗设施等。

软卧车：为旅馆提供较高级卧铺的车辆。全车有 8～9 个包间，一般每个包间内设有双层软垫铺位四个。包间外侧有活动座椅，两端分别设置乘务员室、茶炉、厕所和洗脸室。

（2）为旅客服务的车辆

行李车：供装运行李、包裹及快件货物之用。车内设有行包人员办公间，两侧设有车门。
餐车：为供旅客在旅行中用餐的车辆，主要由餐厅、厨房和储藏室 3 部分组成。

(3)特殊用途车

邮政车:专为运送邮件的车辆。车内设有邮政人员办公室,由邮政部门掌握使用。

试验车:专为铁路科研单位进行科学研究和试验用车。内部按试验要求装有不同的仪器设备。

公务车:供国家机关及铁路有关人员到铁路沿线检查工作或出访的专用车辆。

卫生车:专供运送伤、病员用。

医务车:为铁路沿线的铁路职工及家属实行巡回医疗用,车内有医疗设备等。

维修车:供检查和修理铁路沿线各种设备用,车内设有检查和维修铁路设备的装备,如电务维修、磅秤修理车等。

文教车:供铁路沿线进行文化、教育用,车内设有文娱及教学用设备。

特种车:凡按特殊用途设计而与上述各车不同的客车。

现代客车车体材质已由普通钢发展为低合金钢、不锈钢以及铝合金。这种结构不仅大大提高了车体的强度、刚度和耐腐蚀性,而且降低了车辆的自重,从而提高了车辆运行的安全性,节约了维修费用和牵引动力消耗,为提高列车运行速度创造了有利条件。车内设备更加先进、实用,如采用燃油、电热取暖,集中供电,机械强迫通风和空气调节装置等。

二、走行部

走行部可以引导车辆沿轨道运行,并把车辆的重量和货物载重传给钢轨,它应保证车辆以最小的阻力在轨道上运行,并顺利地通过曲线。走行部能否保持良好的状态,对于车辆的安全、平稳、高速运行有很大影响。

在四轴货车上,四组轮对分成相同的两个部分,组成转向架,如图 4-9 所示。转向架是由两组轮对和轴箱油润装置、侧架、摇枕、弹簧减振装置等组成的一个整体。通过摇枕上的下心盘、中心销和车底架枕梁下的上心盘对接。车辆采用转向架后,能相对于车底架自由转动,缩短了车辆的固定轴距(如图 4-10 所示),便于车辆顺利通过曲线。

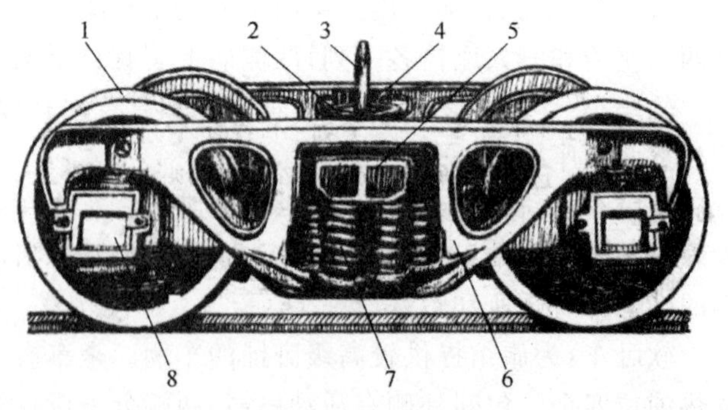

图 4-9 铸钢侧架式转向架

1—轮对;2—下心盘;3—中心销;4—旁承;5—摇枕;6—侧架;7—摇枕弹簧;8—轴箱。

1. 轮对

轮对(如图 4-11 所示)是两个车轮紧密地压装在一根车轴上组成的。轮对承受车辆的全部重量,并以较高的速度引导车辆在钢轨上行驶。

车轮与钢轨头部的接触面,称为踏面。踏面做成一定的斜度,可使车

辆的重心落在线路中心线上，以减少或避免车辆的蛇行运动，使轮对较顺利地通过曲线，减少车轮在钢轨上的滑行。车轮内侧外缘凸起的部分叫轮缘。它的作用是防止轮对脱轨，保证车辆在线路上安全运行。

车辆两端伸进轴箱的部分叫轴颈，安装车轮的地方叫轮座，车轴的中部为轴身。

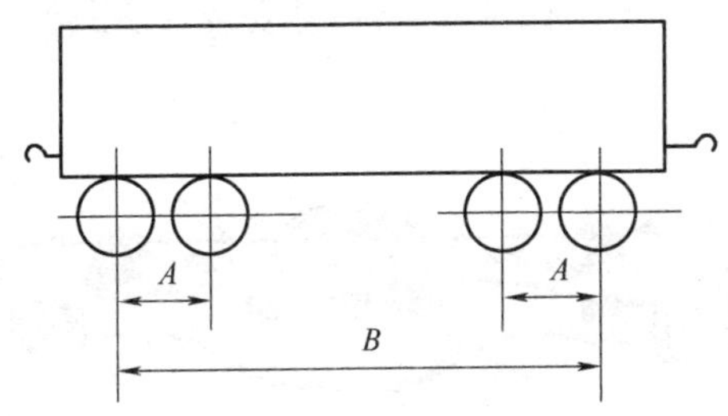

图 4-10　车辆轴距

A—固定轴距；B—全轴距。

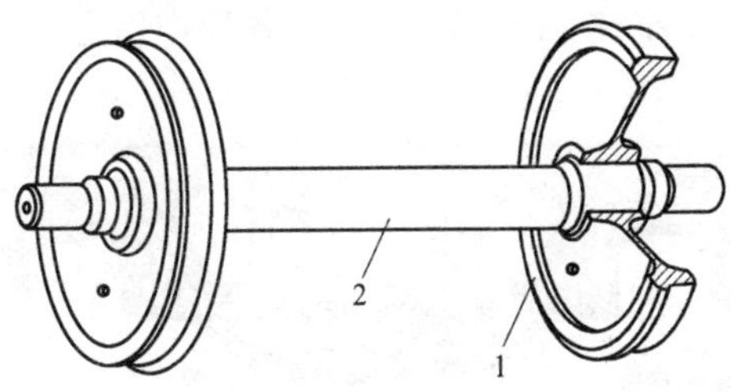

图 4-11　轮对

1—车轮；2—车轴。

2. 轴箱油润装置

轴箱油润装置的作用是将轮对和侧架联结在一起，把车辆的重量传给轮对；保护轴颈，使轴承与轴颈间得到润滑，减少摩擦，防止在高速运行条件下发生热轴，保证车辆安全运行。

铁路车辆上有两种类型的轴箱装置，即滚动轴承轴箱和滑动轴承轴箱装置。现在大量采用的是滚动轴承轴箱，如图 4-12 所示。

这种轴箱由轴箱体、轴箱盖、滚动轴承等组成。在轴箱内加入适量的软干油，当车轴和轴承转动时，就能将油脂带入摩擦表面。滚动轴承能减少运动阻力，适合高速运行，减少燃轴事故，延长检修周期，缩短检修时间，加速车辆周转，节省油脂，降低运营成本。

图 4-12　滚动轴承轴箱

滑动轴承的主要缺点是运行阻力大，使用和保养不慎时容易发生燃轴事故，故逐步被淘汰。

3. 转向架、侧架、摇枕及弹簧减振装置

转向架是铁道车辆上最重要的部件之一，它直接承载车体重量，保证车辆顺利通过曲线。同时，转向架的各种参数也直接决定了车辆的稳定性和车辆的乘坐舒适性。

转向架分类主要如下：

(1)按有无牵引传动装置，分为动力转向架和非动力转向架；

(2)按车轴的数目和类型，分为二轴，三轴，多轴转向架和 B、C、D、E 四种轴重分类；

(3)按轴箱定位方式，分为拉板式、拉杆式、转臂式、层叠式橡胶弹簧定位转向架；

(4)按弹簧装置分类,分为一系、二系弹簧悬挂;

(5)按摇枕弹簧的横向跨距,分为内侧悬挂,外侧悬挂,中心悬挂;

(6)按车与转向架之间的载荷传递方式,分为心盘集中承载、非心盘承载、心盘部分承载;

侧架和摇枕(如图 4-13、图 4-14 所示)是货车转向架的主要部件,它把转向架各零部件组成一个整体,不仅承受、传递各种作用力,而且在侧架中部设有弹簧承台,是安装弹簧减振装置的地方。

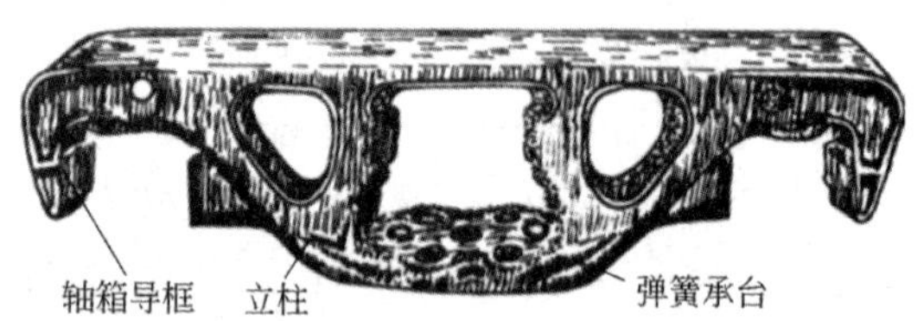

图 4-13　侧架

图 4-14　摇枕

摇枕中间有下心盘,两旁铸有旁承座,它的两端支座在弹簧上,车体的重量和载荷通过下心盘经摇枕传给两侧的枕弹簧,并通过摇枕将两个侧架联系起来。

下心盘和装在车体枕梁下面的上心盘相对,车体重量集中由心盘传给摇枕。

下旁承装在摇枕两端的旁承座内。当车辆通过曲线时,向下倾斜一侧的上旁承和下旁承相接触,可以防止车体过分摇动和倾斜。

客车转向架是一种无导框式(又称构架式)转向架,构架侧梁下面的轴箱弹簧,直接放置在轴箱体两侧的弹簧托板上,如图 4-15 所示。

图 4-15　客车转向架

客货车用的枕弹簧一般是螺旋弹簧(也叫圆簧),用来缓和车辆在运行中的振动以及车辆对线路的冲击作用。

为了更好地减轻振动,除了弹簧装置以外,还采用其他的减振设备,如我国客车转向架上

采用的油压减振器，在高速客车、双层客车和地下铁道车辆转向架上还装有空气弹簧。

空气弹簧是利用装在橡胶容器中的压力空气的气体体积可变化的原理制成的。当橡胶容器受压时，里面的空气体积变小，外力撤销后，空气体积又恢复原状，从而达到缓和冲击和减振的作用。空气弹簧与一般刚性弹簧相比，具有良好的吸收高频振动和隔音性能以及自重轻等优点，因此，在高速客车上得到应用。

目前，我国铁路货车上采用的转 8A 型、转 8G 型、转 8AG 型转向架为淘汰转向架。主型转向架为下交叉支撑的转 K2 型转向架。转 K2 型转向架在侧架上焊接筋板，两根拉杆交叉在转向架的中心线上，交叉拉杆可以从摇枕下部穿过，亦可在摇枕两侧的开孔中穿过。这样，在车辆运行时，拉杆有效地阻止两侧架成菱形错位，即阻止两侧架之间作相对的纵向错动，以获得动力稳定的结构。

三、车钩缓冲装置

车钩缓冲装置是使机车和车辆或车辆之间连挂一起，并且传递牵引力和制动力，缓和列车运行或调车作业时所产生的冲击力。

车约缓冲装置包括车钩、缓冲器两部分，安装在车底架中梁的两端一般称“牵引梁”。图 4-16 为货车车钩缓冲装置。

(一)车钩

车钩是用来实现机车和车辆或车辆和车辆之间的连挂，传递牵引力及冲击力，并使车辆之间保持一定距离的车辆部件。车钩按开启方式分为上作用式和下作用式两种。通过车钩钩头上部的提升机构开启的叫上作用式(一般货车大都采用此式)；借助钩头下部推顶杠杆的动作实现开启的叫下作用式(客车采用)。车钩按其结构类型分为螺旋车钩、密接式自动车钩、自动车钩及旋转车钩等。

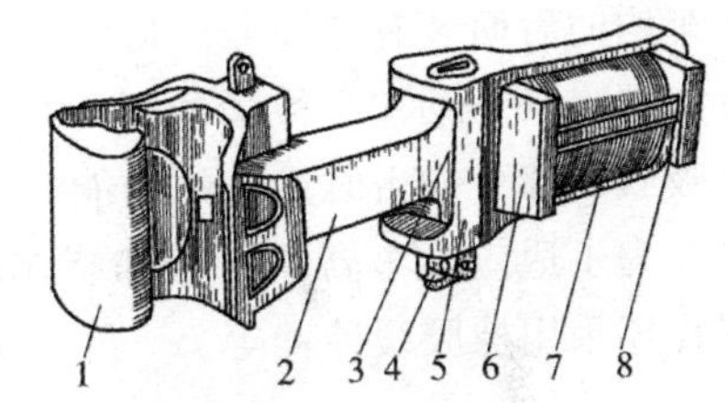

图 4-16 车钩缓冲装置

1—钩舌；2—钩身；3—钩尾；4—钩尾销；5—钩尾框；6、8—从板；7—缓冲器。

车钩由钩头、钩身和钩尾三个部分组成。车钩前端粗大的部分称为钩头，在钩头内装有钩舌、钩舌销、锁提销、钩舌推铁和钩锁铁。车钩后部称为钩尾，在钩尾上开有垂直扁锁孔，通过钩尾销与钩尾框联结。

为了实现挂钩或摘钩，使车辆连接或分离，车钩具有以下三种位置：

1. 锁闭位置

车钩的钩舌被钩锁铁挡住不能向外转开的位置，称之为锁闭位置，如图 4-17(a)所示。两个车辆连挂在一起时车钩就处在这种位置。

2. 开锁位置

钩锁铁被提起，钩舌只要受到拉力就可以向外转开的位置，如图 4-17(b)所示。

3. 全开位置

钩舌已经完全向外转开的位置,如图 4-17(c)所示。

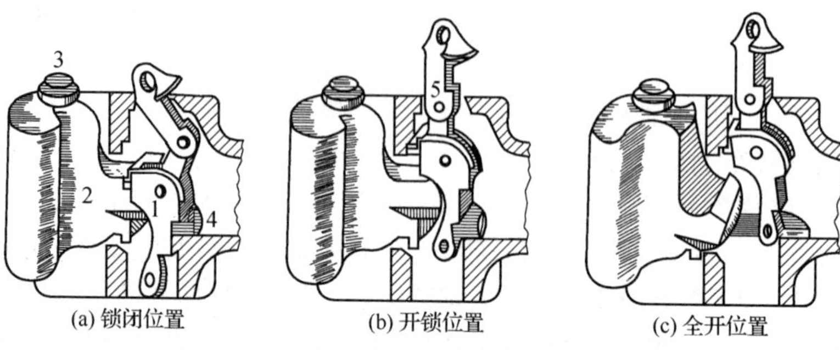

图 4-17　车钩三态作用位置图

1—钩锁铁;2—钩舌;3—钩舌销;4—钩舌推铁;5—钩提销。

摘钩时,只要其中一个车钩处在开锁位置,就可以把两辆车分开。当两个车需要连挂时,只要其中一个车钩处在全开位置,与另一辆车钩碰撞后就可连挂。

(二)缓冲器

为了缓和并减小车辆在连挂、起动、制动时产生的冲击力,提高列车运行的平稳性,延长车辆使用寿命,在车钩的后面装有缓冲器。目前我国常用的环簧缓冲器如图 4-18 所示,这种缓冲器可以起缓和作用,还可以吸收一部分冲击时产生的动能。

为了适应客车高速运行和货车载重量大的要求,现在还采用橡胶缓冲器等。

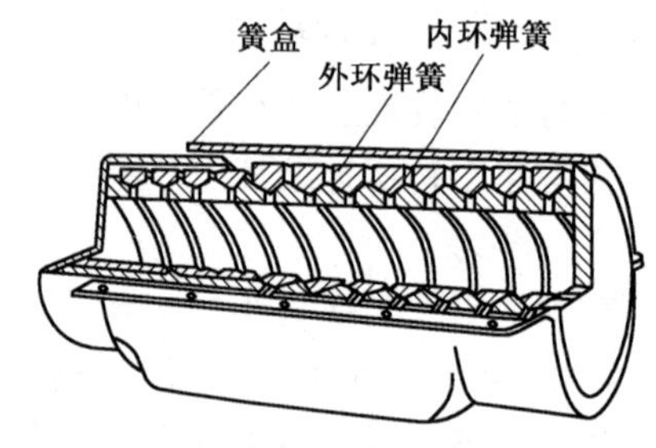

图 4-18　缓冲器

四、制动装置

制动装置是用外力迫使运行中的机车车辆减速或停车的一种设备。它不仅是列车安全、正点运行的重要保证,而且也是提高列车牵引重量和运行速度的前提条件。因此,制动装置的性能好坏,对铁路的运输能力和行车安全都有重要作用。

我国机车车辆上安装的制动机主要有:空气制动机和人力制动机。空气制动机又叫做自动制动机,是利用压缩空气产生制动力的,一般作为列车制动用。人力制动机是用人力进行制动,一般只在调车时对个别车辆或车组实行制动用。

车辆上的制动装置由制动机和基础制动装置两部分组成。

(一)空气制动机

1. 空气制动机的组成

空气制动机的部件,一部分装在机车上,另一部分装在车辆上。装在机车上的有空气压缩机、总风缸、制动阀等。由空气压缩机产生的压缩空气贮存在总风缸内。列车中车辆的制动与

缓解作用,由机车司机操纵制动阀来实现。

现以GK型制动机为例,简要介绍安装在货车上的设备,如图4-19所示。

(1)制动主管:安装在车底架下面,它贯通全车,是传送压缩空气的管路。它的两端装有折角塞门和制动软管,并用软管连接器与邻车的软管相连。

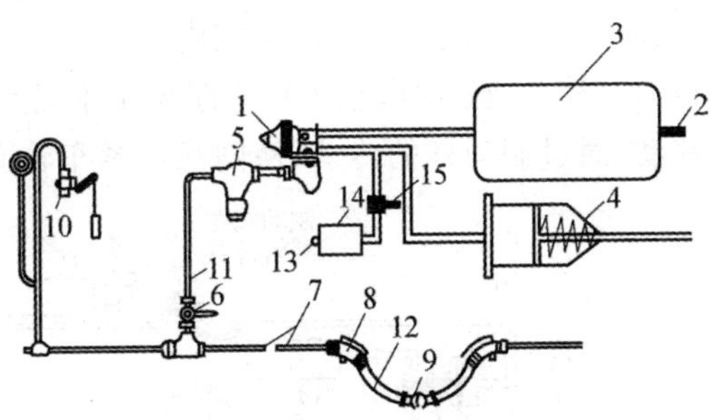

图4-19 GK型空气制动机

1—三通阀;2—缓解阀;3—副风缸;4—制动缸;5—远心集尘器;6—截断塞门;7—制动主管;8—折角塞门;9—连接器;10—车长阀;11—制动支管;12—软管;13—安全阀;14—降压风缸;15—空重车转换手把。

(2)截断塞门:安装在制动支管上,用以开通或遮断制动支管的空气通路。它平时总在开放位置,只有当车辆上所装的货物按规定应停止制动机的作用,或当制动机发生故障时,才将它关闭,以便停止该辆车的制动机作用。

通常把关闭了截断塞门、停止制动机作用的车辆叫做"关门车"。

(3)远心集尘器:利用离心力的作用,将压缩空气中的灰尘、水分、铁锈等杂质,沉淀于集尘器的下部,以免进入三通阀等机件。

(4)三通阀:是车辆制动机中最重要的部件。它连接制动支管。副风缸和制动缸,用来控制压缩空气的通路,使制动机起制动或缓解作用。

(5)副风缸:是贮存压缩空气的地方。制动时,利用三通阀的作用将压缩空气送入制动缸起制动作用。

(6)制动缸:当压缩空气进入制动缸后,推动制动缸活塞,将空气的压力转变为机械推力,然后通过制动杠杆使闸瓦压紧车轮而起制动作用。

(7)降压风缸:它与制动缸相连,两者之间设有空重车调整装置,可满足空、重车不同制动压力的要求。

(8)空重车调整装置:在GK型制动机上安装。在大型车辆上,如果不论空重状态都施加同样大小的制动力,对空车来说就嫌太大,容易损坏车辆。因此,用它来控制降压风缸与制动缸的通路,可以达到调整制动力的目的。它包括空重车转换手把和空重车转换塞门。

2. 空气制动机的工作原理

空气制动机的工作原理如图4-20所示。

(1)缓解作用。当司机将制动阀放在缓解位置时,总风缸内的压缩空气进入制动主管,经制动支管进入三通阀,推动主活塞向右移动,打开充气沟,使压缩空气经充气沟进入副风缸,直到副风缸内的空气压力和制动主管内的压力相等时为止。在三通阀主活塞移动的同时,和它连在一起的滑阀也跟着向右移动,使得制动缸内的压缩空气经过滑阀下的排气口排出,于是制动缸活塞被弹簧的弹力推回原位,使闸瓦离开车轮而缓解。

(2)制动作用。当司机将制动阀移到制动位时,制动主管内的压缩空气向大气排出一部分,这时副风缸内的空气压力相对地大于制动主管内的压力,因而推动三通阀的主活塞向左移动,截断充气沟的通路,使副风缸内的压缩空气不能回流。在三通阀主活塞移动的同时带动滑阀也向左移动,截断了通向大气的出口,使副风缸内的压缩空气进入制动缸,推动制动活塞向右移动,通过制动杆的传动,使闸瓦压紧车轮而制动。

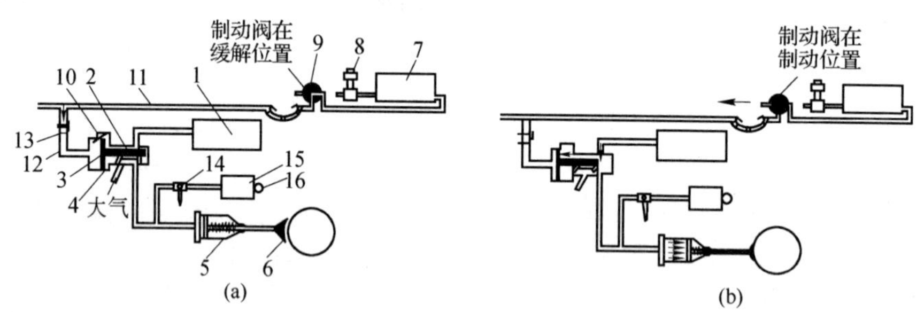

图 4-20 空气制动机及其作用原理

1—副风缸;2—滑阀;3—主活塞;4—三通阀;5—制动缸;
6—闸瓦;7—总风缸;8—空气压缩机;9—制动阀;10—充气沟;
11—制动主管;12—制动支管;13—截断塞门;
14—空重车转换手把;15—降压风缸;16—安全阀。

由上可知,空气制动机的特点是:第一,向制动主管充气(增压)时缓解;将制动主管内的压缩空气排出(减压)时制动,所以称为"减压制动"。当列车分离或拉动车长阀(参看图 4-20)时,由于制动主管内的压缩空气向大气排出,压力突然降低,就可以自动地产生紧急制动作用,使列车立即停车,以防事故的发生或扩大。第二,这种制动装置在制动过程中不是直接用总风缸的压缩空气送入制动拉,而是用预先贮存在副风缸内的空气送入制动缸起制动作用的,因此称为"间接制动"。它能使列车前后车辆的制动作用不致差别过大。

3. 降压风缸和空重车转换装置

在装有空重车调整装置的制动机上,如果将空重车转换手把放在空车位置时,空重车转换塞门被打开,使制动缸与降压风缸连通,如图 4-21(a)所示。在这种情况下进行制动时,副风缸的压缩空气在进入制动缸的同时,也进入降压风缸中,由于容积的扩大,降低了进入制动缸内的空气压力,因而产生较小的制动力。当转换手把放在重车位时,如图 4-21(b)所示,降压风缸与制动缸间的通路被阻,制动时副风缸中的压缩空气经三通阀直接进入制动缸而产生较大的制动力。

4. 缓解阀和紧急制动阀

当机车和车辆连挂在一起时,可以由司机操纵制动阀对列车进行制动或缓解。但是,当货物列车到达解体站后,机车摘下入段,而车列中的制动机仍处于制动状态。在这种情况下,就不可能用向制动主管充气的办法来使制动机缓解,而只能用降低副风缸的压力达到缓解目的。

因此在货车的副风缸上都装有缓解阀(如图 4-19 所示)。使用时,拉动缓解阀,使副风缸的压缩空气经缓解阀排出,副风缸内的空气压力低于列车主管的空气压力,三通阀主活塞就动作,滑阀随其移动,使制动缸内的空气排出,闸瓦离开车轮而缓解。

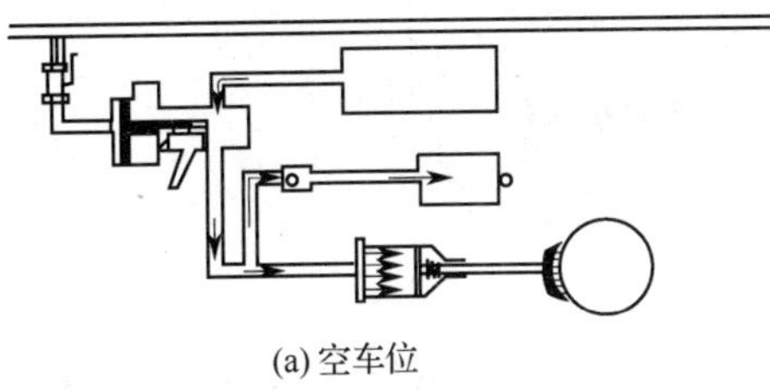

(a) 空车位

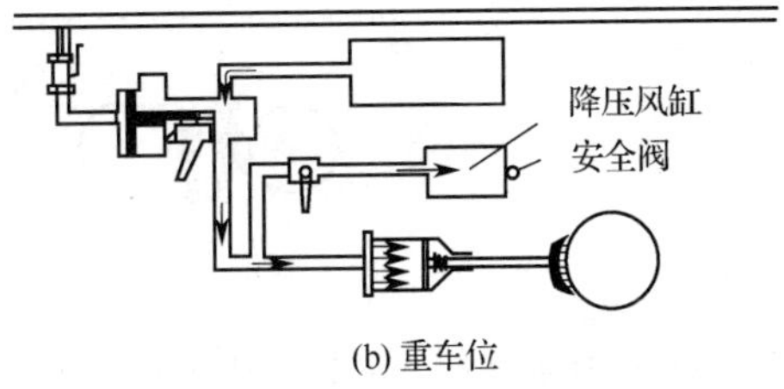

(b) 重车位

图 4-21 空重车位转换装置作用原理

在每节客车上都装有紧急制动阀,即车长阀。它的一端连通列车制动主管,另一端和大气相通,当列车在运行中,列车员或车长发现紧急情况时,可以按《铁路技术管理规程》要求拉动车长阀,它将列车主管压力空气急剧排入大气中,施行急剧减压,使列车紧急制动。

5. 新型空气制动机

为了适应车辆向大吨位、高速度方向发展,空气制动机中的三通阀已不能适应铁路运输事业发展的需要。为此,我国铁路已大量生产、装用新型空气制动机。新型空气制动机除增设一个工作风缸,用空气分配阀代替三通阀外,其余部分和上述空气制动机基本相同(如图 4-22 所示)。

空气分配阀由中间体、主阀和紧急阀 3 个部分组成。中间体一面接制动管、工作风缸;另一面接副风缸、制动缸。主阀是分配阀中最主要部分,具有控制充气、缓解、制动等作用。紧急阀能在紧急制动时加快制动管的排风速度,使制动作用可靠,提高制动波速和紧急制动的灵敏度。

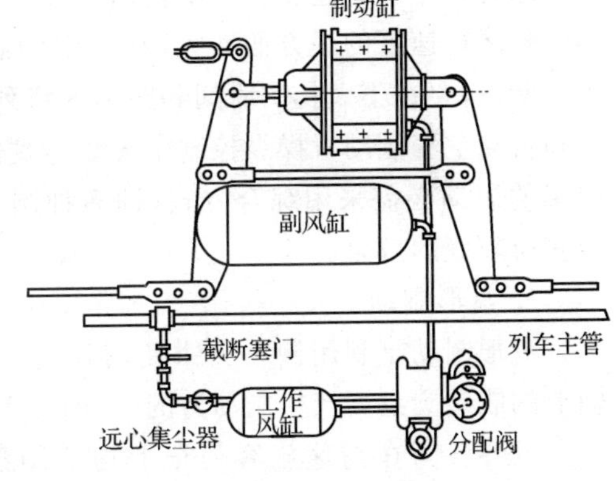

图 4-22 新型空气制动机

工作风缸用来储存压缩空气。在紧急制动时,工作风缸和副风缸一起向制动缸输送压缩空气,使制动缸压力更快上升,紧急制动作用更加明显。

新型空气制动机具有制动迅速、灵敏度高、制动力强,无论在常用制动和紧急制动时都能缩短制动距离,有利于提高列车运行速度;列车前后车辆制动力比较一致;制动平稳,操纵方便,确保行车安全;便于检修等优点。装有新型制动机的车辆能与装有普通制动机的车辆混合编组使用。

(二)人力制动机

在每节车辆的一端,都装有一套人力制动机,可以用人力来使单节车辆或车组减速或停车。

我国铁路货车上多用链式人力制动机(又叫链子闸),如图 4-23 所示。它结构简单、操纵灵活、制动力强。

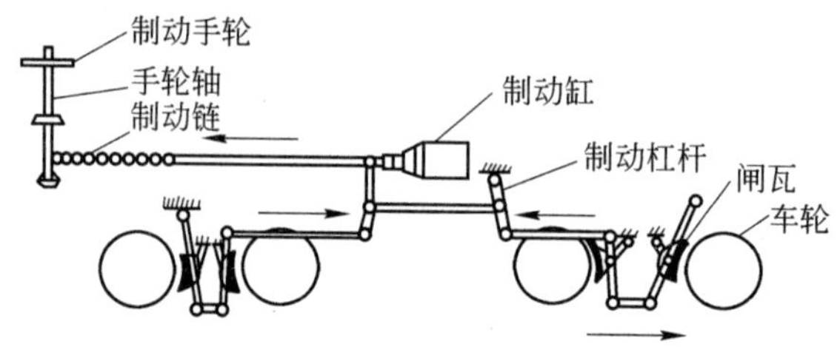

图 4-23　人力制动机

当进行人力制动时，可将制动手轮按顺时针方向转动，使制动链绕在轴上，拉动制动杠杆，就如同空气制动机中制动缸活塞杆向外推动一样，使闸瓦紧压车轮而产生制动作用。

(三)基础制动装置

基础制动装置设在转向架上，是利用杠杆原理，将空气制动机或人力制动机产生的力量扩大适当倍数，再均衡地向各个闸瓦传力的装置。客车多为双瓦式，货车多为单瓦式。

车辆在运行中，闸瓦会因制动时与车辆踏面摩擦而变薄，致使制动力减弱而降低制动效率，为此必须经常调整制动缸活塞的行程。目前，在新造车上安装了闸瓦间隙自动调整器，使车辆在运行过程中可以自动调整制动缸活塞行程的大小，进而保证应有的制动力。

(四)新型车辆制动技术

随着列车运行速度的不断提高，动能加大，对列车制动技术提出了新的要求，因为列车的动能随运行速度的平方而增大，在一定的制动条件下，列车的制动功率与速度的三次方成正比。所以，要在不太长的时间和距离内将列车动能转化、消散或转移，仅靠传统的闸瓦制动方式和自动空气制动机操纵控制是无法达到的。因此，高速列车的制动必需采用综合方式，即多种制动协调使用，方能获得较好的效果。

1. 盘形制动

盘形制动是利用制动夹钳使闸片夹紧固定装置在车轴上的制动圆盘面产生制动力的(如图 4-24 所示)。

世界各国在高速旅客列车上均采用盘形制动装置。我国目前在地铁车辆、双层客车上也使用盘形制动装置。采用盘形制动的优点是：动能转变成热能后散发快；闸片和制动圆盘材质间相互间摩擦性能好，制动时减速均匀、平稳、无噪声，尤其在高速运行制动时更为明显，提高了旅客的舒适度；使车轮的磨耗减轻，消除车轮热裂纹等，减轻维修工作量。

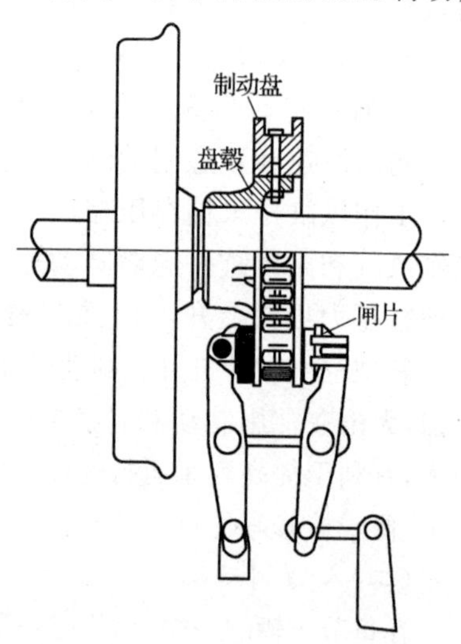

图 4-24　盘形制动装置

2. 磁轨制动和轨道涡流制动

闸瓦制动和盘形制动都属于粘着制动。制动力由车轮来传递，其大小受轮轨粘着力的限制，其制动力不能超过粘着力。随着列车速度的不断提高，还必须使用不取决于轮轨黏着系数的附加制动方式（非粘着制动）以缩短列车高速时的制动距离，常用的有轨道电磁制动。

轨道电磁制动分为磁轨制动和轨道涡流制动。磁轨制动是通过磁轨制动装置实施制动，当需要制动时，压缩空气进入风缸内，控制升降机将磁轨器落到钢轨上。磁轨器以一定的吸力吸附在钢轨上，磁轨器上的磨耗板与钢轨之间便产生制动力。轨道涡流制动是一种独特的制动装置，在转向架两侧的两车轮之间装设条形电磁铁，电磁感应体为钢轨，电磁铁的磁极端面与钢轨表面保持 6～7 mm 的很小间隙。制动时，电磁铁被励磁，由于它与钢轨相对运动，因此在轨头内产生感应电流，即涡流，当这些涡流在磁场运动时，受到一个与运动方向相反的力的作用，这个力就是起制动作用的制动力。目前，它们作为一种辅助制动方式，用在某些粘着制动力不够的高速列车上。

五、车辆内部设备

车辆内部设备是一些能良好地为运输对象服务而设于车体内的固定附属装置。如客车上的电气、给水、取暖、通风、空调、座席、卧铺、行李架等装置均属于车辆内部设备。货车由于类型不同，内部设备也因此千差万别，一般来说比客车简单。如棚车中的拴马环、床托等分别为运送大牲畜及人员所设。其他如冷藏车、家畜车等各有其特殊的内部设备。

六、重载车辆

重载运输是除高速铁路以外，铁路现代化的又一个标志。重载运输是指在先进的铁路技术装备条件下，扩大列车编组，提高列车重量的运输方式。铁路重载运输的发展，必然对原有的技术装备提出新的要求，车辆应采用载重量大、强度高、自重系数小的大型四轴货车。货车大型化的主要途径是提高轴重。但轴重又受到轨道与桥梁结构强度的限制，因此要求线路结构与轴重提高相协调。如国外已采用 70 kg/m 的钢轨，货车载重量达到 90 t，轴重为 31.25 t。

为提高车体的耐腐蚀性和降低自重，采用了耐候钢和铝合金材料等。为使车辆总体性能得到加强，装用新型空气制动装置、高强度车钩和大容量高性能缓冲器。为改善走行性能，采用了低动力作用转向架等。

1. 可靠的车钩缓冲装置

车钩缓冲装置是车辆最重要的部件之一，试验表明，5 000 t 重载列车的冲击力比普通列车(3 500 t左右)高一倍以上。重载列车车辆需要高强度的车钩和大容量、高性能的缓冲器。同时车钩缓冲装置的结构设计、材质工艺、维修保养以及机车操纵技术等方面都提出了具体要求。

提高车钩强度的主要途径是用高强度低合金铸钢代替普通铸钢。缓冲器则采用高强度的弹簧钢代替以前的弹簧钢，并改变环簧断面尺寸和加大缓冲器作用力的行程。

采用单元重载列车和组合列车运输时，列车牵引总重可达 10 000 t 以上，整个列车固定编组，利用翻车机不摘钩卸车。因此，这样的车辆在一端必须装有旋转式车钩，另一端装设固定式车钩(如图 4-25 所示)。当车辆进入翻车机位时，翻车机带动待翻车辆翻转 180°，车底组连同一端装有转动车钩的钩尾框相对于车钩钩身旋转，达到不摘钩连续作业的目的，缩短了卸货作业的辅助时间，提高了作业效率。

2. 采用性能良好的制动装置

重载列车与普通列车相比，速度并不高，但重量大、编组车辆数多、列车长，列车需要制动或缓解时，前后部车辆制动与缓解的时间差较大，造成了纵向冲击力的加大。此外，由于辆数多、列车长，重载列车的副风缸数量也多，列车制动管总容积加大，造成了初充气时间长、列车管减压速度和增压速度都较低，且沿列车管长度方向有较严重的"衰减"。这些，都会影响重载列车运行的安全。因此各国都在研究改进制动机的结构，以提高其性能。

图 4-25　带有转动车钩的车辆

重载列车制动装置应具备如下功能：

(1)应具有较高的制动波速和缓解波速。它可以缩短制动和缓解时列车前后部作用的时间，减轻制动和缓解的纵向冲击，并能缩短列车制动距离。为此，要加强和改进机车车辆制动时的局部减压性能，在每个车辆制动机上增添加速缓解阀和小容量的加速缓解风缸，使制动机具有缓解时能局部增压的性能。

(2)采用摩擦系数较大的闸瓦，如高摩合成闸瓦。这样，可保证在同样的闸瓦摩擦力的条件下，达到所需要的制动力。改用较小的制动缸和副风缸，以减少初充气的时间，保证运输安全。

(3)采用性能良好的空重车自动调整装置，保证空车不滑行，重车具有足够的制动力。

(4)要有密封式制动缸和良好的"压力保持"性能。在长大下坡道制动保压时，能保持制动缸压强不因泄漏而"衰减"。

第三节　车辆代码、标记和技术经济参数

一、车辆代码

为了方便对车辆识别与管理，特别因全国铁路用微机联网管理的需要，必须对运用中的每一辆车都进行编码，且每一辆车的代码是唯一的，代码分车种、车型、车号 3 段。

车种代码原则上在该车汉语拼音名称中选取一个或两个大写字母构成。客车用两个字母表示，货车一般用一个字母表示。主要车辆的车种代码见表 4-1。

表 4-1 部分车辆车种代码表

顺号	货车车种	基本型号	顺号	客车车种	基本型号
1	棚车	P	1	软座车	RZ
2	敞车	C	2	硬座车	YZ
3	平车	N	3	软卧车	RW
4	罐车	G	4	硬卧车	YW
5	冷藏车	B	5	行李车	XL
6	守车	S	6	邮政车	UZ
7	集装箱车	X	7	餐车	CA
8	家畜车	J	8	公务车	GW
9	水泥车	U	9	试验车	SY
10	特种车	T	10	代用座车	ZP
11	长大货物车	D	11	硬座双层客车	YZS

车型代码必须与车种代码连用,它是为区分同一车种中结构、装载量等不同的车辆而设,一般用1～2个数字构成,必要时其后还可以再加大写拼音字母。车型代码作为车种代码的后缀,原则上两代码合在一起不得超过5个字符。

如:C_{62B}——C(车种);62(重量系列);B(材质区别)。

N_{17A}——N(车种);17(顺序系列);A(结构区别)。

YW_{25G}——YW(车种);25(车长系列);G(结构区别)。

车号代码均为数字,因车种、车型不同,区分了使用数字的范围,如客车:软座车起讫号码为10000～19999,硬座车起讫号码为20000～49999,软卧车起讫号码为50000～59999,硬卧车起讫号码为60000～89999;货车:棚车起讫号码为3000000～3599999,敞车起讫号码为4000000～4899999,平车起讫号码为5000000～5099999。

一辆车的代码是该车的重要标识,必须涂刷在车辆显眼的位置(如侧墙)上。

二、车辆标记

为了表示车辆的类型和特征,满足运用、检修和统计上的需要,每一辆铁路车辆上均应具有运用产权、检修等标记。

1. 运用标记

(1)自重、载重及容积

自重为空车时车辆本身的重量,以吨为单位,保留一位小数。载重即车辆允许的最大装载重量,以吨为单位。容积是货车内部可容纳货物的体积,以车体内部长、宽、高的乘积表示。

(2)车辆全长及换长

车辆全长为该车两端钩舌内侧面间的距离，以 m 为单位。

换长是为了编组列车时统计工作的方便，将车辆全长换算成辆数来表示的长度，换算时以长度 11 m 为计算标准。即

$$\text{换长}=\frac{\text{车辆全长(m)}}{11\ \text{m}} \tag{4-1}$$

计算中保留一位小数，尾数四舍五入。

(3)表示车辆设备、用途标记（主要指货车）

(MC)——表示可以参加国际联运的客货车；

∩——表示禁止通过机械化驼峰的货车；

(人)——表示具有车窗、床托等的棚车，可以运送人员；

(古)——表示具有拴马环或其他拴马装置的货车。

2. 产权标记

(1)国徽

凡参加国际联运的客车须在侧墙外中部悬挂国徽。

(2)路徽

凡产权归铁道部的车辆均应在侧墙或端墙适当的部位涂刷路徽，表示人民铁道。对于货车还应在侧梁适当部位安装产权牌。

(3)路外厂矿企业自备车辆的产权标志

路外厂矿企业的自备车因运送货物或委托路内厂、段检修而需要在正线上行驶时，一般在侧墙上或其他相应部位用汉字涂打上"××企业自备车"字样。

(4)配属标记

所有客车以及个别有固定配属的货车，必须涂刷上所属局、段的简称。

3. 定期检修标记

(1)厂修、段修标记

例如：

$$\frac{98.9 \qquad 97.3\ \text{沈山}}{99.3 \qquad 93.3\ \text{齐厂}}$$

上列标记中，第一栏为段修标记，第二栏为厂修标记；左侧为下次检修年月，右侧为本次检修年月及检修单位的简称。

(2)辅修及轴检标记（如图 4-26 所示）

这两种检查是定期进行的。辅修周期为 6 个月；轴检须视轴承的不同形式规定周期，有 3 个月、6 个月等。货车由于无配属段，故必须涂打标记以备考；客车由于有配属段，故不必涂打辅修标记。

辅修标记

3—15	9—15 丰

轴检标记

12—15	9—15 丰

图 4-26　辅修及轴检标记

上例中的辅修标记表示这辆车在 9 月 15 日由丰台车辆段施行辅修，下次辅修到期是次年的 3 月 15 日。轴检标记中所表示的意思和它相似。

三、车辆技术经济参数

车辆技术经济参数是表明车辆结构上和运用上某些特征的一些指标。

表明普通客车的技术经济特性指标的有客车自重、客车自重系数、轴重和每延米轨道载重和最高试验速度等。

表明货车经济特性指标的有车辆载重、车辆自重、自重系数、轴重、单位容积、每延米轨道载重和最高试验速度等。

其中，自重、载重、容积等已在“车辆标记”部分做了说明外，还有以下几项：

1. 自重系数

货车自重系数：货车车辆自重与标记载重的比值。自重系数小，说明机车对运送每一吨货物所做的功少，比较经济，所以自重系数越小越好。今后我国将大量制造大吨位的货车，以压缩车辆的自重系数，有利于降低货运成本，满足货物重载运输的需要。

客车自重系数：即为客车自重与旅客定员之比值。

2. 轴重

车辆总重与轴数之比，即车辆每一轮对加于轨道上的重力。车辆的轴重受轨道和桥梁结构强度（允许的荷载）的限制，所以不允许超过规定数值。目前，我国线路允许的最大轴重为 23 t。国际重载协会认为，经常、正常开行或准备开行轴重 25 t 以上（含 25 t）的列车可以成为鉴定是否为重载运输的条件之一。

3. 单位容积

车辆设计容积和标记载重之比。这是说明车辆载重力与容积能否达到充分利用的指标，可供铁路货运部门办理货物发送作业时参考。

4. 每延米轨道载重

车辆总重量与车辆全长之比（单位为 t/m）。它是车辆设计中与桥梁、线路强度密切相关的一个指标。按目前桥梁设计规范，允许车辆每延米轨道载重可取到 8 t。线路允许载荷我国规定一般不得超过 6.6 t/m。

5. 最高试验速度

车辆设计时，按安全及结构强度等条件所允许的车辆最高行驶速度。车辆实际运行速度一般不允许超过最高试验速度。

第四节　车辆的检测与维修

为了完成运输任务，铁路必须拥有相应数量的、性能良好的车辆。因此，一方面铁路工业部门要不断地新造足够数量的车辆；另一方面车辆部门还要做好车辆在日常运用中的维修保养工作，使已有车辆经常处于质量良好的状态，才能确保安全、高速、平稳地运送旅客和货物，并延长车辆的使用寿命。

我国铁路车辆的计划预防检修分为定期检修和日常维修两大类。

一、定期检修

车辆定期检修就是按照规定的期限，对整个车辆或某些部分进行全部或部分的检修。它是根据车辆各部分在正常使用条件下的磨耗规律，对不同部件制定不同的检修周期和技术标准，到期进行检查、修理或更换。车辆经过定期检修后应使它的运用性能在整个检修周期内保持良好状态。新《技规》规定：车辆修程，客车和特种用途车按走行公里进行检修，最高运行速度不超过 120 km/h 的客车分为厂修、段修、辅修；最高运行速度超过 120 km/h 的客车，修程为 A1、A2、A3、A4；货车分为厂修、段修、辅修、轴检。我国客、货车定期检修的种类和周期如表4-2、表 4-3 所列。

车辆的厂修由车辆工厂负责，对车辆进行全面而彻底的修理。车辆经过厂修后，该车辆的性能要求达到或接近新车的水平。段修由车辆段承担，段修要求对车辆各部分作全面的检查，修换其损坏和磨耗过限部分。车辆的辅修和轴检主要是对制动装置和轴箱油润部分进行检修。

表 4-2　客车定期检修周期表

<table>
<tr><th rowspan="2">顺号</th><th rowspan="2">车　种</th><th colspan="3">检修周期</th></tr>
<tr><th>厂修(年)</th><th>段修(年)</th><th>辅　修</th></tr>
<tr><td>1</td><td>国际联运车</td><td>4</td><td>1</td><td rowspan="7">6 个月</td></tr>
<tr><td>2</td><td>主型车(22、23 型)、新型车、进口车中的硬卧车、硬座车、软卧车、软座车、行李车、邮政车、上述车种的合造车</td><td>6</td><td></td></tr>
<tr><td>3</td><td>各型餐车、空调发电车、上述车种的合造车</td><td>6</td><td></td></tr>
<tr><td>4</td><td>25 型硬座车、硬卧车、软座车、软卧车、餐车、行李车、发电车等</td><td>7.5</td><td>1.5</td></tr>
<tr><td>5</td><td>双层硬座车、硬卧车、软座车、软卧车、餐车、合造车等</td><td>7.5</td><td>1.5</td></tr>
<tr><td>6</td><td>部属客车</td><td>10</td><td>2.5</td></tr>
<tr><td>7</td><td>公务车、试验车、维修车、卫生车、文教车、发电车、特种车等不常用车</td><td>10</td><td>2.5</td></tr>
</table>

注：为了做到平衡检修计划和调整技术质量状态，各级修程可根据客车质量情况，允许提前或延期施修。

表 4-3 货车定期检修周期表

车种	厂修		段修	辅修	滑动轴承轴检
	普碳钢	耐候钢			
冷藏车	4年	6年	1年	6个月	3个月
酸碱类罐车、液化石油气罐车、液氯罐车		8年			
棚车、敞车、平车、矿石车、罐车、家畜车、粮食车、水泥车、活鱼车、守车、载重 60 t 的凹型平车	5年	8年	1年	6个月	3个月
不常用的专用车、载重 90 t 以上的货车	8年		2年		
C_{62A}、$C_{62A(N)}$、C_{64}、X_{6A}、P_{62}、P_{62N}、P_{63}及新型通用货车	6年	9年	1.5年		

注：1. 专用车指：救援车、机械车、线桥工程车、宿营车、发电车、检衡车、磅秤修理车、生活供应车、战略车等；
2. 毒品车不作厂修。

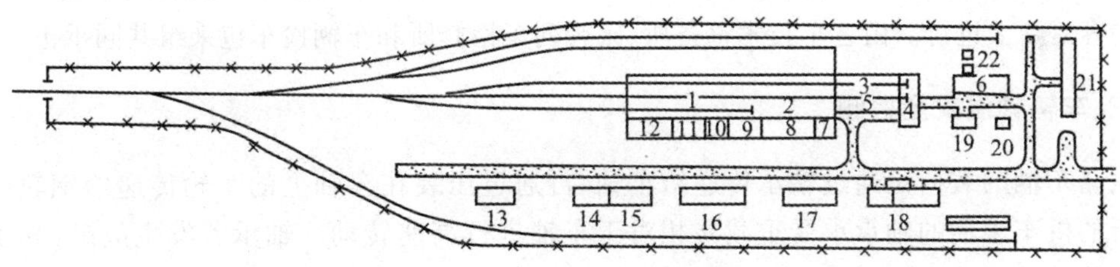

图 4-27 货车车辆段示意图

1—修车库；2—转向架车间；3—轮对轴箱互换阀；4—轮轴阀；5—挂瓦间；6—油线间；7—机械钳工间；8—配件架修间；9—车钩缓冲装置间；10—备品库；11—制动间；12—木工间；13—利材间；14—材料棚；15—材料库；16—设备维修间；17—锻工弹簧间；18—食堂；19—空气压缩机间；20—变电间；21—段办公室；22—贮油库。

车辆段（如图 4-27 所示）是设在铁路沿线负责车辆检修工作的基层单位，一般设在编组站、国境站。铁路枢纽以及货车大量集散和始发终到旅客列车较多的地点。它主要承担车辆的定期检修和日常保养工作，因此在段内设有修车库、修车线及辅助车间等。在它所负责范围内的每一编组站和区段站上均设有列车检修所，并根据需要设立站修所等日常检修单位。

二、日常维修

为使车辆经常保持良好的技术状态，在定期检修之间的运用期内，还必须对车辆进行日常检查和维修工作。只有日常检查和定期检修配合起来，才能保证车辆的完好和正常运用。

日常维修工作由列车检修所和站修所等单位承担。列车检修所对经本站中转或到达本站的列车中所有车辆进行技术检查和修理，同时还负责扣修定检到期的车辆。站修所的任务是进行货车的摘车修理、轴检和辅修工作。为了车辆的良好运用和加速车辆周转，在日常维修中应尽量采取不摘车修理方式。

货车日常维修的内容包括技术检查和故障修理两个方面。技术检查是对货车的技术状态进行检查,发现故障应及时进行摘车修理或不摘车修理。不摘车修理是利用车辆停站时间,在不影响解体作业或正点发车的情况下,在列车到发线,调车线或货物线上进行修复作业。对一些较大的一时难以修复的故障,必须把故障车辆从列车中摘下,送到专用临修线或站修所修理,称为摘车修理。货车的日常维修由列检所和站修所等单位承担。列检所的基本任务是对到达、始发和中转列车中的车辆进行技术检查和修理,同时还负责扣修定检到期的车辆。站修所设在有列检所的车站上,它的任务是对货车进行摘车修理、轴检和辅修。

客车和货车不同,它有固定的配属段,并按照规定的区段运行。所以客车日常维修的内容包括车底在到达终点站或在始发站出发前,在整备库内进行的技术检查、日常保养和清扫整备作业。旅客列车在沿途由旅客列检所负责进行技术检查和不摘车修理。此外在旅客列车上还设有车辆乘务员,随车进行途中的技术保养工作。客车的日常维修工作集中在旅客列车编成站、更换机车的客运站上进行。由客车技术整备所、旅客列车检修所和车辆检车包乘组共同承担。

三、车辆轴温安全检测

铁路车辆的载荷是通过轴承传递给车轴,再通过压装在车轴上的车轮传递给钢轨的。高速运行的机车车辆的轴承承受重载并相对于车轴进行高速转动。轴承若发生故障,其正常的油润摩擦就被破坏,若不及时采取措施排除故障,轴承的温度就会超过正常值而急剧上升,导致燃轴,甚至使车轴切断,造成车毁人亡的铁路行车事故。

红外线轴温探测系统是铁路车辆部门确保运输安全的在线监控设备,这套系统安装在运行线路上,每隔 30 km 就要设置一个探测站,利用红外线技术,实时捕捉运行车辆的轴承温度。当轴承出现故障时,会产生温升,一旦超过临界状态,将发生热切轴事故,危及列车安全。红外线的作用就是能够及时发现热轴,并通过网络进行报警,防止热切轴事故的发生。其热轴预报标准为微热、强热和激热档,微热跟踪,强热前方站停车,激热立即停车。由于采取了三档预报,所以既能使险情车辆及时得到摘扣,又能使隐患车辆得到监控。

红外线轴温探测设备的原理是故障轴承的温度高于正常轴承的温度,并且任何物体只要温度高于绝对零度(−273 ℃)都能辐射红外线,一旦轴承发生故障,诸如滚子破碎、内外套局部剥离、保持架断裂等,摩擦系数会增大,轴承的温度将显著升高。物体的温度越高,物体表面辐射出来的红外线越强。当列车通过设有红外线探测系统的探测站时,红外线探测设备可以准确地探测到列车每根轴承的温度,并自动地对热轴进行判别和预报。

红外线轴温探测器由五大部分组成,即红外探头、控制部分、记录部分、信号传输部分及电源。当列车通过时,用安装在线路两侧的红外探头(如图 4-28 所示)来拾取每个轴承所产生的红外线并将红外线能转变成电能,即电信号。然后传输到记录器,红外值班员可根据记录的脉冲波形进行分析、比较来监测运行在铁路线上的机车车辆的轴承状况。

我国铁路上已建成了红外线轴温探测网，它是由若干个轴温探测站和红外监测中心组成。目前已由过去的铁路局管内局部跟踪发展到全路联网全程监控，探测站至监测中心全部采用"点对点"专线传输，确保信息直接进入监测中心，铁路局至铁道部利用铁路机关办公网信息传输通道，确保信息畅通和浏览快捷，实现了探测信息复示，可以随时调阅、浏览、查询全部运行车辆的热轴信息等。完成了分散检测、集中报警、联网运行、信息共享，已成为铁路运输离不开的重要行车安全监控设备。

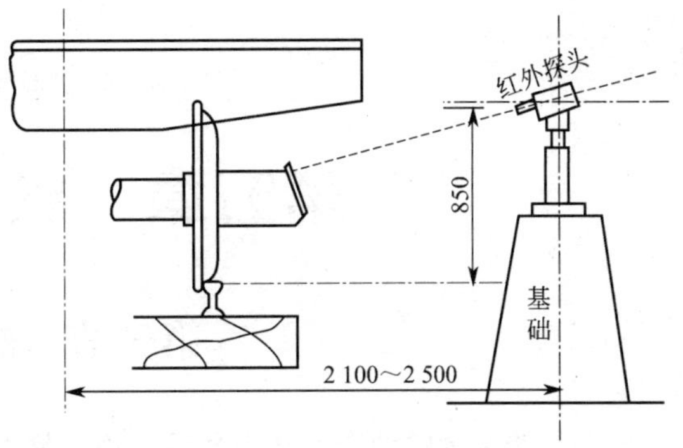

图 4-28　红外探头安装位置(单位:mm)

我国全路红外线设备设备覆盖率达到 92.4%以上，一半以上配套安装故障智能跟踪装置，京沪、京广、京哈、京九、陇海、浙赣六大干线设备覆盖率达到 100%，并实现了全路联网。

复习思考题

1. 铁路车辆如何分类？
2. 铁路车辆的基本构造分为哪几部分？
3. 货车走行部由哪几个部分组成？简述各部分的作用。
4. 车辆走行部采用转向架形式有什么优点？
5. 车辆车钩缓冲装置由哪几部分组成？其作用是什么？
6. 车钩有几种作用位？分别在什么情况下使用？
7. 空气制动机和人力制动机应用上有什么不同？
8. 简述空气制动装置的缓解作用和制动作用。
9. 扼要说明货物重量是经过车辆中哪些具体部件传到地面的？
10. 货车、客车的车辆日常维修有哪些？

第五章 铁路机车

第一节 概 述

机车是铁路运输的牵引动力装置。由于铁路车辆大都不具备动力，需要把客车或货车连挂成为车列，由机车牵引沿着钢轨运行。在车站上，车辆的转线以及货场取送车辆等各项调车作业，也都要由机车完成。因此，为了完成客、货列车的牵引和车站的调车工作，铁路必须保证提供足够数量、牵引性能良好的机车；同时，还必须加强对机车的保养与检修工作，正确组织机车的合理运用等。

铁路采用的机车类型很多，可有不同的分类。

1. 从运用分：有客运机车、货运机车、调车机车。客运机车要求速度高，货运机车需要牵引力大，而调车机车要具有机动灵活的特点。

2. 从牵引动力分：可分为蒸汽机车、内燃机车、电力机车等。

蒸汽机车是通过蒸汽机把燃料的热能转换成机械能，用来牵引列车的一种机车。蒸汽机车主要由锅炉、汽机、走行部、车架、煤水车、车钩缓冲装置、制动装置组成。锅炉是用来供给机车动力的能源，装在机车两侧的两套汽机则是把蒸汽的热能转换成机械能，以驱动机车运行。

蒸汽机车的应用，迄今已有 180 年的历史。由于蒸汽机车的构造比较简单，制造和维修比较容易，成本比较低，因此最早被世界各国铁路所采用。但是，蒸汽机车的热效率太低，其总效率一般只有 5%～9%；煤水消耗量很大，需要大量的上煤、给水设备；对环境有较大的污染。因此，在现代铁路运输中，蒸汽机车已逐渐被其他新型机车所取代。

第二节 内燃机车

内燃机车是以内燃机作为原动力的一种机车。内燃机车的热效率可达 30%左右，是各类机车中效率较高的一种。内燃机车的整备时间短，持续工作的时间长，适用于长交路；用水量少，适用于缺水地区；初期投资比电力机车少，而且机车乘务员劳动条件好，便于多机牵引。但内燃机车最大的缺点是对大气和环境有污染。

一、机车牵引性能的基本概念

机车牵引列车运行是由于它具有相当大的牵引力，用来克服列车起动时和运行中所受的

阻力,机车牵引力(F)和运行速度(v)的乘积,就是机车的功率(N),即 $F \cdot v=N$,常用“kW”做单位。任何一种机车,它的最大功率是一定的,叫做标称功率,例如,DF_{4B}型内燃机车的标称功率为 1 985 kW。

机车在牵引列车时,所受到的阻力是经常变化的。当阻力增大时,机车就要发挥出更大的牵引力来克服它;反之,当阻力减小时牵引力就可以小一点。为了充分利用机车的功率,要求机车在各种不同运行阻力的情况下,都能具有恒功率输出性能,这就要使 $F \cdot v=$常数。可见,牵引力和速度之间是反比关系,当速度小时,牵引力大;速度大时,牵引力小。

把对 F 和 v 的这种要求表示在坐标上,应该是一条双曲线,如图 5-1 所示。这条曲线叫做机车理想牵引性能曲线,无论任何一种机车的牵引性能,都应与它相符合。

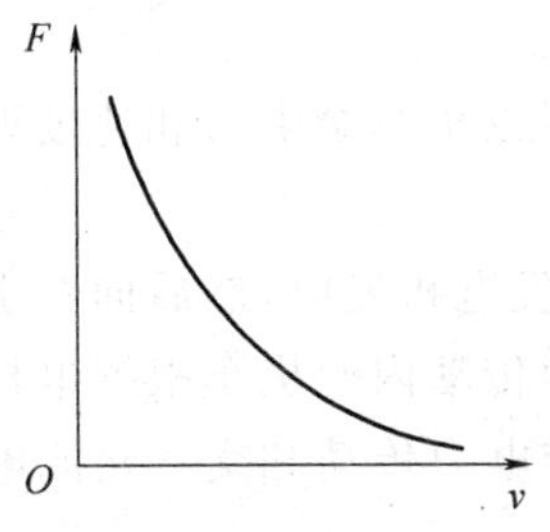

图 5-1　机车理想牵引性能曲线

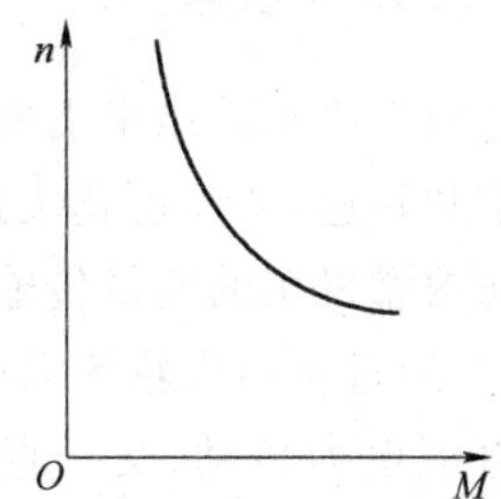

图 5-2　直流串励电动机转速与转矩关系示意图

当然,图 5-1 中的曲线两端不能无限延长。左端,牵引力不能超过轮轨之间的粘着力,否则车轮会空转;右端,速度也不能超过机车构造所能允许的范围。

电力传动内燃机车是由牵引电动机通过齿轮驱动的,所以机车牵引力和速度取决于牵引电动机的转矩和转速,从而也就决定了机车的牵引特性。

电力传动内燃机车一般采用串励牵引电动机,它的速率与转矩关系如图 5-2 所示。它所具有的工作特性最能满足机车牵引的要求。即机车上坡或负载增加时,牵引电动机转矩较大,而转速较低;反之,则转矩减小,转速上升。

二、内燃机车传动装置的必要性

内燃机车按传动方式的不同可分为电力传动内燃机车和液力传动内燃机车两种类型。

铁路上采用的内燃机绝大多数是柴油机。在内燃机车上,柴油机和机车动轮之间都装有传动装置,柴油机的功率是通过传动装置传递到动轮上去,而不是由柴油机直接驱动动轮的,其原因就在于柴油机的特性不能满足机车牵引特性的要求。

1. 柴油机直接驱动机车动轮不能实现机车的理想牵引特性。机车理想牵引特性如图5-1所示。即牵引力 F 与运行速度 v 的乘积为一常数:$F \cdot v=N$。而柴油机的扭矩特性[即 $M=f(n)$]和功率特性[即 $N=f(n)$],当每一循环供油量一定时,柴油机的扭矩 M 几乎不随转速的

变化而改变，因此柴油机的功率 N 基本上与转速 n 成正比，而且只有当柴油机达到额定转速时，才能发出额定功率，即机车在最高速度时，柴油机功率才能得到充分利用。显然不符合内燃机车的理想牵引性能的要求。

2. 柴油机的转速范围满足不了机车运行速度范围变化的要求。当柴油机转速低于最低转速运转时会熄火，高于最高转速运转时又会引起飞车，而损坏柴油机。

3. 柴油机应在无负载情况下启动，而机车起动负载都是很大的，所以柴油机无法直接驱动机车动轮。

4. 柴油机曲轴一般不能反转，而机车却需要既能前进也能后退。

三、电力传动内燃机车

电力传动内燃机车是由牵引电动机通过齿轮驱动的，所以机车牵引力和速度取决于牵引电动机的转矩和转速，从而也就决定了机车的牵引特性。

电力传动内燃机车的能量传输过程是由柴油机驱动主发电机发电，然后向牵引电动机供电使其旋转，并通过牵引齿轮传动驱动机车轮对旋转。电力传动内燃机车根据电机型式不同可分为直—直流电力传动，交—直流电力传动，交—直—交电力传动和交—交流电力传动等类型。

图 5-3　和谐 N_5 型内燃机车

1982 年我国对东风$_4$ 型及东风$_{4A}$型机车进行了大量的改进实验后制造了改进型机车 DF_{4B}型机车。DF_{4B}型内燃机车自 1982 年起生产至今踪影遍及中国各地，在中国铁路史上有着重要的地位。但随着科技的进步和铁路运输的不断发展，和谐 N_5 型大功率内燃机车作为新型大功率机车已经替代 DF_{4B}走上中国铁路的历史舞台。2009 年和谐 N_5 型大功率交流传动内燃机车顺利通过了铁道部验收，首批机车交付哈尔滨局运用。在先期 8 台新型机车到达后，哈尔滨局组织研究和制订试验方案，在滨洲西部线多次进行了上行单牵 6 000 t、下行单牵 3 000 t 牵引试验，取得了理想效果。和谐 N5 型大功率交流传动内燃机车装用大功率 IGBT 变流器，额定功率达到 4 660 kW，最大起动牵引力为 620 kN，最大运用速度和最大恒功率速度为 120 km/h。机车采用模块化设计、外走廊、底架承载结构，机车轴重为 25 t，大大方便了制造组装及规模化生产。机车具有卓越的防空转、防滑行功能，具有轮周效率高，粘着利用率高，起动加速快，动力学性能和制动性能良好的特性。机车主要技术经济指标均达到国际先进水平。

四、电力传动内燃机车的组成

内燃机车主要由柴油机、传动装置、走行部、车体、车底架、车钩缓冲装置、制动装置和辅助装置等部分组成。

（一）柴油机

柴油机是利用柴油燃烧后所产生的热能作动力的一种机械，多为四冲程多缸废气涡轮增压柴油机。柴油机用一定的型号表示。如我国近 30 年应用最多的 DF_{4B} 型内燃机，该车上采用的“16V240ZJB”型柴油机（如图 5-4 所示），表示它有 16 个气缸；分成两排形成 V 形排列，气缸内径为 240 mm；Z 表示装有废气涡轮增压器和增压空气中间冷却器；J 表示铁路牵引用；B 表示产品改进型符号。它是一种四冲程机车用柴油机。

图 5-4　16V240ZJB 型柴油机

四冲程柴油机的工作原理如图 5-5 所示。活塞通过连杆与曲轴相连；在气缸盖上设有进、排气门和喷油器。进、排气门由配气机构驱动，喷油器由供油装置控制。燃油通过喷油嘴喷入气缸并与高温高压空气相遇，燃烧膨胀作功。活塞需要经过往复 4 个行程，柴油机才能完成进气、压缩、燃烧膨胀、排气一个工作循环。四冲程柴油机就是这样不断地工作，把柴油燃烧产生的热能转变成机械能。

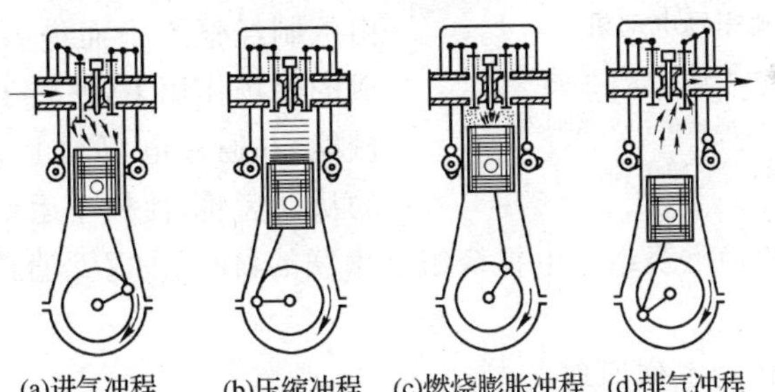

图 5-5　四冲程柴油机工作原理示意图

柴油机由固定部件、运动部件、配气机构以及进排气、燃油、冷却、润滑等系统所组成。

（二）传动装置

交—直流电传动装置主要由主发电机、整流装置和牵引电动机等组成。

1. 主发电机

主发电机主要由转子和定子两部分构成。

转子上绕有励磁绕组，做成磁极，只要通入直流电就能产生磁场。直流电是由励磁机供给，直流电输入磁极线圈后，使磁极铁芯励磁。

在定子槽中绕有定子线圈，又叫电枢绕组。当转子(磁极)被柴油机带动而旋转时，形成旋转磁场。电枢绕组便切割磁力线而产生感应电势，发出三相交流电。

由于在交—直流电力传动装置中采用的是直流电动机，因此发电机产生的交流电还必须经过整流后才能向直流电动机供电。利用硅二极管的单向导电特性，即可完成整流任务。

2. 牵引电动机

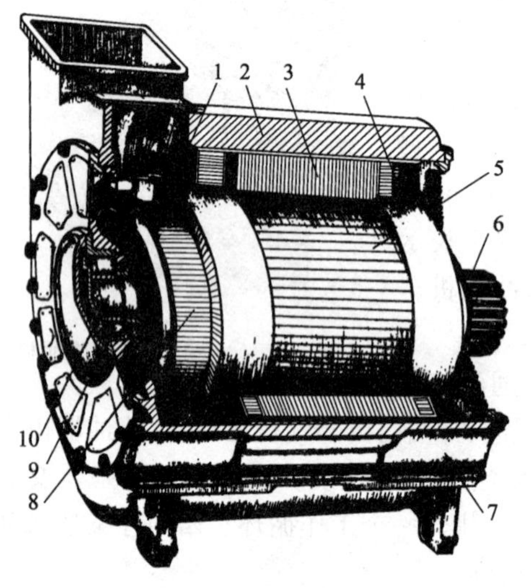

图 5-6 直流串励电动机

1—电刷；2—机体；3—磁极；4—电磁线圈；5—转子；6—齿轮；7—抱轴承；8—换向器；9—液柱轴承；10—转子轴。

在电力传动内燃机车上，一般都采用直流串励电动机。这是因为这种电动机的转矩和转速能按照列车运行阻力和线路条件的变化自动进行调节。当机车上坡运行或负载加大时，电机的转速能随着转矩的增大而自动降低，两者的关系非常接近理想牵引性能曲线，可以满足列车牵引的要求。

电动机的构造主要包括定子和转子两部分(如图 5-6 所示)。

定子由机座、励磁绕组和电刷等组成，用来形成磁场。

转子又叫电枢，由电枢轴、电枢绕组和整流子等组成。定子上的电刷紧贴整流子，直流电由电刷经整流子而进入电枢绕组后，在定子形成的磁场作用下，使转子转动，将电能转变成机械能，并通过电枢轴上的主动齿轮传给动轮上的从动齿轮，使机车运行。

由于这种电动机的励磁绕组和电枢绕组是串联的，使用的又是直流电，所以叫直流串励电动机。

3. 交—直流电力传动工作原理

交—直流电力传动的工作原理如图 5-7 所示。

柴油机的曲轴输出端与发电机的转子连接在一起，组成柴油机发电机组，当柴油机工作时，带动转子旋转，如果给励磁绕组输入电流，发电机便可发出三相交流电，把机械能变成交流电能，经三相桥式硅整流柜 1ZL 整流后，变成直流电，再供 6 台并联的牵引电动机 1D～6D 使用。此时又把电能变成了机械能，通过传动齿轮驱动动轮旋转，使机车运行。

牵引发电机 F 的励磁机 LF 也是一台三相交流发电机，它是由柴油机曲轴通过变速箱带动的。励磁机 LF 发出的交流电，经过一个小型的三相桥式硅整流柜 2ZL 整流后，将直流电送给主发电机 F 的励磁绕组。而励磁机 LF 本身的励磁电流，则是由辅助发电机经励磁柜 LG 供给。

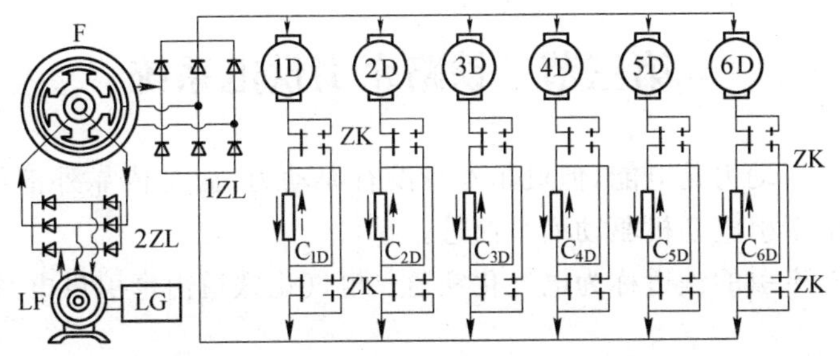

图 5-7 交—直流电力传动原理示意图

机车的运行方向是由牵引电动机的旋转方向决定的。只要改变牵引电动机中励磁绕组的电流方向就能改变牵引电动机的旋转方向,从而改变机车的运行方向。改变励磁绕组电流方向是通过转换开关 ZK 来实现的:当 ZK 接通左边一组触点时,各台牵引电动机上的励磁绕组 C_{1D}～C_{6D} 的电流就如图中实线箭头所表示的方向,机车运行方向为前进;若改变转换开关触点,使它右边一组接通时,励磁绕组上的电流方向正好相反,从而改变了牵引电动机的旋转方向,机车运行方向也就由前进变为后退了。

(三)走行部

内燃机车走行部采用构架式转向架的形式。机车转向架的作用是承受机车上部重量,传递牵引力和制动力,以及缓和和吸收来自线路的各种冲击和振动。DF_{4B} 型内燃机车采用两台三轴转向架,因此这种机车可用轴列式 C_0-C_0 来表示,注脚"0"的意思是每根轴上都单独装有一台电动机。

内燃机车的车体、车底架、车钩缓冲装置等部件与客车相似。辅助装置是由辅助传动装置带动的通风机、励磁机、辅助发电机和冷却风扇等组成,为主传动装置服务的。

几种主要国产内燃机车的概况列于表 5-1 中。

表 5-1 几种主要国产内燃机车

项目 \ 机车型号	DF_{4B}	DF_6	DF_7	DF_8	DF_9	DF_{10}	DF_{11}
制造厂	大连	大连	二七	戚墅堰	戚墅堰	大连	戚墅堰
用途	干线客货运	干线货运	货运	干线货运	干线客运	干线货运	干线客运
传动形式	交—直	交—直	交—直	交—直	交—直	交—直	交—直
轴列式	C_0-C_0	C_0-C_0	C_0-C_0	C_0-C_0	C_0-C_0	2(B_0-B_0)	C_0-C_0
轴重(t)	23	23	23	23	23	23	23
机车质量(t)	138	138	138	138	138	2×92	138
机车额定功率(kW)	1 985	2 425	1 600	2 720	3 040	2×1 600	3 040
最大速度(km/h)	118	100	100	100	140	100	160

第三节　铁路牵引供电系统

电力机车的牵引动力是电能，但机车本身没有原动力，而是依靠外部供电系统供应电力，然后通过机车上的牵引电动机驱动列车前进。

采用电力机车牵引的铁道称为电气化铁道。电气化铁道由牵引供电系统和电力机车两部分组成。

一、电气化铁道供电系统

将电能从电力系统传送到电力机车的电力设备总称为电气化铁道的供电系统(图 5-8)。

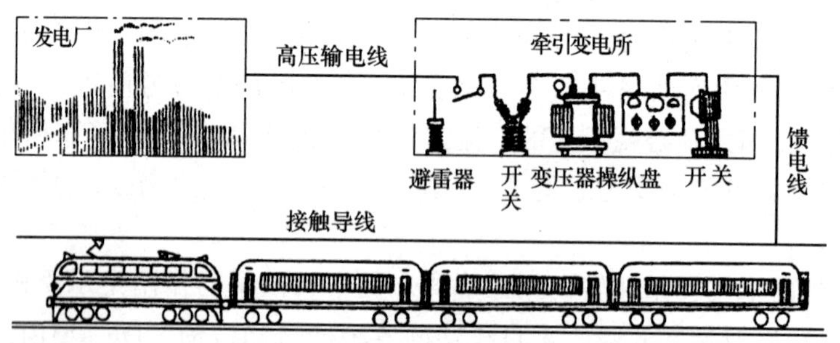

图 5-8　供电系统示意图

牵引供电系统主要包括牵引变电所和接触网两部分。

发电厂发出的电流经升压变压器提高电压后，由高压输电线送到铁路沿线的牵引变电所。在牵引变电所里把电流变换成所要求的电流或电压后，再转送到邻近区间和站场线路的接触网上供电力机车使用。

电气化铁道接触网供给机车的电流不同，分为直流制和交流制两种。电流制不同，所用的电力机车也不一样。现在世界上大多数国家都采用工频(50 Hz)交流制。

二、牵引变电所

牵引变电所的任务是将电力系统高压输电线输送来的 110 kV(或 220 kV)的三相交流电，改变成不低于 25 kV 的单相交流电后，向它的邻近区间和所在站场线路的接触网送电，保证可靠而又不间断地向接触网供电。

(一)牵引变电所的供电方式

牵引变电所向接触网供电有单边供电和双边供电两种方式。接触网通常在相邻两个牵引变电所的中央断开，分成两个供电臂。每一个供电臂只能从一端的牵引变电所获得电流，称为单边供电。其优点是：当某一供电臂内接触网发生故障时，只影响本供电臂，而不影响其他供

电臂的正常供电，从而缩小事故范围。我国一般采用单边供电。双边供电可以提高接触网的电压水平，但发生故障时影响范围大，目前较少采用。

（二）牵引变电所的设备

在牵引变电所里，主要设有主变压器、电压互感器、电流互感器、高压断路器、各种高压隔离开关以及避雷器等电气设备。为使牵引变电所内各种电气设备正常运行，确保安全可靠供电，牵引变电所内还装有各种控制、测量、监视仪表和继电保护装置等。

三、接触网

接触网是架设在电气化铁道上空，向电力机车供电的一种特殊形式的输电线路，担负着把从牵引变电所获得的电能直接输送给电力机车使用的任务。因此接触网的质量和工作状态直接影响着电气化铁道的运输能力。

电气化铁道接触网的周围空间产生磁场，因此对邻近通信线路产生很大感应影响，使通信质量下降，甚至危及设备及运行人员的安全。为解决这一问题，电气化铁道一般采用 AT 供电方式。

AT 供电方式是在馈电线中设置自耦变压器（简称 AT）。它并接于接触网、钢轨和正馈线之中，如图 5-9 所示。它的中点抽头与钢轨相接，形成两条牵引电流回路。因此使接触网与钢轨、正馈线与钢轨间的自耦变压器两半线圈上电压相等，在理想情况下，接触网与正馈线中流过的电流大小相等，方向相反，因此，在通信线中产生的感应影响相互抵消，有效地减弱对通信线的电磁影响。

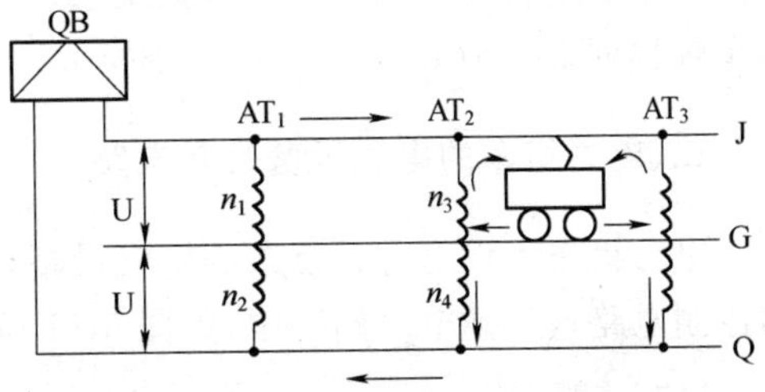

图 5-9 AT 供电方式工作原理

QB—牵引变电所；AT—自耦变压器；J—接触网；G—钢轨；Q—正馈线；U—牵引网电压。

此外，采用 AT 供电方式供电能力增大，电压损失减少，牵引变电所间隔也可增大。自耦变压器并联于接触网上，不需增设电分段，能适应高速、大功率机车的运行。但 AT 供电方式也带来了牵引变电所主接线与接触网结构复杂，增设 AT 所等不利因素。

第四节 电力机车

一、电力机车的基本组成

电力机车是靠其顶部升起的受电弓从接触网上取得电能后并转换成机械能牵引列车运行的。我国目前使用的干线电力机车主要是国产韶山型系列与和谐系列交—直流电力机车。投入运用的电力机车有 SS_1、SS_3、SS_4、SS_{7E}、SS_9、HXD_1、HXD_2、HXD_3 型等。图 5-10 为 SS_9 型电力机车。

图 5-10 SS_9 型电力机车

电力机车主要由车体、车底架、走行部、车钩缓冲装置及制动装置和一整套电气设备等组成。其中除电气设备外，其余部分都同交—直流电力传动内燃机车相似。

机车的走行部为两台三轴转向架。在每根车轴上都装有一台牵引电动机，因此这种机车的车轴排列形式为 C_0-C_0。

二、电力机车的电气设备及其电路

电力机车上设有各种复杂的电气设备，而所有电气设备，则分别装设在主电路、辅助电路和控制电路这三条电气回路中，如图 5-11 所示。

（一）主电路

主电路如图 5-11 中粗实线所示，它将产生机车牵引力和制动力的各种电气设备连成一个系统，实现机车的功率传输。主电路中包括的电气设备主要有受电弓、主断路器、主变压器（即牵引变压器）、调压开关、整流装置、平波电抗器、牵引电动机和制动电阻等。

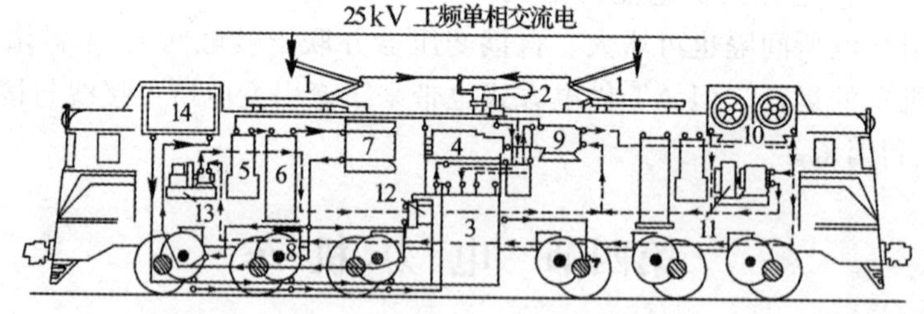

图 5-11 电力机车主电路设备示意图

1—受电弓；2—主断路器；3—主变压器；4—调压开关；5—硅机组；
6—主回路柜；7—平波电抗器；8—牵引电动机；9—劈相机；10—通风机；
11—牵引通风机；12—油泵；13—空气压缩机；14—制动电阻柜。

1. 受电弓:机车顶部装有两套单臂受电弓,受电弓紧压接触网导线滑行摩擦从电网上取得电流。机车运行时机车只需升起一套受电弓,另一受电弓作为备用。接触网上送来的25千伏工频单相交流电就由此引入机车。

2. 主断路器:主断路器是用来接通或断开电力机车高压电路的。当主电路发生短路、接地或整流调压电路、牵引电动机等设备发生故障时,它能自动切断机车电源,实现对机车上设备的保护。

3. 主变压器:又称牵引变压器,它把从接触网上取得的25 kV高压电降低为牵引电动机所适用的电压。变压器共有4个绕组,1个原边绕组接25 kV高压电,3个副边绕组,其中牵引绕组用来向牵引电动机供电,励磁绕组用在电阻制动时给电动机提供励磁电流,辅助绕组用来给机车的辅助电机供电。

4. 调压开关:用来调节牵引变压器中副边牵引绕组的输出电压,从而使牵引电动机的端电压得以改变;以达到机车的调速目的。

5. 平波电抗器:由于牵引电动机本身的电感极小,不足以将整流后的电流滤平到所需要的范围。因此,在牵引电动机电路中串接一个增大电感的平波电抗器,以减小整流电流的脉动。

(二)辅助电路

辅助电路电源来自主变压器的辅助绕组,通过劈相机将单相交流电转变成三相交流电后,供给牵引通风机、油泵机组和空气压缩机等辅助电机使用。

(三)控制电路

控制电路将主电路和辅助电路中各电气设备的控制电器(包括各种控制开关、接触器、电空阀等)同电源、照明、信号等的控制装置连成一个电系统。

以上3个电路系统在电气方面一般是相互隔离的,但三者通过电磁、电空或机械传动等方式相互联系,配合动作,用低压电控制高压电,以保证操作的安全和实现机车的运行。

三、电力机车的制动

当机车需要制动时,除使用空气制动装置外,还可以辅以电阻制动。司机扳动转换开关,使它从牵引位转到制动位,把牵引电动机从串励电动机改成他励发电机,把电枢绕组同制动电阻连接起来。这样,车轴带动电动机的电枢旋转,发出的电流就会被制动电阻变成热能散逸,从而消耗了机车惰行时的机械能。

如果将电能重新反馈回电网中去加以利用,就称之为“再生制动”(或“反馈制动”)。电力机车进行再生制动时,牵引电动机作为发电机工作,将列车在运行中所具有的机械能转换成电能送回接触网。尤其是在长大下坡道上,电力机车可以进行恒速再生制动。从能量利用上看,电阻制动虽然不如再生制动,但电阻制动的主电路工作可靠、稳定,技术比较简单,故目前在电力机车上得到广泛使用。而采用再生制动的电力机车必须采用全控整流线路,控制电路复杂,对主电路的保护系统要求也较高。

电力机车运行方向的控制,与 DF_4 型电力传动内燃机车一样,也是采用改变牵引电动机励磁绕组的电流方向实现的。

除此而外,电力机车上还有防空转系统、过压、过流、短路、接地等各种保护装置,以及司机室的显示屏装置等。

几种国产电力机车概况见表 5-2。

表 5-2 几种国产电力机车概况

机车型号	SS_1	SS_3	SS_4 SS_4 改进型	SS_6	SS_{7E}	SS_9
用　途	货运	客货两用	货运	客货两用	客运	客运
轴　式	C_0-C_0	C_0-C_0	2(B_0-B_0)	C_0-C_0	C_0-C_0	C_0-C_0
网　压	25 kV 50 Hz	25 kV 50 Hz	25 kV 50 Hz	25 kV 50 Hz	25 kV 50 Hz	25 kV 50 Hz
额定功率(kW)	4 200	4 320	6 400	4 800	4 800	4 800
最大牵引力(kN)	487	470	627.8	485	485	
最大速度(km/h)	95	100	100	100	170	170
机车总重(t)	138	138	184	138	138	126
轴　重	23	23	23	23	23	21

第五节　机车的检修与运用

机车的检修和运用是铁路运输工作的重要组成部分,也是机务部门的基本任务。质量良好地检修机车,确保机车的完好状态;经济合理地运用机车,对完成铁路运输任务具有十分重要的意义。

一、机车检修

机务段是设在铁路沿线负责机车检修和运用工作的基层生产单位,一般设在编组站或区段站上。在机车交路的折返点,还应设有机务折返段。机务段和机务折返段设置的基本原则是满足牵引列车的最大需要,并能充分发挥各项设备的能力和机车运用效率;段间距离的长短,应考虑乘务员的连续工作时间,并结合编组站、区段站的位置尽可能长距离地设置。

(一)机车段的任务和设备

根据各机务段所承担任务量的大小,为其配属一定数量的机车。

机务段的任务：机车运用方面，负责计划和组织本段机车和乘务组完成邻接区段的列车牵引或固定在某个车站上担任调车工作并对日常运用机车进行整备和日常保养；机车检修方面，进行段修范围内的机车定期检修和日常维修工作，保证运用机车的良好状态。

机务段设有管理部门和生产车间。生产车间包括运用车间、检修车间、整备车间和设备车间。

运用车间主要负责机车的运用与保养；检修车间主要负责机车段修范围内的定期修理及机车的日常维修；整备车间主要负责机车用的燃料、润滑油、水、砂等物资供应和机车的各种整备作业；设备车间主要负责机务段内的各种机械设备、水电动力设施的管理与维修。

机车在出段牵引列车或担任调车工作以前，需要供应机车必需的物资和作好各项准备工作，这种物资供应和准备工作总称为机车整备作业。机车类型不同，整备作业的内容也不一样。内燃、电力机车整备作业的项目如表 5-3 所列。

为了完成以上整备作业，机务段内必须修建相应的整备设备如机车整备线、加油站、上水管、上砂管以及储存和发放油脂、化验、排水、照明设备等。

表 5-3　内燃、电力机车的整备作业

需要供应的物资			需要做的准备工作		
项　目	内燃机车	电力机车	项 目	内燃机车	电力机车
燃　料	√	—	机车转向	一般单向—	—
水	√	—	机车擦拭	√	√
砂	√	√	检 查	√	√
润滑油	√	√	给 油	√	√
擦拭材料	√	√	机车乘务组交接班	√	√

整备设备的布置，应保证各项整备作业能平行或流水式地进行，并应具备足够的能力，以压缩整备作业时间，提高机车的运用效率。

（二）机车的修程

机车经过一定时期的运用后，各部件都会发生磨耗、变形或损坏。为了保证机车的正常运用，延长使用期限，除了机车乘务员的日常检查和保养外，还必须进行各种定期检修。

机车的定期检修除大修在机车工厂进行外，其余的检修一般都在机务段内进行。因此，机务段除了机车整备设备以外，还必须具有机车的检修设备，如各种检修库及辅助车间等。

机车类型不同，它们的检修周期和检修内容也不一样。

内燃机车的检修周期如表 5-4 所示。

表 5-4　内燃机车检修周期表

检修公里或期限 \ 机车 修程	DF_4 型客货运机车	DF_3、DF_1 型调机小运转机车	附　注
大　修	(80±10)万 km	8～10 年	小修公里或期限允许伸缩 20%
中　修	23 万～30 万 km	2.5～3 年	
小　修	4 万～6 万 km	4～6 个月	
辅　修	不少于 2 万 km	不少于 2 个月	

电力机车检修周期如表 5-5 所示。

表 5-5　电力机车检修周期表

检修公里或期限 \ 机车 修程	SS_1、SS_3 型机车（客货本务机车）	调机小运转机车	附　注
大　修	160 万～200 万 km	不少于 15 年	小修公里或期限允许伸缩 20%
中　修	40 万～50 万 km	不少于 3 年	
小　修	8 万～10 万 km	不少于 6 个月	
辅　修	1 万～3 万 km	不少于 1 个月	

各种修程所包括的内容，在有关的规程中都有具体规定。一般来说，机车的大修是一种全面恢复性修理，大修后的机车，基本上需达到新车的水平；中修的主要目的是修理走行部。内燃、电力机车的小修主要是为了对有关设备进行测试和维修；辅修是属于临时性的维修和养护。认真做好检修工作，对保证机车的正常运用和延长使用寿命，具有十分重要的意义。

设在机车交路折返点的机务折返段，一般没有配属机车，也不作检修工作，只供机车进行整备作业和折返前乘务人员临时休息之用。因此，在机务折返段上，只设机车整备设备，而不设检修设备。

二、机车运用

（一）机车交路

机车运用上的一个特点是，机车只要离开机务段，就要受行车部门负责运输有关人员的调度和指挥。所以机务部门和行车部门的关系特别密切，必须协调配合才能安全、优质地完成运输任务。

机车固定担当运输任务的周转区段，叫做机车交路（也叫牵引区段）。

目前，我国铁路机车的运用主要有肩回运转制和循环运转制两种。机车运用方式如图 5-12 所示。

1. 肩回运转制

机车由机务段出发，从机务段所在站牵引列车到折返段所在站，进入折返段进行整备及检

查，然后牵引列车返回机务段所在站，再进入机务段进行整备及检查。这种每往返一次，就要进入机务段一次的运用方式叫肩回运转制，如图 5-12(a)所示。采用这种运转制时，机车一般在 1～2 个牵引区段上往返运行。

2. 循环运转制

机车从机务段出发，在一个牵引区段(如乙—甲间)往返牵引列车后回到机务段所在站(乙站)，机车不入段，只在到发线上进行整合作业，然后仍继续牵引同一车列或换挂另一已经准备好了的车列。运行到另一个牵引区段(如乙—丙间)的折返段所在站(丙站)，再从丙站牵引列车返回甲站。这样，机车在两个区段上牵引列车循环运转，平时不进机务段，直到定期检修到期时才入段检修，这种运用方式叫做循环运转制，如图 5-12(b)所示。

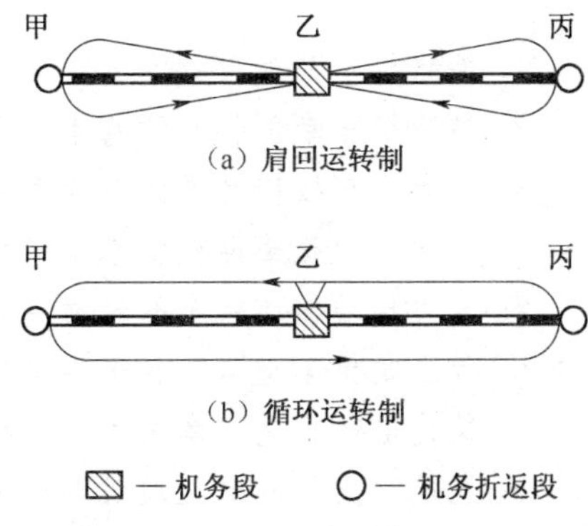

图 5-12 机车运用方式示意图

采用肩回运转制时，机车要在段内进行整备，在车站不需另设整备设备。采用循环运转制时，机车很少进机务段，节省整备时间，机车交路可以延长，使内燃、电力机车的牵引性能充分发挥，从而提高机车运用效率，加速机车周转。但是，循环运转制一般只有在上下行都有大量不需要改编的中转列车经过机务段所在站时才能采用。

(二)乘务制度和乘务方式

机务段在为邻接区段提供机车的同时，还要负责计划和组织机车乘务员的工作。加强对乘务员的政治思想教育和业务培训，不断提高全体乘务员的思想和业务水平，是保证完成和超额完成国家运输任务的关键。

现行的机车乘务制度基本上可以归纳为两类：

1. 包乘制：每台机车配备 2～3 个固定的乘务组值乘。

2. 轮乘制：机车由各个乘务组轮流值乘。

包乘制由三班乘务员固定使用一台机车，轮流值乘。包乘制的主要优点是机车乘务员对自己驾驶的机车非常熟悉，有利于机车的操纵和维修保养。但是，机车运用和乘务员的组织工作比较复杂，常会因为安排不当或运行秩序被打乱而影响机车的运用效率。

采用轮乘制时，机车乘务组值乘的机车是不固定的，这样可以有效地使用机车和合理安排乘务员的作息时间，以较少的机车或乘务组，完成较多的运输任务。当然，对乘务员的驾驶技术要求更高对机车的质量和保养也要求更严。

机车乘务员的换班方式，即乘务方式，主要有外段驻班制、立即折返制和随乘制三种。

复习思考题

1. 铁路机车是如何分类的？按原动力不同分为哪几种类型？
2. 简述机车牵引特性的基本概念。
3. 内燃机车按传动方式分为哪两种？
4. 简述四冲程柴油机的基本工作原理。
5. 电力传动内燃机车的传动装置有哪些主要设备？功率是如何传输的？
6. 什么是机车交路？我国铁路机车的运用主要有哪两种运转制？
7. 简述电气化铁道牵引供电系统的组成。
8. 发电厂发出的电是通过哪些设备送到电力机车上去的？
9. 电力机车上的电器设备分别装设在哪三条电器回路中？

第六章　动　车　组

第一节　动车组概述

动车组是由动力车和拖车或全部由动力车长期固定地连挂在一起组成的车组，其中带有动力的车辆称为动车（用 M 表示，以下同），不带动力的车辆称为拖车（用 T 表示，以下同），动车上也可以乘坐旅客，列车两端都带有司机室，可在线路上往复运行。动车组具有安全、高速、高效、快捷、舒适、环保以及编组灵活等特点，因此，备受世界各国铁路运输和城市轨道交通运输的青睐。近年来，我国在引进国外先进动车组技术的基础上大力展开自主创新，目前，已有蓝箭、中华之星、中原之星、CRH1、CRH2、CRH3、CRH5 等多种国产化动车组投入运营。尤其是国产“和谐号”CRH380A 高速动车组，其持续运营时速可达到 350 km，最高运行时速为 380 km，最高设计时速达 420 km，并分别于 2010 年 9 月 28 日和 2010 年 12 月 3 日在沪杭高铁和京沪高铁试运行时，以 416.6 km/h 和 486.1 km/h 的速度两次刷新了世界铁路运营的试验最高时速纪录，标志着我国高速动车组技术已处于世界前列。

一、动车组的分类

1. 按动力源分

按动力源分为内燃动车组和电力动车组两种。

其中内燃动车组按传动装置型式不同可分为液力传动和电力传动，而电力动车组又有交—直电传动、交—直—交电传动和交—交电传动等型式。目前国内外所采用的动车组多数都是电力动车组。

2. 按动力配置形式分

按动力配置形式分为动力集中式和动力分散式。

动力集中式动车组列车只有两端为动车，其余均为拖车，可以采用前挽后推的推挽方式运行，如法国的 TGV-PSE 动车组即为动力集中式动车组，它由两辆动车和八辆拖车编组而成，两辆动车位于车组的两端，即 2 动＋8 拖（M＋8T＋M）形式。这种类型的动车组一般所有控制指令均由驾驶端动车发出，另一动车通过列车总线接受控制指令。由于动力装置安装比较集中，动力集中式动车组具有检查维修比较方便以及电气设备的总重量相对较小等优点。但其缺点也比较突出，即动车的轴重较大，对线路不利。

动力分散式动车组有完全分散和相对分散两种模式。完全分散模式是指高速列车编组中的车辆全部为动力车，如日本的0系高速列车，16辆编组中全部是动力车，这种模式采用较少，目前在我国没有采用。相对分散模式为动车组采用的主要模式，是指高速列车编组中一部分是动力车，其余部分为无动力的拖车，如日本的700系高速列车，16辆编组中有12辆动力车，4辆是拖车，即12动＋4拖；我国的CRH380A型动车组8辆编组中有6辆是动车，2辆是拖车，而16辆编组的CRH380AL动车组中有14辆是动车，2辆是拖车。目前，我国的高速动车组均为此种模式。

动力分散型动车组虽然有牵引力设备的数量多，总重量大的缺点，但其优点较多，如最大轴重小，对线路的影响小；列车总体利用率高；列车的牵引及制动性能好；列车可靠性高；列车运用成本低等。因此，动力分散动车组是当今世界铁路动车组，特别是高速动车组技术发展的方向。

3. 按用途分

按照用途分为客运动车组、货运动车组和特殊用途动车组等。

动车组主要用于客运，但国外也有少部分用于货运（如日本M250、法国TGV行邮）以及其他的特殊用途（如轨道检测等）。

二、动车组的优点

相对于传统的机车车辆模式，动车组在运营上有许多优点，尤其是动力分散型电动车组，优点更为明显，主要有以下几点：

（1）由于动车组在两端都有司机室，因此，转换运行方向较为方便，可以加快运转速度。在保证安全的前提下，可明显提高行车密度，从而提高整个铁路网的运输能力。同时也能减少车务人员的工作及提高安全。

（2）动车组甩挂方便，比较容易组合成长短不同的列车。可以根据客流的大小，加挂或少挂动车组，由于动车组中每组都是既有动力车，又有拖车，因此，加挂动车组不影响速度，少挂动车组而不影响动力的发挥。

（3）动力效率较高，启动加速快。动力分散的动车组驱动轴较多，黏着性能比较稳定，容易实现高速运转。

（4）最大轴重小，同时对线路的影响小。由于动车组的牵引设备分散布置在各动力车上，能够降低列车的轴重，减小运行阻力，减少对铁路线路的影响，降低基本建设投资，同时，也减少维修保养费。

（5）动车组的制动效果好。电力动车组因为有较多的电动机，所以再生制动能力良好。另外，动车组一般都采用两种或两种以上制动方式，制动效果更为显著。

（6）动车组更加注重环保。高速动车组的内部装饰和化工材料全部符合国际环保规定的要求，卫生间均采用集便式便器，集中收集排放污物，不会对列车行经路段沿线造成污染，车外噪声也非常小，将噪声污染降到最低。

三、动车组在国内外的发展

(一)国外动车组的发展历程

世界上高速铁路旅客运输多数都采用动车组,国际上常见的动车组有日本的新干线,德国的ICE,法国的TGV、欧洲之星,意大利的ETR,瑞典的X2000等。日本川崎重工、法国阿尔斯通、德国西门子、加拿大庞巴迪和意大利菲亚特公司是掌握时速200 km及以上动车组集成和关键部件技术,并具有批量生产能力的主要制造商。

德国是最早制造和运用动车组的国家,早在1903年7月,便率先运行了由钢轨供电的动车组,由4节动车和2节拖车编成。同年8月14日,又运行了由接触网供电的动车组,这是世界上第一列由接触网供电的单相交流电动车组。再到同年10月,西门子公司制造的三相交流电动车进行了高速试验,首创时速210.2 km的历史性记录。虽然德国制造和运用动车组较早,动车组技术在世界上也一直处于领先地位,但其高速动车组投入商业运营相对较晚,直到1991年,其最早一代ICE—ICE1(如图6-1)才正式投入商业运营,比日本的新干线晚了二十多年。在ICE1投入运营后,他们又相继研制了ICE2、ICE3、ICE4、ICE-T等。

图6-1　德国ICE1列车

日本是最早将高速动车组投入商业运营的国家。1910年日本就开始有电动车组投入运营,不过只是运行在个别线路上,直到1930年至1940年,电动车组也仅仅在有限的铁路线上运行。

图6-2　日本新干线0系列车

1964年10月1日,日本东海道新干线东京—大阪高速铁路正式投入商业运营,同时,由16辆全部为动力车编组的0系新干线动车组(图6-2)开始运行在这条线路上。东海道新干线是世界上第一条完全按照高速行车技术条件建造的铁路,其安全运营的最高时速达210 km,而0系新干线列车是世界上最早投入商业运营的高速铁路动车组,使时速200 km的高速列车技术由试验研究阶段跃升为商业运营阶段。这为日本铁路的发展开创了新纪元,也为整体低迷,并且当时被称为“夕阳”

产业的世界铁路注入了巨大的活力,成为世界铁路发展的里程碑。在0系之后,日本又开发制造了100系、200系、300系、400系、E1系、E2系、E3系和E4系,以及速度最高的500系和车内更加宽敞舒适的700系等高速动车组列车。

法国也是制造和运用动车组较早的国家,尤其是它的高速电动车组,虽然实际运营晚于日本,但法国国家铁路局(SNCF)不断进行改进,使TGV的技术不断得到创新,速度也连续刷新世界纪录。1981年第一代TGV-PSE电动车组创造了最高试验速度380 km/h的世界纪录;1990年5月,运行在大西洋海岸的第二代TGV列车又以515.3 km的试验时速刷新了世界纪录;1993年6月投入运营象征着TGV第三代的TGV Reseau是世界上第一列密封的列车,它的客仓是压力封装的,克服了在高速运行下巨大的气压变化对旅客舒适度的影响;1996年出厂的TGV Duplex是双层TGV列车,它在仅需提高4%牵引功率的前提下,容量提高了45%;另外,还有通过英吉利海峡沟通英国、法国、比利时三国客运联运业务的欧洲首列国际高速列车欧洲之星(如图6-3所示),以及运行于巴黎—布鲁塞尔—阿姆斯特丹—科隆间的国际高速列车TGV Thalys。

目前,法国正在加紧研究和开发实际运营时速360 km的第四代TGV——Nouvelle Generation TGV(TGV-NG),如图6-4所示即为其模型。

图6-3 欧洲之星动车组

图6-4 TGV-NG模型

如今,TGV技术已经成为了法国对外出口的一项技术。很多国家的高速列车都是由TGV演变而来的,如西班牙有引进TGV技术的AVE高速列车,而在韩国有从TGV变化而来的KTX等。

在国际上,除了日本、法国和德国有着先进的动车组技术,并大量用于铁路旅客运输外,使用动车组较多的国家还有英国、荷兰、美国、西班牙、意大利、瑞典等。

(二)国内动车组的发展

1. 我国动车组的发展历程

我国动车组的发展起步较晚,直到20世纪末,各铁路机车车辆厂才开始进行动车组的研

究与开发，但在铁道部的引导和支持下，通过引进和消化国际先进技术，大力开展自主创新，我国的动车组发展迅速。

自 1998 年我国第一列商用动车组“春光号”在南昌铁路局运营以来，目前已有“春城号”、“新曙光”、“蓝箭”、“神州号”、“普天号”、“先锋号”、“中原之星”、“中华之星”、“和谐号”等十余种内燃和电力动车组投入商业运营。尤其是 2004 年 10 月和 2005 年 11 月铁道部分别组织完成 140 列时速 200 km 和 120 列时速 300 km 动车组的采购项目后，国内共有十多家机车车辆重点制造企业直接从中受益，实现了机车车辆制造技术水平质的飞跃，增强了市场竞争力，使我国机车车辆工业及相关民族工业得以发展壮大，形成了我国铁路新的机车车辆制造产业群。并通过吸收消化和自主创新，掌握了世界先进成熟的铁路动车组核心技术，使我国铁路装备技术一下子跻身世界先进行列。在这些重点制造企业中，青岛 BST 公司受让引进加拿大庞巴迪公司的技术，制造生产 CRH1 型动车组（如图 6-5 所示）；四方机车车辆股份有限公司受让引进日本川崎重工的技术，制造生产 CRH2 型动车组；唐山机车车辆厂受让引进德国西门子公司的技术，制造生产 CRH3 型动车组；长春轨道客车股份有限公司受让引进阿尔斯通公司的技术，制造生产 CRH5 型动车组（如图 6-6 所示）。

图 6-5　CRH1 型动车组

图 6-6　CRH5 型动车组

在引进高速动车组的过程中，铁道部提出了“引进先进技术、联合设计生产、打造中国品牌”的总体要求，一方面考虑到要满足我国高速铁路动车组的需要，更重要的是通过市场换技术，加快我国机车车辆制造工业现代化步伐，在较短的时间内快速提升我国机车车辆工业技术水平。引进的动车组技术主要包括：动车组系统集成、铝合金及不锈钢车体、转向架、牵引变流、牵引控制、牵引变压、牵引电机、列车网络控制和牵引制动系统等核心技术。

我国在引进吸收了时速 200 km 动车组的基础上，不断开展再创新工作，并取得了重要进展。如在时速 200 km 的技术平台上，自主创新研制的时速 350 km、380 km 动车组已经下线，并已在京津、武广、郑西、沪杭等客运专线上投入使用，另外，自主研制的大编组动车组、卧铺动车组也都已经投入运营。

2.“和谐号”CRH380A 高速动车组

“和谐号”CRH380A(如图 6-7 所示)是由中国南车集团青岛四方机车车辆股份有限公司研制的新一代高速动车组,有 8 辆编组和 16 辆长编组两种编组类型,其首列车于 2010 年 4 月底下线。CRH380A(主要技术参数如表 6-1 所示)持续运营时速可达 350 km,最高运营时速为 380 km,最高试验时速超过 486.1 km。CRH380A 高速动车组不仅运营速度高,而且在头型技术、气密强度与气密性、牵引传动系统、制动系统、高速转向架、减振降噪、弓网受流、舒适性、智能化等方面实现了全面技术创新和性能提升,具备了高安全性、高可靠性、高舒适性、高环保性、高经济性、人性化设计等技术优势。它的研制成功标志着中国高速列车设计制造实现国产化方面又迈出了重要的一步。

图 6-7 CRH380A 动车组

动车组的运营,不仅为我国铁路客运增加了一种新型的交通工具,而且也带动了其他行业的发展,同时也为铁路运输带来了新的活力,为我国铁路创造了良好的经济效益和社会效益。随着我国城市化进程的持续发展和城市化水平的不断提高,以及高速铁路和城际铁路的建设和运营,我国动车组除了在中长途旅客运输中起到重要作用外,在中短途运输、大城市近郊和城际旅客运输中,也有着巨大的市场潜力,将来定有良好的发展。

表 6-1 CRH380A 动车组主要技术参数表

编组形式	14 动(M)+2 拖(T)	6 动(M)+2 拖(T)
定　员	1 027 人	490 人
持续运营速度	350 km/h	350 km/h
最高运行速度	380 km/h	380 km/h
动车组全长	403 m	203 m
车体宽度	3 380 mm	3 380 mm
车顶距轨面高度	3 700 mm	3700mm
轴　重	≤15 t	≤15 t
轴　距	2 500 mm	2 500 mm
牵引功率	20 440 kW	9 600 kW

第二节　动车组的基本构造

目前，世界上运营的动车组种类繁多，仅国内运用的高速铁路动车组而言，也有和谐号的CRH1、CRH2、CRH3、CRH5、CRH380A等多种，各种类型的动车组在设计、制造上都有一些区别，但基本构造通常都包括车体、车辆内部设备、转向架、车辆连接装置、制动装置、牵引传动系统、辅助供电系统，以及空气调节系统等部分，例如图6-8为和谐号动车组CRH5-00号车头部分设施的平面图。

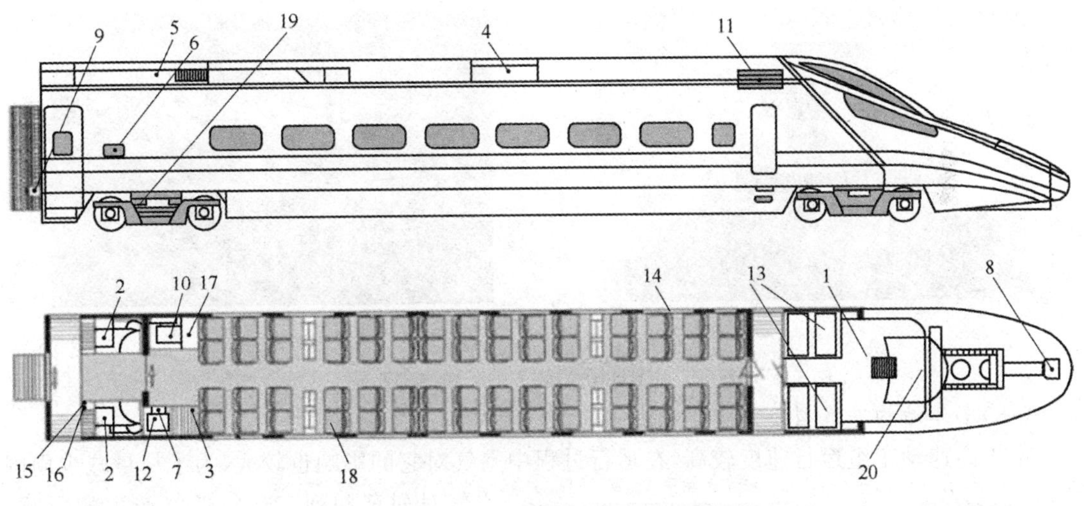

图6-8　CRH5-00号车平面图

1—司机室；2—厕所；3—行李间；4—制动电阻器；5—空气调节装置；6—目的地显示器；7—饮水机；8—自动车钩；9—半永久车钩；10—空调控制和废排装置；11—司机室空调装置；12—温水器；13—电气设备；14—紧急窗；15—垃圾箱；16—灭火器；17—工具室；18—旅客坐席；19—转向架；20—司机操作台。

一、车体及车内设施

车体是旅客乘坐和司机驾驶的地方，也是安装和连接其他设备与部件的基础，它由侧墙、端墙、车顶、底架和车头等部分组成。动车组车体分为带司机室车体和不带司机室车体两种。车内设备是指服务于乘客的车内固定附属装置，包括车门、车窗、座席、司机室、乘务员室、照明装置、供水、通风、取暖、空调、安全设备、行李架、旅客信息服务系统等，如图6-9为我国“和谐号”CRH380A动车组部分车辆的车厢内部布置图。

为了满足高速行车的要求，保证行车安全和旅客的舒适性，动车组一般将车头设计成流线型，车体选用轻量化、高强度的材料，并通过运用车体的密封隔声技术，使得车体具有良好的密封性和隔音效果。

(a)一等客室

(b)二等客室

(c)餐厅

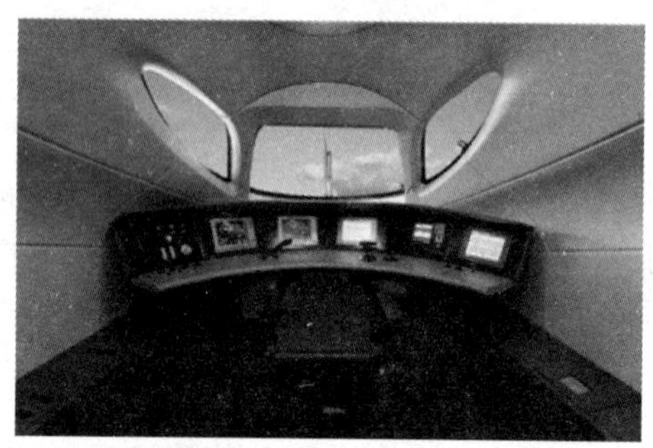

(d)司机室

图 6-9　CRH380A 动车组车厢内部布置

(一)车体结构流线型

由于高速动车组运行速度较高，在运行过程中空气对它的影响也较大，为了尽量减少周围空气对列车和列车运行性能产生的影响，应改变传统的头型结构，采用更好的头型设计。流线型的头型结构可以有效地减少运行空气阻力和列车交会时产生的交会压力波，同时，也能在一定程度上解决好运行稳定性的问题。如图 6-10 中所示的日本新干线 500 系动车组即为流线型头型结构，它是所有新干线车辆中，流线型最好的一种。

图 6-10　日本新干线 500 系动车组

另外，车身的外形一般设计成细长、无棱角的流线型；采用与车身横断面形状相吻合的裙板遮住车下设备，使得车体表面光滑平整；车窗、车门应与车体齐平，手把、扶杆应凹装在车体表层内，尽量减少突出物；除受电弓外，顶板上尽可能不安装其他部件，使顶部光滑平整。

(二)车体及车内设施轻量化

对于高速铁路动车组,在保证客车使用寿命和客车结构承受各种载荷工况下(特别是在隧道内气压交变工况下),实现车体及车内设施轻量化具有非常重要的意义,具体主要有如下几点:

1. 节省列车牵引功率;

2. 减少列车运行阻力;

3. 降低高速所引起的动力作用对线路结构、机车车辆结构产生的损伤,减少工程和维修费用;

4. 有利于改善列车的运行品质;

5. 改善环保,由于轴重的下降,减少了列车运行时沿线路基的振动,同时也降低了轮轨之间的噪声,从而改善了环保。

车体及车内设施的轻量化技术包括车体结构的轻量化技术和车内设施的轻量化技术两个方面:

1. 车体结构的轻量化技术

实现车体结构轻量化主要可以通过两种途径。第一是采用高强度、轻量化的材料,目前,国外高速动车组的车体材料主要有不锈钢、高强度耐候钢和铝合金。从使用效果和发展趋势看,由于铝合金具有较好的塑性,挤压成型容易,且具有良好的耐腐蚀性,能够延长客车的使用寿命,减轻检修工作量,因此,铝合金将成为动车组车体的主导材料。第二是合理优化结构设计,在保证车体强度和刚度的基础上,应充分利用等强度理论和结构的有限元分析程序,对车体结构进行优化设计,减轻车辆自重。国内外经验证明,通过优化计算,车体结构重量可显著降低。如图 6-11 为日本新干线 300 系动车组采用的大型中空挤压铝型材焊接结构,它不仅可以明显降低车体重量,还可大幅度减少焊接工作量,简化车辆的制造工艺。

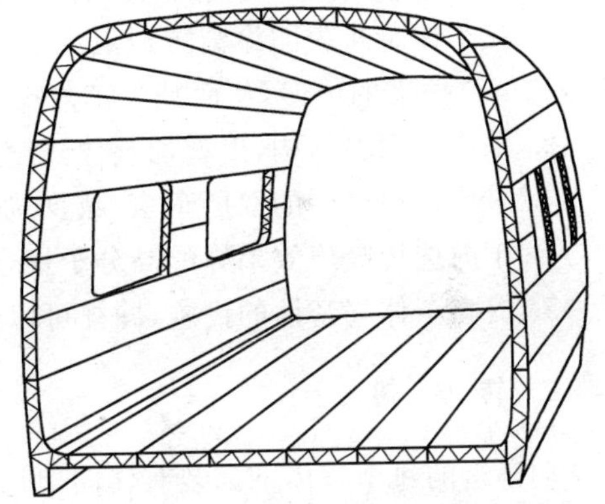

图 6-11 大型中空挤压铝型材焊接结构

2. 车内设施的轻量化技术

动车组的车内设备约占客车总重量的 20%,对其进行轻量化设计具有非常重要的意义。目前,国际上车内设施的轻量化主要通过采用新型材料来实现。如车门、车窗、行李架、座椅、供水设备、卫生设备等,均通过选用轻合金或高分子工程材料和复合材料来减轻设备重量,而车内装饰板材则广泛采用薄膜铝合金墙板,工程塑料顶板来实现设备的轻量化。

(三)车体要具有良好的气密性

列车通过隧道或在运行中与其他列车交会时,车内压力发生巨大变化,旅客会有耳痛等不适的感觉,因此必须提高动车组车体的气密性,使车内压力不受车外压力的影响。当前世界上提高动车组气密性主要从车体结构和部件上考虑,采用的密封技术主要有:

1. 车体金属结构采用连续焊,以消除焊接气隙,对不能施焊的部位采用密封胶密封;

2. 车门采用密封性能良好的塞拉门,台风挡采用橡胶大风挡,并保证渡板处的密封良好;

3. 采用固定式车窗,车窗玻璃的结构、强度和车窗的组装工艺要保证密封的可靠性和耐久性;

4. 列车空调通风装置的换气系统设立压力控制,如在进排气风口安装压力保护阀,在排气风道中装设带节气阀的排风机,安装压力保护通风机等,从而既保证正常的通风换气,又保证车内压力变化控制在限值之内;

5. 装设水的密封装置,防止洗脸室、卫生间以及空调机组冷凝水排水管在外部高压时的回流。另外,对直通车下的管路和电缆孔均采取必要的密封措施。

(四)优质的车体隔声性能

由于动车组运行速度较高,它所产生的噪声也比较大。为了降低车内噪声,除了要削弱噪声源发出的噪声外,还要提高车体的隔声性能。提升车体隔声性能的主要技术措施有:

1. 在车体金属表面涂刷防振阻尼层,使钢结构的声频振动转化为热能消散,减少声波的辐射和声波振动的传递,从而减少车内噪声;

2. 采用双层墙结构,以增加整体隔声量;

3. 采用带空气层的双层车窗,减少从侧面传入车内的噪声,以提高车窗的隔声量;

4. 车内选用吸声效果好的高分子聚合材料;

5. 提高车体气密性的措施,同样可以起到隔声作用。

二、转 向 架

动车组的每个车体下都装有转向架,其中动车下是动力转向架,如图 6-12(a)所示,拖车下是拖车转向架,如图 6-12(b),它们的主要区别是动力转向架有牵引电机和驱动装置,而拖车转向架没有。转向架置于车体和轨道之间,动车组转向架除了要承担车体、车内设施及乘坐的旅客的全部重量外,更重要的是牵引和引导车辆沿轨道行驶,承担动车组安全、高速、平稳的运行任务。转向架是保证动车组运行品质和安全的关键部件,主要由构架、轮对及轴箱定位装置、牵引装置、驱动装置、弹簧悬挂装置和基础制动装置组成。

(一)转向架的构造

1. 转向架构架

构架是转向架的骨架,是安装各种零部件的载体,并承受和传递垂向力和水平力等。图 6-13 给出了法国 Y32 型转向架构架所处的位置。转向架构架分为动车转向架构架和拖车转向架构

架两种类型，一般主要由侧梁和横梁、相关支座、连接梁等构成，它们都要具备足够的强度。

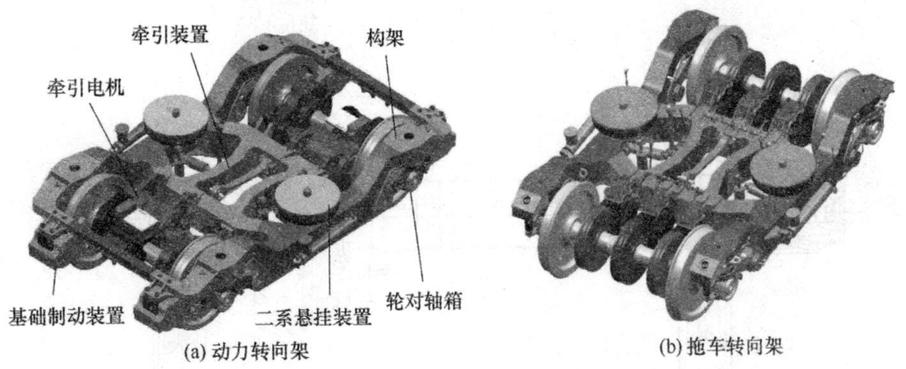

图 6-12　CRH1 转向架基本构造图

2. 轮对轴箱装置

轮对轴箱装置（如图 6-14 所示）主要由车轮、动力车轴、非动力车轴、挠性联轴器和轴箱等部件组成。它承受和向钢轨传递列车重量，并在负重条件下以较高的速度引导车辆在钢轨上行驶，还通过轴箱定位装置（如图 6-15 所示）使轮对相对于构架前后、左右活动，以适应线路条件。另外，有些种类的制动力也通过轮对实现。

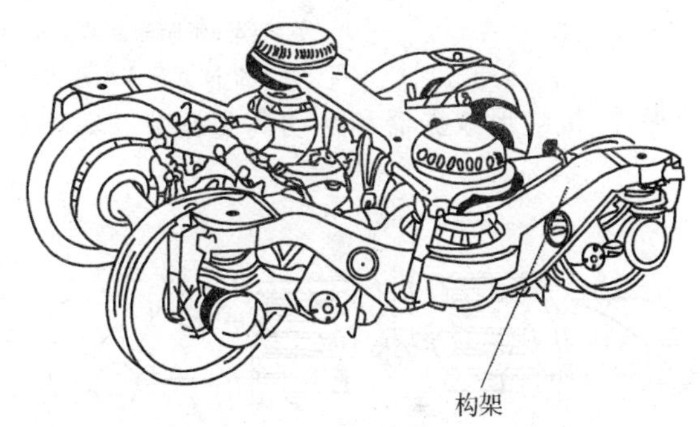

图 6-13　构架在转向架中的位置

3. 牵引装置

它是车体与转向架的连接装置，用以传递车体与转向架之间的水平力等，同时保证车体与转向架之间的回转运动。不同类型的转向架其牵引装置也不同，例如 Y32 型转向架的牵引装置，其牵引力是通过钢丝绳联结车体和转向架构架后直接传递的，牵引钢丝绳一端连接在装于构架的中间纵向梁下部的一个“十”字形座上，而另一端则连接在一个螺杆上，通过弹簧装置与车体下的牵引座相连。这样的传递方式可以使车体与转向架之间完全是弹性联结。

4. 驱动装置

由齿轮装置（如图 6-14 中的 3）、轴承、通气装置、接地装置等构成，主要作用是对主电动机的旋转进行减速，传动给车轴。

5. 弹簧悬挂装置

弹簧悬挂装置是转向架支撑车体的装置，它一方面能够保证一定的轴重分配，另一方面，还起到缓和轮轨冲击、保证车辆运行平稳性等作用。弹簧悬挂装置由空气弹簧（图 6-16）、横

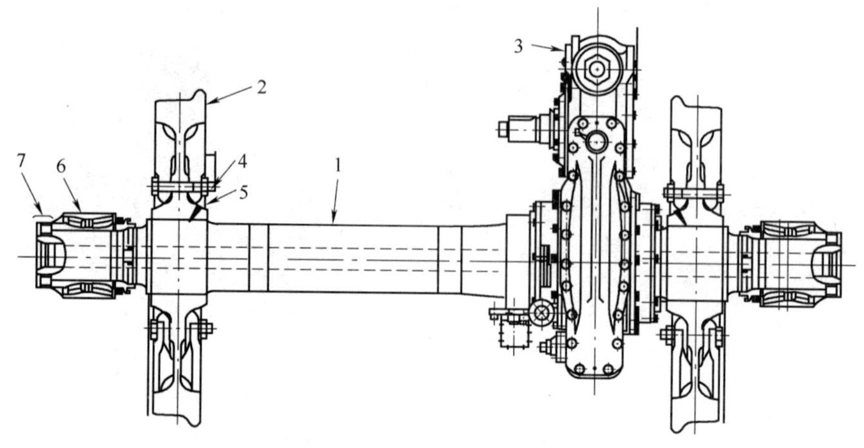

图 6-14　带驱动装置的轮轴

1—车轴；2—带制动盘的车轮；3—齿轮装置；4—螺堵；
5—弹簧垫圈；6—双列圆锥滚柱轴承；7—轴承压件。

向减振器、抗蛇形减振器和自动高度调节阀等构成。设在轮对和构架之间的弹簧悬挂装置称为轴箱弹簧装置或一系悬挂装置；设在构架与车体之间的弹簧悬挂装置称为中央弹簧悬挂装置或二系悬挂装置。

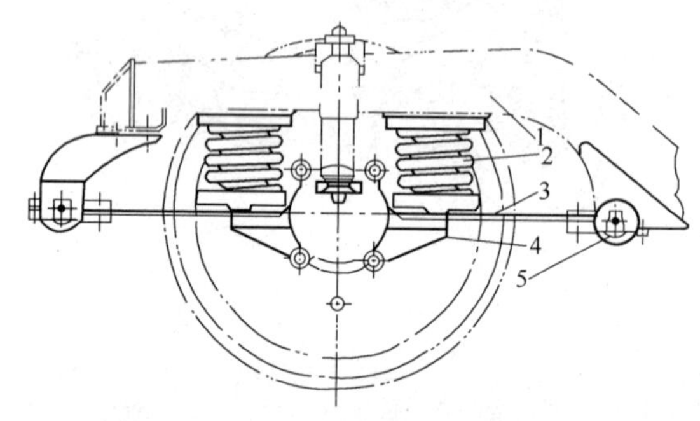

图 6-15　IS 型拉板式轴箱定位装置

1—构架；2—轴箱弹簧；3—定位拉板；
4—轴箱体；5—橡胶节点。

6．基础制动装置

动车组一般采用摩擦制动和动力制动相结合的模式，摩擦制动方式多采用盘形制动和电磁涡流制动，动力制动方式则选用电阻制动或再生制动。动车组基础制动装置一般由制动盘、制动闸片、制动缸、防滑器和踏面清扫器(图 6-17)等组成，其中制动盘的种类又有用于动车转向架的“动车轮盘制动盘”，用于拖车转向架的“拖车轮盘制动盘”和“拖车轴制动盘”等。图 6-18 所示为我国 CRH2 动车组制动夹钳。

(二)动车组转向架应具备的性能

1．高速运行的稳定性

列车在钢轨上运行，随着速度的加快可能会出现蛇行运动，从而造成转向架的运动失稳，损伤车辆及线路以及旅客舒适度。动车组通常采用轴箱定位装置和回转阻尼装置，抑制蛇行运动，确保车辆运行的稳定性。

2．通过曲线的安全性

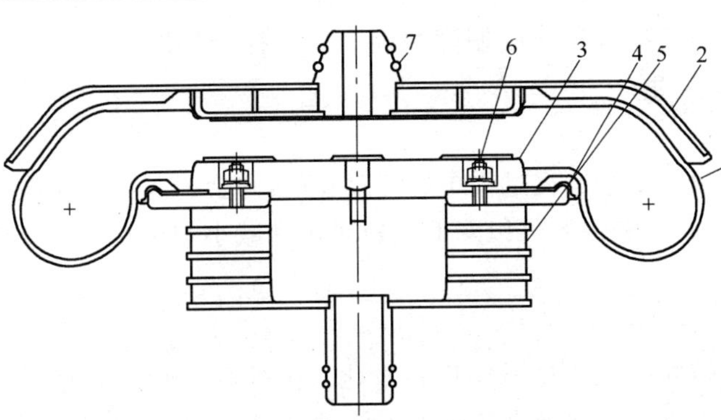

图 6-16 空气弹簧构成图

1—橡胶囊;2—上盖板;3—下盖板;4—橡胶座;5—橡胶堆;6—螺母、垫片;7—O 形圈。

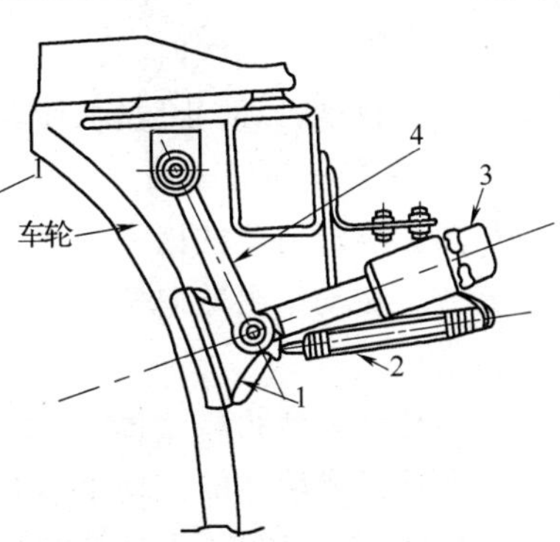

图 6-17 踏面清扫器

1—清扫闸瓦;2—缓解弹簧;3—风缸;4—清扫闸瓦吊

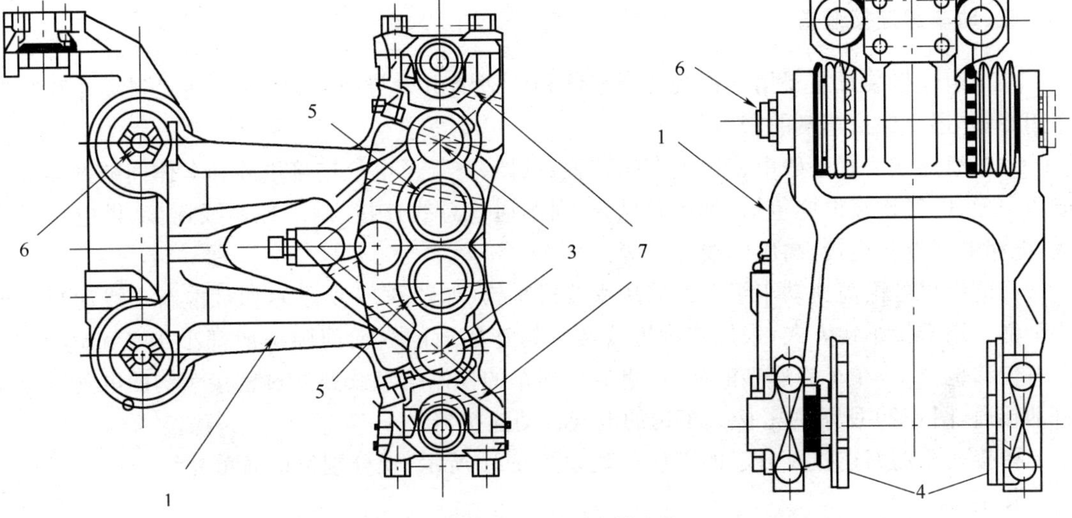

M 车轮盘用制动夹钳

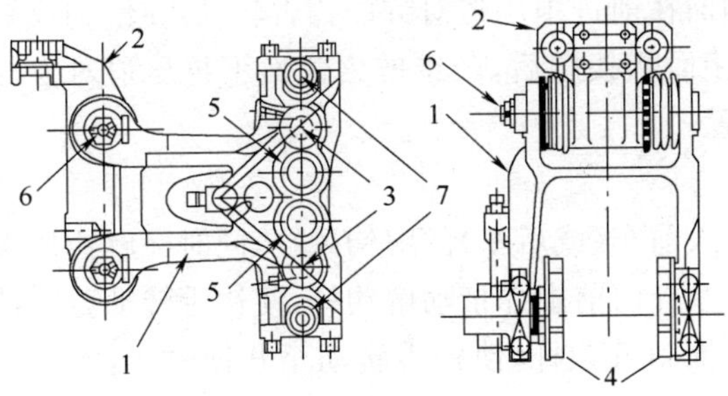

T 车轮盘用制动夹钳

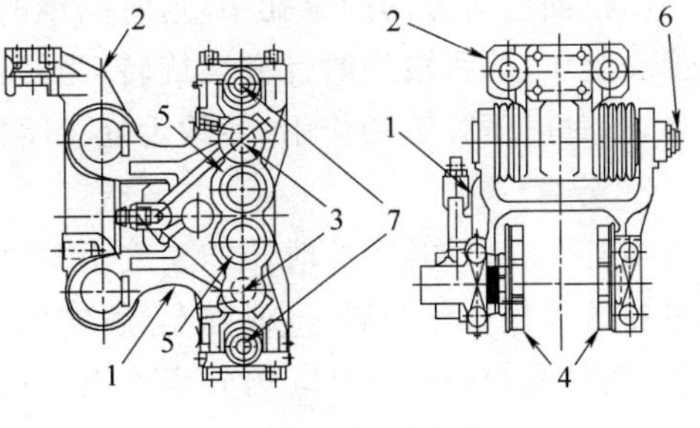

T 车轴盘用制动夹钳

图 6-18 制动夹钳基本构成

1—夹钳体;2—支持架(支撑);3—油压缸;4—闸片;5—间隙调整装置;6—支持销(导环);7—挡销。

高速客车通过曲线时，过大的侧压力会造成轮轨的剧烈磨损。要选择合理的踏面形状与较小的踏面斜度，以防止脱轨、倾覆现象发生。

3. 旅客乘坐的舒适性

虽然影响舒适度的因素很多，但振动是整个运行过程中始终存在的，并会引起噪声使旅客产生疲劳。在动车组转向架中采用空气弹簧和橡胶件以降低轮轨噪声和减小噪声对车内及环境的污染。

（三）转向架结构轻量化技术

在保证必要性能的前提下，动车组转向架也要尽量实现轻量化。国外高速转向架轻量化的主要措施之一是采用无摇枕结构，由中央空气弹簧直接支承车体重量，此外还有很多轻量化措施，例如取消端梁，使构架结构轻量化，采用铝合金制作轴箱和齿轮箱，以及采用轻型轮对等。

三、动车组连接装置

动车组连接装置主要用于连接各个车辆和传递牵引力与制动力，并能够起到缓冲和减振作用，另外还要保证车辆的密封性。

动车组连接装置一般由密接式车钩装置、风挡、空气及电气连接设施和车体间减振器等构成。空气、电气连接设施包括：列车总风管、列车通信总线连接、制动控制线连接、供电母线连接、电路电气设备连接、高压电线连接等。

目前世界各国高速动车组普遍采用密接式车钩（如图 6-19 所示），如日本新干线动车组车钩全部采用密接车钩方式，采用这种方式两车钩连接面的纵向间隙一般都小于 2 mm，上下、左右偏移也很小，在车钩连接的同时，贯通全列车的控制信息线路通过密接车钩的电气连接器自动接通，图 6-20 所示为密接式车钩的电气自动连接器。

密接式车钩的连挂及分解的工作原理如图 6-21 所示，现分别作以简单介绍。

1. 连挂

凸锥插进对方的凹锥孔中，这时凸锥的内侧面在前进中压迫对方的钩舌转动，使解钩风缸的弹簧受压，钩舌沿逆时针方向旋转，当两钩连接面相接触后，凸锥的内侧面不再压迫对方的钩舌，此时由于弹簧的作用，使钩舌处于闭锁位置。

2. 分解

司机操纵解钩阀，此时压缩空气由总风管进入前车（或后车）的解钩风缸，同时经解钩风管连接器送入相连挂的后车（或前车）解钩风缸，活塞杆向前推并带动解钩杆，使钩舌转动至开锁位置，此时两钩即可解开。另外也可以通过人力推动解钩杆，使钩舌转动至开锁位置，实现两钩的分解。

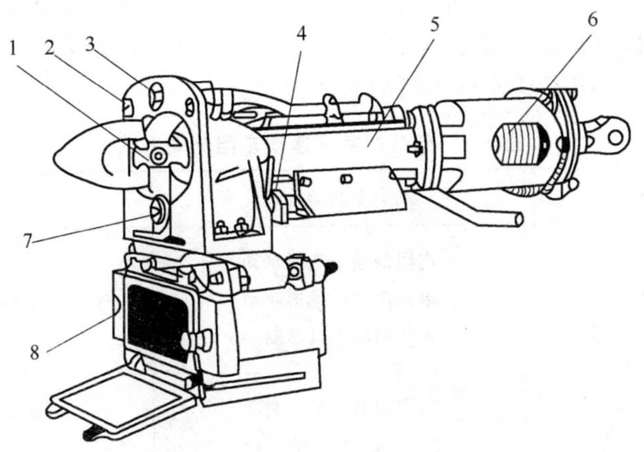

图 6-19 密接式车钩缓冲装置

1—钩舌；2—解钩风管连接器；3—总风管连接器；4—截断塞门；5—钩身；6—缓冲器；7—制动风管连接器；8—电气连接器。

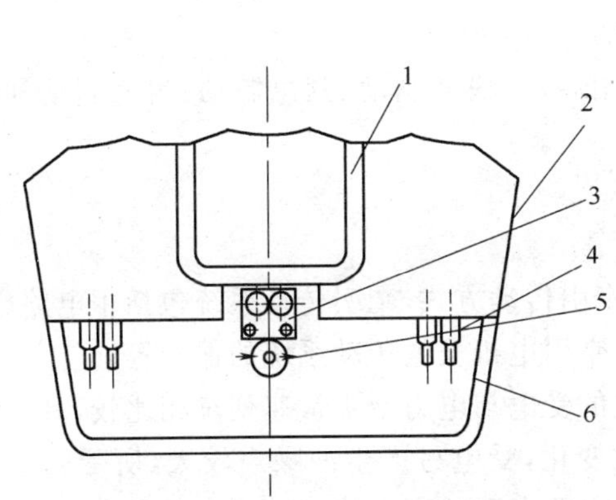

图 6-20 密接式车钩的电气自动连接器

1—风挡；2—侧墙；3—车钩钩缓部分；4—供电电力连接器；5—电气连接器；6—车体裙板。

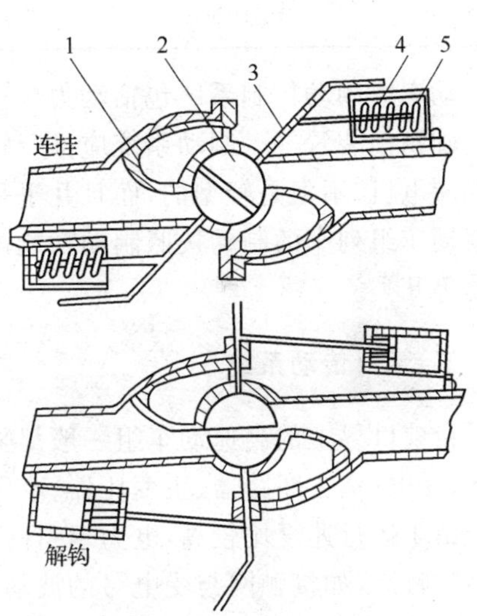

图 6-21 密接式车钩作用原理

1—钩头凸锥；2—钩舌；3—解钩杆；4—弹簧；5—解钩风缸。

四、制动装置

制动装置是列车安全、正点运行的重要保证，也是提高列车运行速度的前提条件。目前铁路上所采用的制动方式有摩擦制动和动力制动两大类。其中摩擦制动包括闸瓦制动、盘形制动、电磁轨道制动三类,动力制动包括电阻制动、再生制动、电磁涡流制动等。由于动车组运行速度较快,因此它对制动装置的要求也更高。动车组常采用动力制动与摩擦制动的复合制动模式,表 6-2 列出了部分国家高速动车组的制动方式。

表 6-2　部分国家高速动车组制动方式

国别	列车名称	动力车制动方式	非动力车制动方式
日本	0 系列 100 系列 300 系列	电阻制动＋盘形制动 电阻制动＋盘形制动 再生制动＋盘形制动	电磁涡流制动＋盘形制动
法国	TGV-PSE TGV-A TGV-N	电阻制动＋闸瓦制动 电阻制动＋盘形制动 再生制动＋盘形制动	盘形制动＋闸瓦制动 盘形制动 盘形制动＋电磁轨道制动
德国	ICE	再生制动＋盘形制动	电磁涡流制动＋盘形制动
中国	CRH380A	再生制动＋电空制动	电磁涡流制动＋盘形制动

动车组制动控制系统包括动力制动控制系统和空气制动控制系统,此外还有电子防滑器及基础制动装置等。制动系统应推行轻型化和免修化,减少维修工作量。例如再生制动机作为感应电机,不但是轻型的,而且几乎是免维修的。

动车组列车的制动按照制动功能可分为常用制动、快速制动、紧急制动、耐雪制动和辅助制动等几类。

五、牵引传动系统

目前世界上的高速动车组一般都采用电力牵引传动方式,牵引传动系统包括主电路、高压设备、受电弓、主断路器、主变压器、牵引变流器、牵引电机及电传动系统的保护等。

由于运行速度比较高,电力牵引高速动车组的受电与电力牵引常速列车相比较,具有一些明显的特点,如接触网与受电弓的波动特性发生变化,受电弓产生的噪声较大,所受的空气阻力较大使得空气动态力对高速受电有很大影响,需要牵引功率大等。

因此要解决好受电弓从接触网大功率受电、减小噪声等问题,用于高速受电的受电弓应满足以下基本要求:

(1)受电弓的滑板与接触导线之间要保持恒定的接触压力,以实现比常规受电弓更为可靠的连续电接触。

(2)与常规受电弓相比要尽可能减轻受电弓运动部分的重量,以保证与接触导线有可靠的电接触。

(3)优化高速受电弓结构设计,力求使作用在滑板上的空气制动力由别的零件承担,从而

使受电弓滑板在其垂直工作范围内始终保持水平位置，以减小甚至消除空气制动力对滑板与接触导线间接触压力的影响。

(4)滑板的材料、形状、尺寸应适应高速的要求，以保证良好的接触状态及更高的耐磨性能。

(5)要求受电弓在其工作高度范围内升降弓时，初始动作迅速，终了动作较为缓慢，以确保在降弓时快速断弧，并防止升降弓时受电弓对接触网和底架有过大的冲击载荷。

图 6-22 所示为受电弓的结构原理图。

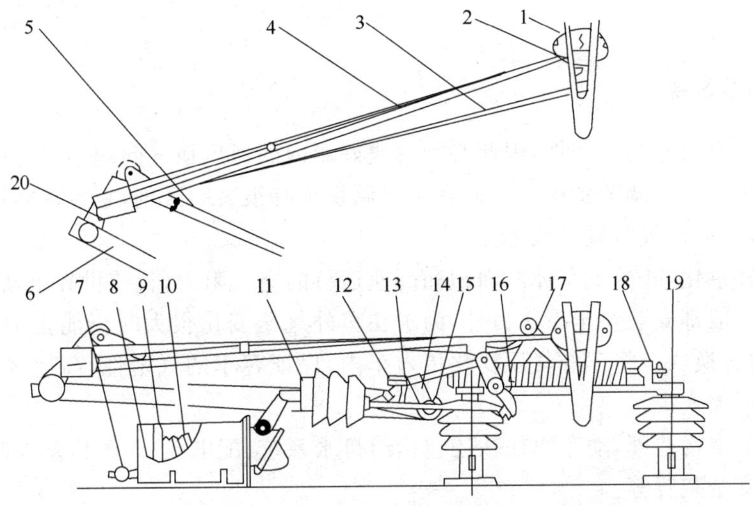

图 6-22 受电弓的结构原理图

1—滑板弓头；2—弓头支承装置；3—平衡杆；4—上框架；5—推杆；
6—下臂；7—缓冲阀；8—传动风缸；9—活塞；10—降弓弹簧；11—拉杆绝缘子；
12—滑环；13—扇形板；14—拐臂；15—转轴；16—升弓弹簧；17—底架；
18—升弓弹簧螺母；19—支持绝缘子；20—铰链座。

近几年，各国动车组电力传动系统由早期的直流牵引电动机驱动改为交流感应电动机驱动，不仅实现了牵引电机的小型轻量化，而且减轻了电机的日常维护检修工作量。交流传动系统的具体优点主要有如下四点：

(1)交流电机体积小、重量轻，而且输出功率大，很适合高速动车组。

(2)功率因数可控制到 1。

(3)再生制动机淘汰了电阻器，在重量减轻的同时，腾出了车下空间。

(4)因为不需要像直流电机那样的整流电刷，所以易于保养，在功率相同时，架线电流降低等。

六、辅助供电系统

辅助供电系统包括:辅助变压器、辅助整流用变压器、滤波电容器、输入侧电磁接触器、充电电阻、放电电阻、控制单元、蓄电池等。

辅助供电系统供电的设备包括:空气压缩机、空气调节系统、采暖设备、照明设备、旅客服务设备、冷却通风机、应急通风装置及维修用电设备等。另外,辅助供电系统还具备应急供电功能,例如,备有容量充足的蓄电池组,供应急时使用。应急用电包括:应急照明、客室应急通风、广播系统、列车无线装置、应急显示、维修用电、通讯及其控制等。应急用电量一般最少要能持续两小时。

七、空气调节系统

由于动车组有较好的气密性,因此必须解决好车内的通风换气问题,它通过空气调节系统来实现。动车组的空气调节系统与普通客车空调系统有很大的区别,它包括客室空调装置、通风系统、司机室空调换气装置等几部分。

为了实现轻量化,并减少车体断面积和高速运行的空气阻力,目前世界上新型高速动车组客室空调装置一般都安装在车下。另外,为了在车外气压变化很大时仍能正常地进行通风换气,而且避免通过换气口将车外气压变化传入车内,保证客车的气密性,高速客车的通风换气装置都设计成可控式。

除了上述基本构造外,动车组往往还包括给排水系统、配电盘、车辆信息控制装置、车载信息系统及行车安全装置等。

第三节　摆式车体列车

摆式车体列车(简称摆式列车)是当今国外广泛采用的一种先进铁路运输技术,它利用车体倾摆机构、陀螺仪、加速度计、自动控制、车辆动态控制等先进设备和技术,在列车经过曲线时根据离心力的大小自动实现车体的倾摆控制,可以较高速度通过曲线地段。摆式列车在进入曲线时能以较快速度在轨道上倾斜运行,既可提高列车在曲线上的运行速度,又能有效地保证运行的平稳性,并提高旅客乘车的安全性和舒适性。

一、摆式车体技术的开发背景

20 世纪上半叶,欧洲、北美等发达国家的公路和航空事业发展迅速,对铁路运输造成了很大的冲击,为了改变其被动局面,提高铁路竞争力,铁路相关部门和企业不断研究新技术,以提高铁路列车运行速度、缩短旅行时间、增加旅客舒适性。提高列车速度既可以通过提高线路等相关设备质量实现,也可以在既有线路的条件下,通过改进机车车辆来实现。其中提高线路质

量不管是通过修建新线，还是通过对既有线进行大幅改造，都需要较长的周期，且造价也非常高。因此，欧美及日本等发达国家和地区在既有铁路运输领域，提出了车辆适应线路的口号。

既有铁路线上列车提速的一个关键问题是曲线线路的提速，因为随着列车在曲线轨道上运行速度的不断提高，车轮与轨道的作用力越来越大，离心力也越来越大，达到一定程度时，就可能造成列车脱轨，无法保证列车运行安全，也降低了旅客乘车的舒适度。采用车体倾斜（摆动）系统恰恰可以成功地解决这些问题，从而达到在既有铁路线上，在不用做大规模基础设施改造的情况下，有效提高列车运行速度，尤其是曲线通过时的速度，可做到提速见效快、投资省。

1940 年，美国、法国和意大利等国都各自开始进行车体倾斜系统的试验，其中法国客车的车体倾斜系统，能够以 160 km/h 的速度通过半径 800 m 的曲线，确认了摆式列车的效果。20 世纪 50 年代末、60 年代初，日本及许多欧美发达国家的铁路部门都相继采取了摆式车体的设计思想，摆式车体技术通过实验、开发，逐步成熟起来。到 20 世纪 80 年代，这个设计思想演变成了实用化的技术措施，使得大批摆式车体列车投入商业运行，并在运营中取得了良好的效果。

二、摆式列车基本原理

机车车辆通过曲线时会产生离心力，其离心加速度的大小与速度的平方成正比，与曲线半径的大小成反比。列车运行在曲线上时，车内旅客也会受到向曲线外侧的作用力，一般认为旅客能忍受的离心力，不宜超过旅客自身重量的 10%，即离心加速度不能超过 0.1 g，当离心加速度小于 0.04 g 时旅客一般不易察觉。因此，离心力过大，会使旅客感到不适，而且还易造成列车脱轨、倾覆。为了降低离心力，通常采用的方法是在曲线地段设置外轨超高，通过此超高使列车运行在曲线时车体向曲线内侧倾斜，从而利用重力加速度的横向分量抵消一部分离心加速度。但是，曲线外轨超高值又不能太大，否则，低速运行或停止的列车就会有向内侧倾覆和挤伤内轨的危险，例如，我国外轨超高值要求不超过 150 mm。列车速度越高，离心加速度就越大，仅仅利用曲线外轨超高使车体倾斜满足不了要求，人们就设想在列车进入曲线时，让车体向轨道内侧除超高倾斜角外再自动附加一个倾摆角度，来弥补外轨超高的不足，这就是摆式列车得以发展的原因。

设 R 为曲线半径(m)，v 为运行速度(m/s)，h 为曲线外轨超高(m)，α 为车体的倾斜角度(°)，S 为轮轨接触点横向跨距(m)，a_u 为未平衡离心加速度(m/s²)，则

$$a_u = \frac{v^2}{R} - g\frac{h}{S} \quad (\mathrm{m/s^2}) \tag{6-1}$$

式中 g——重力加速度，m/s²。

当列车以均衡速度 v_0 通过曲线时，如果车体离心力恰与重力分量平衡，即 $a_u = 0$，则均衡速度

$$v_0=\sqrt{Rg\frac{h}{S}}=\sqrt{Rg\tan\alpha} \tag{6-2}$$

采用摆式列车时，设车体相对于转向架倾斜角度为 β，此时，由重力加速度 g 所产生的沿着车厢地板斜面的加速度分量就会随之增大，这有助于部分或全部抵消离心加速度的影响。若列车通过曲线的速度为 v_1，则未平衡横向加速度 a'_u 为：

$$a'_u=\frac{v_1^2}{R}\cos(\alpha+\beta)-g\sin(\alpha+\beta) \tag{6-3}$$

当车体离心力全部被抵消时，通过曲线的均衡速度为

$$v_2=\sqrt{Rg\tan(\alpha+\beta)} \tag{6-4}$$

由式(6-2)和式(6-4)可看出，当采用摆式列车时，可提高列车通过曲线的速度。理论上讲，倾角 β 越大，则 v_2 越大，但实际上倾角不能过大，一般在 3°～10°之间。当倾角过大时，会产生以下不良后果：

(1)列车通过曲线时，若车体倾摆角过大，乘客在车厢内走动或站立时会感到不稳，在通过连续的 S 形曲线时，会给乘客带来不舒适感；

(2)车体倾角过大，会加大轮轨之间的动力作用。

经过几十年的研究表明，摆式车体列车虽然有助于提高速度，但无益于改善轮轨之间的动力作用。因此，整体上讲，完美的摆式列车必须辅以径向转向架、独立车轮及低轴重等措施，以降低轮轨之间的动力作用。

三、摆式车体分类

(一)按车体倾摆的方法分

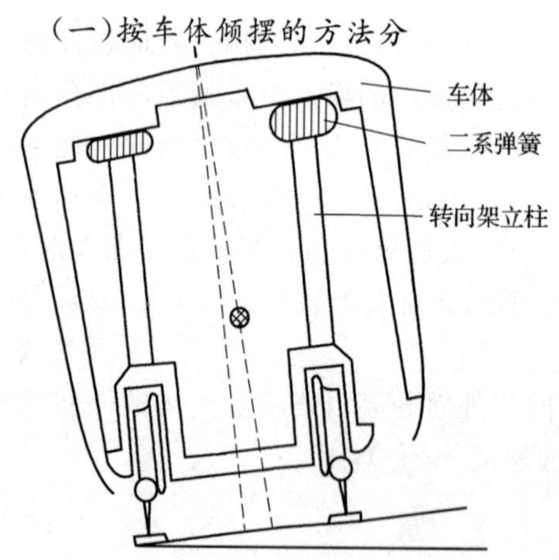

图 6-23　TALGO 摆式车体

摆式车体按车体倾摆的方法分为被动式和主动式两种。

1. 被动式摆式车体

被动式摆式车体，又称无源式或自然倾摆式摆式车体，它是靠车辆在通过曲线时的离心力作用，使车体绕其摆心转动，车体的摆动完全借助于作用在车体上的离心力或向心力，而不依靠任何外力。被动式摆式车体的倾摆装置分为自然倾摆机构和带控制的自然倾摆机构两种。西班牙的 TALGO 摆式列车是自然倾摆机构的典型例子，如图 6-23 所示。它以普通的钟摆运动原理为基础，二系弹簧固定在 2 根很高的立柱上，并托在车体的顶部。因为二系弹簧的位置大大高于车体的重心，这样就可以得到适当的倾摆力矩，

车体就像钟摆一样，在曲线上运行时，高度调整阀（图中未标出）自动工作，空气弹簧根据车体的倾斜而变形，直到使离心力平衡。

自然倾摆机构摆式车体虽然结构简单，出故障的可能性相对较小，但其倾斜角度小（一般小于 3.5°），倾斜装置的阻力大，在进入曲线或驶出曲线时，存在车体倾斜滞后现象，导致乘坐舒适性恶化，因而需要将倾斜中心调整一定高度，使倾斜装置的阻力适当。

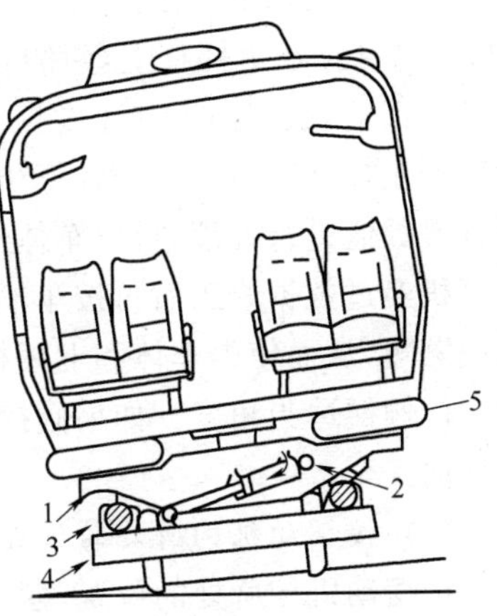

图 6-24　日本 2000 系摆式车体

1—摆动梁；2—控制风缸；3—滚动装置；4—转向架构架；5—空气弹簧。

日本 2000 系摆式车体内燃动车（如图 6-24）就通过在倾斜机构中加装控制风缸的方法，辅助强制车体倾斜，在一定程度上解决了这个问题。这种车体倾摆装置由转向架上的摆动滚轮装置所支撑的摆动梁，通过空气弹簧支撑车体。在摆动梁和转向架构架之间，装有控制摆动用的风缸和摆动减振器，以使车体在进入曲线时逐渐倾斜，通过曲线后又逐渐恢复到原来状态。车体倾斜的主要动力仍来自离心力，控制风缸仅起使车体平滑倾斜的辅助作用。

2. 主动式摆式车体

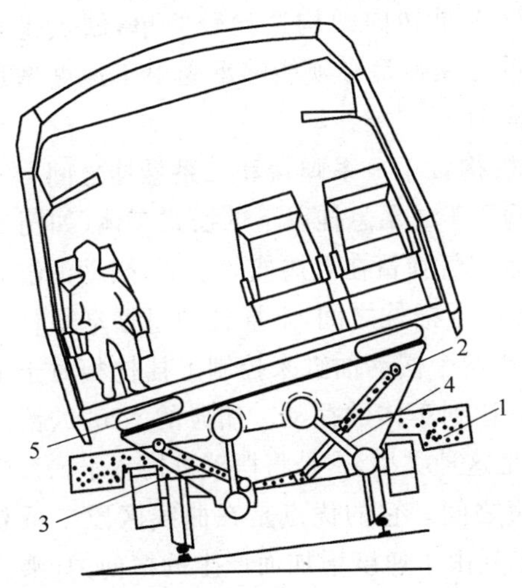

图 6-25　X2000 主动式摆式车体倾摆原理图

1—下摇枕；2—上摇枕；3—油缸；4—吊杆；5—空气弹簧。

主动式摆式车体，又称有源式或强制式摆式车体，它是通过附加的动力源和控制系统使车体倾摆。倾摆力的产生可通过液压式作动系统或机电式作动系统来实现。其中液压式作动系统采用高压油作为动力，是一种比较成熟的技术。缺点是油源体积较大，系统重量大，维护技术要求较高；而机电式作动系统是目前交流变频技术发展的新型技术产品，采用电能直接作为能源，具有体积小、重量轻、维护小等优点。

主动式摆式车体比被动式摆式车体技术复杂，而且出故障的可能性也比被动式摆式车体大，然而其摆动角度大（一般在 8°～10°之间），可以使列车通过曲线的速度比被动式更高，倾斜中心也可较低，车体重心移动也较小。因此，主动式摆式车体应用比较普遍，如意大利的 ETR450 和瑞典的 X2000 都是主动式摆式列车。

X2000 型摆式列车采用自导向转向架，并装有 TRACS 计算机控制系统。图 6-25 是

X2000 型摆式列车的倾摆原理图，车体倾摆机构设置于转向架的上、下摇枕之间，上摇枕通过4 根吊杆悬挂在下摇枕上，两侧各设一个液压伸缩油缸来驱动车体的倾摆。在列车两端的径向转向架上，装有两个加速度仪。当列车进入曲线时，借助于传感器将测得的横向加速度信号传输到主控计算机。主控计算机再根据测得的加速度值，以及列车运行速度和各拖车所处的位置等数值进行处理，得出车体倾斜最佳控制量，然后向每辆拖车受控计算机发出指令。受控计算机经过数据修正后再按车辆进入曲线的先后顺序，依次启动各辆拖车的液压油缸，使之伸长或缩短，从而使得车体和上摇枕一道，在列车进入曲线后，根据曲线半径和运行速度的需要，让车体倾摆适当角度。如果倾摆系统无法工作，压力将降为零，车体将自动回到非倾摆位，故障导向安全。

（二）按摆动机构所处的位置分

按摆动机构所处的位置，摆式车体可分为摆动机构置于二系悬挂以上（簧上摆）和摆动机构置于一系弹簧和二系悬挂之间（簧间摆）两种。

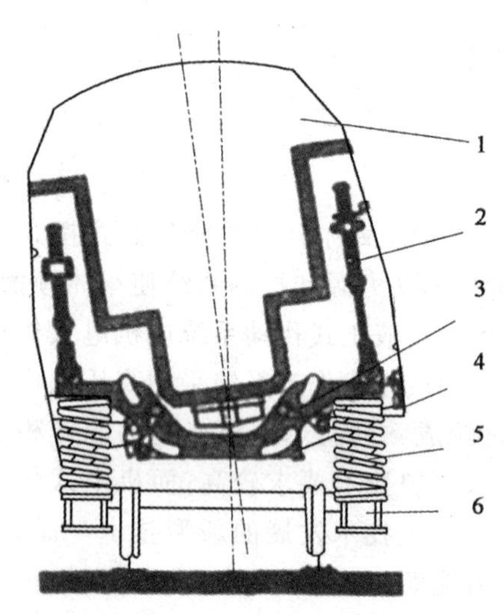

图 6-26　摆动机构置于二系悬挂以上

1—车体；2—摆动油缸；3—摆动吊杆；4—摇枕；5—二系弹簧；6—转向架构架。

1. 摆动机构置于二系悬挂以上

摆动机构置于二系悬挂以上的摆式车体（如图 6-26 所示），车体通过摆动吊杆连在摇枕上，两个摆动油缸用来控制车体相对于摇枕的摆动。意大利的 ETR401、ETR450 均是这种类型的摆式车体。这种摆式车体的优点是转向架构造比较简单，缺点是在曲线区段二系悬挂弹簧必须能够承受由于速度增加而产生的横向力。

2. 摆动机构置于一系弹簧和二系悬挂之间

摆动机构置于二系悬挂以下的摆式车体（如图 6-27 所示），二系空气弹簧在上摇枕的上面，摆动油缸和摆动吊杆位于上下摇枕之间，上摇枕通过摆动吊杆与下摇枕相连，用两个摆动油缸来控制上摇枕相对于下摇枕的摆动以达到车体的摆动。瑞典的 X2000、德国的 VT611 即是这种类型，它是将摆动机构置于二系弹簧和一系弹簧之间。它的优点是在曲线区段二系悬挂弹簧不必承受由于速度增加而产生的横向力，乘客受未被平衡的离心力的影响较小；缺点是增加了转向架的质量和复杂性，也增加了摆动所需要的作用力。

（三）按摆动机构的形式分类

按摆动机构的形式，摆式车体还可分为钟摆式（吊杆式）、连杆式和滚子式等几种。如西班牙的 TALGO 摆式系统采用了钟摆式摆动机构，意大利的 ETR460、瑞典的 X2000、德国的

VT611 采用了连杆式摆动机构，英国 Class390 摆式列车采用了滚子式的摆动机构。

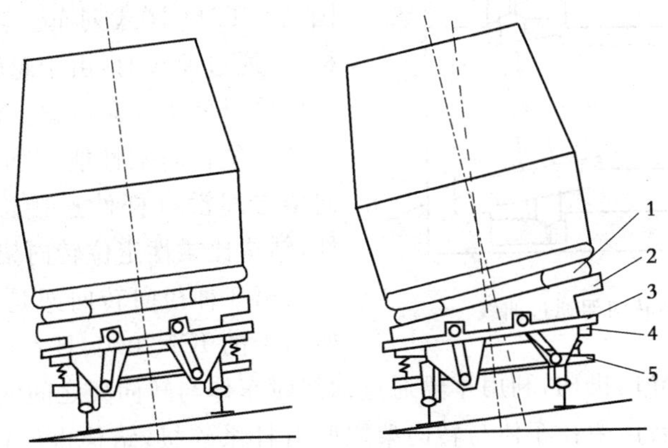

图 6-27　摆动机构置于二系悬挂以下

1—二系空气弹簧；2—上摇枕（摆动摇枕）；3—下摇枕；4—转向架构架；5—摆动吊杆。

四、径向转向架

为了提高列车运行速度、改善列车走行性能和旅客乘坐的舒适性等，一些摆式车体列车，尤其是高速摆式列车（如 X2000）采用了径向转向架。

摆式车体采用径向转向架不仅能减少旅客所承受的离心力，还能减少轮轨间的横向作用力，从而不但可以使列车通过曲线的速度大幅提高，而且还能保证列车运行的安全性和可靠性。

如图 6-28 所示，传统的构架式转向架在曲线上运行时，两轮对中心线基本上处于平行状态，从而形成前导轮对的大冲角，轮对既要向前滚动，又要朝曲线中心移动，故产生较大的横向作用力，导致钢轨和轮缘磨耗严重。当线路曲线半径越小，列车运行速度越高时，冲角愈大，横向作用力也就愈大，这极大地限制了传统转向架在曲线上的运行速度。而径向转向架可使轮对的轴线接近于曲线半径方向（如图 6-29 所示），因此避免了轮缘与钢轨内侧的接触，减少了轮轨之间的横向作用力和磨耗，为转向架在曲线上高速行驶创造了条件。

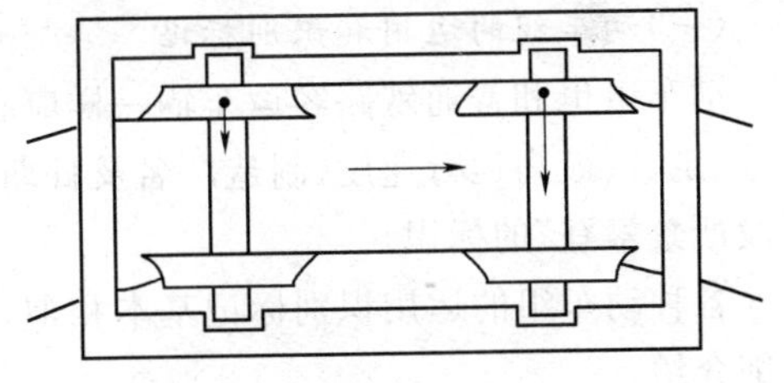

图 6-28　传统的构架式转向架通过曲线

径向转向架有 3 种，一种是瑞典 X2000 所采用的柔性纵向定位刚度转向架。这种转向架与传统的构架式转向架相比，可以降低轮轨之间相互作用力的最大值，提高列车运行安全性。根据瑞典铁路使用 X2000 的试验报告证明，X2000 列车转向架在瑞典线路上运行时轨道横向作用力和车轮磨耗量均较小。

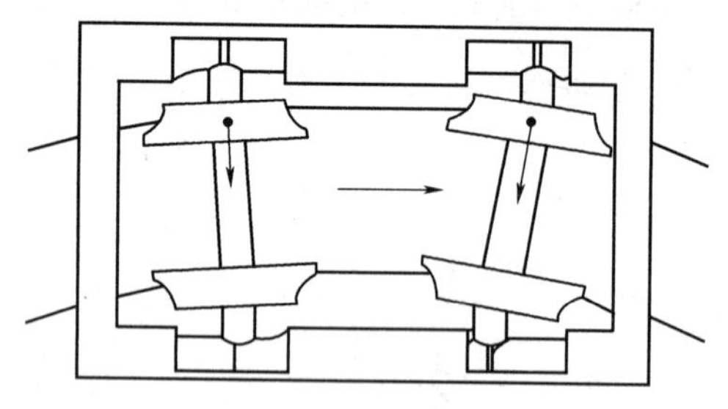

图 6-29 径向转向架通过曲线

第 2 种径向转向架是自导向转向架，如德国的 VT611 摆式列车。转向架上装有自导向机构，通过曲线时，由于轮轨蠕滑力和自导向机构使轮对处于径向位置。径向自导向转向架比柔性定位转向架性能更加完善，而且车体与转向架之间没有杆件连接。但增加了自导向杆件，结构比柔性定位转向架复杂。

第 3 种径向转向架是迫导向径向转向架，如瑞士的 ICN2000、日本的 381 系列摆式列车等。转向架上装有迫导向机构，利用车辆通过曲线时车体与转向架之间的相对转动，使轮对趋于径向位置。迫导向转向架在车体与转向架之间有杆系连接，结构也比较复杂。但它可以保证不论曲线半径大或小，轮对均能够处于径向位置，也就是说无论大半径曲线还是小半径曲线均可有效减小轮轨横向力并提高车辆运行的安全性，同时可以减少轮轨之间的磨耗。这种径向转向架在理论上是最优的。

第四节 动车组的运用和维修

一、动车组的运用

由于动车组是指列车的牵引动力装置(相当于机车)和载客的装置(相当于客车车底)固定为一体的特殊车底，因此，动车组具有机车和客车车底双重性质，但其运用方式又不同于机车和车辆。

(一)动车组的运用和识别标记

动车组也和普通铁路客运车辆一样应有运用识别标记，包括：路徽、配属局段简称、车型、车号、定员、最高运行速度、制造厂名及日期等。我国电气化区段运行的动车组，应有“电气化区段严禁攀登”的标识。

各种动车组的运用识别标记基本相似，下面仅针对我国 CRH 动车组的相关标记作以下详细介绍。

1. CRH1、CRH2、CRH3、CRH5 的运用识别标记

(1)动车组的型号和列车编号

动车组的型号和列车编号构成如图 6-30 所示：

CRH 是中国高速铁路动车组的简称。

各型动车组型号和车号的技术序列代码规定为：BST 动车组－1；四方股份动车组－2；唐山工厂动车组－3；长客股份动车组－5。

各型动车组的制造序列代码：按不同的技术序列单独编排，顺序由 001～999 依次编排。

各型动车组型号和车号的型号系列代码：按动车组的速度等级、车种确定不同的型号系列代码。

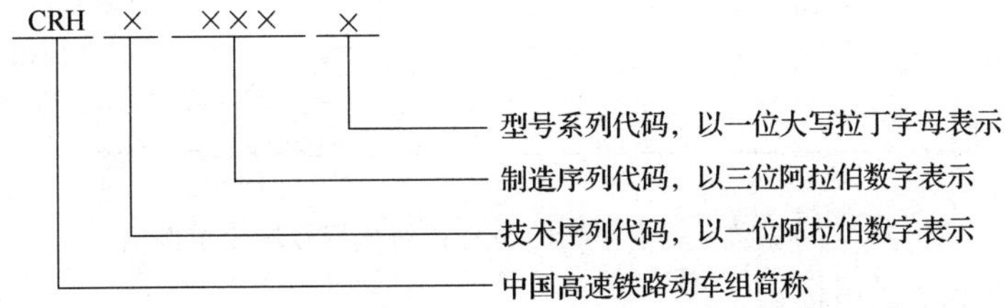

图 6-30 动车组的型号和列车编号构成图

例如图 6-31 中所表示的为四方股份的第 20 列运营速度 200 km、8 座车辆编组的 CRH 动车组。

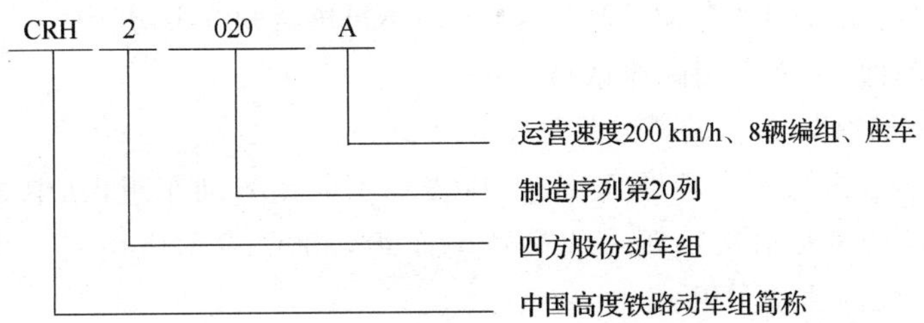

图 6-31 动车组的型号和列车编号构成示例图

(2)动车组中车辆的编号

动车组中车辆的车种和编号构成如图 6-32 所示：

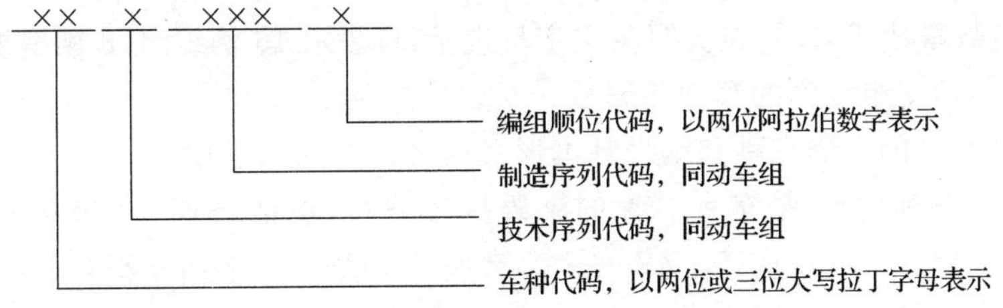

图 6-32 动车组中车辆的型号和列车编号构成图

动车组编组中的车辆车种代码是车种汉语拼音大写字母的缩写，分别为：一等座车－ZY，二等座车－ZE，软卧车－RW，硬卧车－YW，餐车(含酒吧车)－CA，二等座车/餐车－ZEC，餐车卧车合造车－CW。

动车组编组顺位代码：以两位阿拉伯数字表示，位置排列编号自首车起从“01”开始顺序排列，尾车的排列编号为“00”。

例如图 6-33 中所表示的为四方股份的第 55 列动车组，它的编组顺位是第 6 位，属于一等座车。

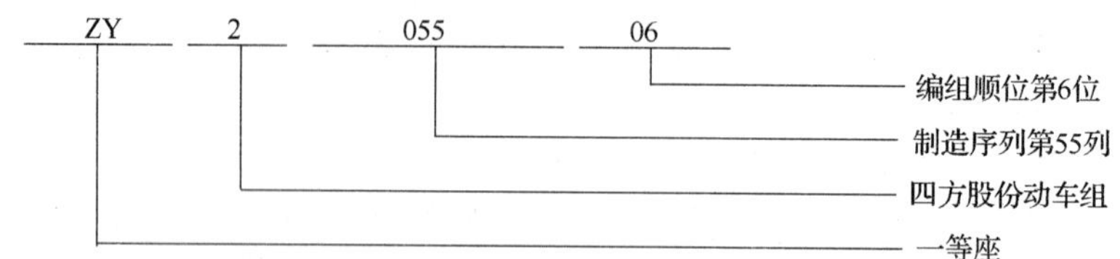

图 6-33　动车组中车辆的型号和列车编号构成示例图

2. CRH380 动车组运用标记

对于 CRH380 动车组，为体现新一代高速动车组自主创新和速度特征，在既有动车组编号规则的基础上，对其型号、车号及座席号的编制重新规定如下：

(1)CRH380 动车组的型号和列车编号

CRH380 动车组的型号和列车编号基本构成为 CRH380A-6001L，其中：

CRH——含义同前，是指中国高速铁路简称。

380——时速特征代码，体现最高运营时速 380 km。

A——型号代码，以大写英文字母 A、B、C、D 表示不同型号动车组，其中 380A 表示四方新一代高速动车组，380B 表示长客新一代高速动车组，380C 表示唐山新一代高速动车组，380D 表示 BST 新一代高速动车组。

6001——制造序列代码，以四位阿拉伯数字表示，新一代动车组统一编号，以 6 字开头，各制造厂制造序列号按已签订合同数量以百位间隔分配不同的号段，并按出厂时间顺序编排，具体分配为：四方股份(140 列 CRH380A)为 6001～6140，长客股份(110 列 CRH380B)为 6201～6310，唐车公司(70 列 CRH380C)为 6401～6470，BST 公司(80 列 CRH380D)为 6601～6680。

L——编组数量代码，以一位大写英文字母表示，L 表示 16 辆编组，8 辆编组时不带标号。

(2)CRH380 动车组车辆的车种和编号

CRH380 动车组的车辆车种和编号基本形式为 ZY600102，其中：

ZY——车辆车种代码，是车种名称的汉语拼音缩写，包括：SW——商务车(设置可躺式 VIP 座椅车)，ZY——一等座车，ZE——二等座车，CA——餐车，ZEC——餐座合造车，ZYG——一等座车/观光车，ZEG——二等座车/观光车。

6001——动车组制造序列代码。

02——车辆编组顺位代码，以两位阿拉伯数字表示。

(3)CRH380 动车组座位编号规则

为了直观显示座椅的具体位置(靠窗、中间、走廊)，采用数字和字母组合的方式表示座椅号，数字表示排号，字母表示位置。座椅排号从车辆 1 位端开始按顺序编排，用阿拉伯数字表示。座椅位置采用 A、B、C、D、F 等 5 个字母表示，其中 3+2 座椅排列中，3 人座椅用 A、B、C 表示，分别代表靠窗、中间和走廊位置，2 人座椅用 D、F 表示，分别代表走廊、靠窗位置；2+2

座椅排列分别用 A、C 和 D、F 表示；2+1 座椅排列分别用 A、C 和 F 表示。这样，无论是何种座椅排列，A、F 代表靠窗座椅，C、D 代表走廊座椅。

（二）动车组运用方式

由于动车组的特殊性，其运用方式也不同于机车和车辆，需要根据动车组自身的技术特点设置与之相适应的方式。目前根据国内外运用和研究现状，动车组运用方式可分为固定区段运用方式和不固定区段运用方式。

1. 固定区段运用方式

固定区段运用方式是指动车组在指定的线路上运行并且其运行区段固定的运用方式。这种运用方式的优点是便于高速铁路的运输组织，其缺点是不利于提高动车组效率，也不能减少动车组的使用数量。

2. 不固定区段运用方式

与固定区段运用相对应的是动车组不固定区段运用方式，是指动车组完成一次列车任务后，下一次所担当列车的运行区段无限制。这种运用方式有利于提高动车组使用效率，减少动车组数量，是比较合理的动车组运用方式，高速动车组比较发达的国家（如日本、法国等）均广泛采用这种运用方式。

（三）我国 CRH 动车组编组运用的相关规定

1. 单列动车组为固定编组，运用状态下不得解编，两列同型动车组可重联运行。

2. CRH 系列动车组可在既有线路的指定区段及新建的客运专线上以 200 km/h 及以上速度级正常运行。

3. 超过检修周期的动车组严禁上线运行。

4. 动车组禁止与其他列车混编，禁止加挂各型机车车辆（无动力回送时除外）。

5. 动车组禁止通过驼峰，调车时禁止溜放。

6. 严格控制动车组超员。

7. 动车组 1 号和 0 号车均设有驾驶室，可在两端操纵驾驶。

8. 动车组在始发、终到、通过站不安排客列检进行技术作业。

9. 动车组司机需转换司机室操纵时，应通知车站，在 15 min 内完成转换作业。

另外，动车组运用过程中，还有以下限速运行条件：

1. 当动车组牵引系统故障，切除 20%～25%牵引动力时，可保持 200 km/h 速度运行；切除 40%～50%牵引动力时，限速 160 km/h 运行。

2. 当动车组制动系统故障，切除 25%～50%制动力时，限速 160 km/h 运行；切除 50%制动力时，限速 120 km/h 运行。

3. 轴承温度超过规定值时，立即停车请求处理。

4. 当空气弹簧故障时，限速 160 km/h 运行。

5. 车窗玻璃破损导致车厢密封失效时，限速 160 km/h 运行。

6. 动车组发生其他故障不能保证运行安全时，立即停车请求处理。

7. CRH_2 型动车组停靠或通过高度大于 1.1 m 的站台时，其轨道中心线距站台边缘距离须大于等于 1 750 mm，限速 70 km/h 运行。

二、动车组的检修

（一）动车组修程、修制

修程是指机车车辆的修理类型、修理周期（以走行里程或走行时间表示）和具体修理内容。修制主要指机车车辆的检修制度：计划预防修理制度和按车辆技术状态修理制度。

动车组一般都实行以走行里程为主的定期检修，并施行计划性的预防检修。目前，我国高速铁路动车组的检修分为一级检修、二级检修、三级检修、四级检修和五级检修五个等级。一级和二级检修为运用检修，三级、四级和五级检修为定期检修，各级检修周期如表 6-3 所示。

表 6-3 CRH 各型动车组检修周期表

检修周期 / 检修等级 / 动车组类型	一级检修	二级检修	三级检修	四级检修	五级检修
CRH_1 型动车组	运行里程 4 000 km 或 48 h	15 天	120 万 km	240 万 km	480 万 km
CRH_2 型动车组	运行里程 4 000 km 或 48 h	3 万 km 或 30 天	45 万 km 或 1 年	90 万 km 或 3 年	180 万 km 或 6 年
CRH_3 型动车组	运行里程 4 000 km 或 48 h	暂定 2 万 km	120 万 km	240 万 km	480 万 km
CRH_5 型动车组	运行里程 4 000 km 或 48 h	6 万 km	120 万 km	240 万 km	480 万 km

各级检修分别对应着检修周期走行公里数或运用时间，当动车组走行公里数或运用时间属于检修周期范围内，该车组就必须进行与之相对应等级的检修，各级检修对应的检修内容和范围不同。我国 CRH 动车组的各级检修内容如下：

1. 一级检修——例行检查

更换、调整和补充消耗部件，检查各部分的状态和性能，特别是车下悬吊件的安装情况。

2. 二级检修——重点检查

按照规定要求进行动车组外观检查、性能试验和安全性检测，重点检查轮对踏面和车轴。

3. 三级检修——重要部件分解检修

对转向架及其主要零部件进行分解检修。

4. 四级检修——系统全面分解检修

对各主系统进行分解检修，必要时进行车体的涂漆。

5. 五级检修——整车全面分解检修

对全车进行分解检修，较大范围地更新零部件，并进行车体的涂漆。

高速动车组应有专门的检修、运用基地来完成动车组日常运用的整备、清洁、排污作业以

及各项检修作业，并根据需要设置检修库、临修库、供动车组停放的库线，以及对转向架、车下设备、车上及车顶设备进行检查、维修和清洗作业的相应设备。

(二)动车组检修、运用基地

高速动车组检修、运用基地是保障动车组技术状态良好并能高效运营的基础，检修基地应具备动车组的管理、检查整备、检修、零配件储备及配送以及信息化管理等功能。我国铁路负责高速动车组运用、检查、维护的场所主要有动车组运用所及动车段。高速铁路动车组运用检修在运用所进行，定期检修在动车段进行，运用检修可在任一运用所进行，执行统一的检修标准，运用所承担动车组检修后的运用安全和质量责任。

1. 动车组运用所

动车组运用所配置在主要高速客运站，承担所在高速站始发、终到动车组的整备和存放作业，及所属动车组的一、二级检修和临修作业，是动车组运用检修的主体。动车组运用所配备的主要设施有：检查整备设施、临修设施、走行部故障诊断设施、车体外部自动清洗设施、集便器排污设施、信息化设施、存车设施等。

2. 动车段

动车段是配属动车组，承担高速动车组的整列整备及存放任务，完成高速动车组的日常检查、各级检修及临修作业的动车组检修场所，动车组大型的检修作业一般都是在动车段进行。动车段所配备的设备比较全面，包括检修库、存车场、临修库、信息化设施、洗车机等各种检查、整备、检修、临修和管理等各种设施，而且数量较多，能满足多列动车组的同时检修。

如果动车组检修、运用基地设置合理，一方面可以大幅度减少动车组因日常检修需要，造成的车体空送，提高动车组的运营能力和使用效率，从而减少动车组使用数量；另一方面可以提高主要客运站的始发能力，利于动车组列车开行方案的编制。

依据路网布局与发展规划，结合动车组的配属和使用方案，铁道部确定在北京、上海、武汉、广州建立四大现代化动车组检修基地。四大基地在覆盖范围上立足于时速 200 km，涵盖时速 300 km 动车组，并兼顾城际动车组的检修要求；在检修能力上做到“一次规划，分步实施”；在设置方式上充分体现集中检修、分散存放的原则。同时为充分发挥检修基地功能，科学合理地配置检修资源，四大检修基地由铁道部统一管理，面向全路，服务全路。目前，四大检修基地均已实现部分工程竣工，并已经开始承担辐射区域的动车组检修任务，它们各自的辐射范围分别为：

(1)北京动车段

北京动车段是北方地区动车组检修基地和京沪高速铁路北段的检修中心，重点辐射东北、华北及京津环渤海地区，将承担京津城际、京哈、京沪、京广线动车组的检修任务。

(2)武汉动车段

武汉动车段建成后将是中国最大的动车组检修基地，重点辐射华中、西南地区及华北部分地区，将承担武汉、长沙、郑州、西安、宜昌、成都、贵阳、重庆、襄樊等地动车组的检修任务，其总平面鸟瞰图如图 6-34 所示。

图 6-34 武汉动车段总平面鸟瞰图

(3)上海动车段

上海动车段重点辐射华东地区、部分华中地区及长三角地区，将承担京沪、沪汉蓉、浙赣客运专线和杭州一宁波一深圳间的沿海客运通道以及长江三角洲城际铁路网动车组的检修任务。

(4)广州动车段

广州动车段重点辐射华南及珠江三角地区，将承担京广、广深、广珠客运专线和杭州一宁波一深圳间的沿海客运专线动车组列车的检修任务。

(三)动车组的检修作业过程

动车组的检修一般都是根据相关规定，按照作业的级别不同，首先做客运整备工作，其次根据各级别的检修周期，先检修最容易出现问题的地方，然后对相对高级别应该检修的部件进行检查及测试。

动车组的检修作业大致过程为：动车组到达检修基地前，检修基地会得到车辆到达预报信息，预报信息由行调系统或专门的预确报系统发出；得到预报后，检修基地根据制定的检修计划以及车辆运行过程中产生的故障告警信息，根据检修基地的资源状况，产生检修工序，分配检修所用的股道、检修人员、物料等检修资源。一般情况下，检修作业都是根据提前制定的检修计划执行的。

经检修的动车组必须达到相关的质量标准，并保证动车组在一个检修周期内不发生责任事故。另外，经过四、五级检修的动车组在上线运行前须安排试运行，试运行距离原则上不少于 500 km；速度 200 km/h 动车组试运行速度 160 km/h～200 km/h，速度 300 km/h 动车组试运行速度 250～300 km/h，速度 350 km/h 动车组试运行速度 300～350 km/h。

复习思考题

1. 什么是动车组？它有哪些优点？
2. 动车组是如何分类的？
3. 我国的高速铁路动车组主要引进了哪些国家的技术？
4. 简述动车组的基本构造及其各自的作用。
5. 动车组车体及车内设施的轻量化具有哪些意义？
6. 动车组转向架应具有什么样的性能？
7. 简述摆式车体列车的基本工作原理。
8. 摆式列车是怎样进行分类的？
9. 先进的摆式车体技术主要掌握在哪些国家？
10. 简述径向转向架与传统转向架在通过曲线时有什么区别。
11. 动车组的运用方式有哪几类？
12. 我国高速动车组的修程分为哪几种？
13. 我国的动车组检修基地有哪几个，它们各自的辐射范围如何？

第七章　铁路信号与通信设备

第一节　概　　述

铁路信号设备是铁路信号、联锁设备、闭塞设备的总称。铁路信号技术的发展应逐步实现微机化、综合化、集成化和智能化。通信设备是指挥列车运行、组织运输生产及进行公务联络等的重要工具。应能做到迅速、准确、安全、可靠，使全国铁路的通信系统能成为一个完善与先进的铁路通信网。通信技术要由模拟向数字化方向转变，实现程控数字交换，发展宽频带信息传输和智能网络管理。

一、铁路信号设备

铁路信号设备的作用是保证列车运行与调车工作的安全和提高铁路通过能力，同时对增加铁路运输经济效益、改善铁路职工劳动条件也起着重要作用。

铁路信号：向有关行车和调车人员发出的指示和命令。

车站联锁设备：用于保证站内行车与调车工作的安全，并提高车站的通过能力。

区间闭塞设备：用于保证列车在区间内运行的安全，并提高区间的通过能力。

二、铁路通信设备

铁路运输向高速、高密、重载发展需要现代化的信号设备，尤其是随着计算机技术、网络技术、现代通信技术等现代化技术的发展，出现了自动化程度更高、控制范围更广、更集中化的新型信号系统。它们具有网络化、综合化、智能化的技术特点。

第二节　铁 路 信 号

信号是指示列车运行和调车工作的命令。有关行车人员必须按照信号的指示办事，以保证铁路运输安全和提高运输效率。

铁路上的信号可以分为视觉信号和听觉信号两大类。用信号机、信号灯、信号旗、信号牌、火炬等表示的信号就是视觉信号。用号角、口笛、响墩发出的音响和机车、轨道车鸣笛等发出的信号，属于听觉信号。

在大多数情况下，有些信号设备固定安装在一定的位置，这种信号叫做固定信号，相对而

言还有手信号和移动信号。

铁路信号通常用不同颜色来显示其意义。我国规定有红、黄、绿3种基本颜色。其代表意义如下：

红色——停车；

黄色——注意或减速行驶；

绿色——按规定速度行驶。

一、固定信号机及其设置位置

按照构造的不同，铁路上的固定信号机分为色灯信号机和臂板信号机。

色灯信号机是白天和夜间都用不同颜色的灯光来显示信号的一种信号机。目前，主要采用透镜式(又称多灯式)色灯信号机。透镜式色灯信号机每个灯光颜色都各用一个灯头来显示。根据机柱的有无，色灯信号机又有高柱型和矮型的区别。矮型色灯信号机没有机柱，一般可以用作调车信号机和站内到发线上的出站信号机；进站信号机、正线上的出站信号机等，都应采用高柱信号机。高柱透镜式色灯信号机主要由色灯信号机构、机柱和基础等部分组成的，如图7-1所示。

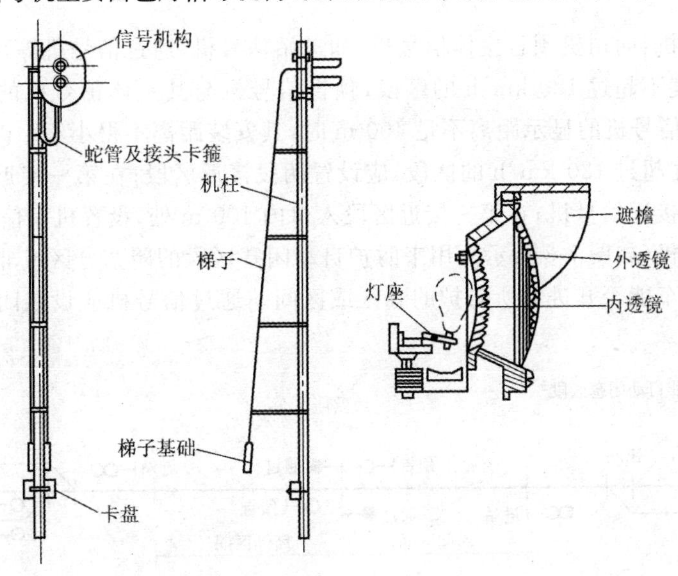

图7-1　透镜式色灯信号机

信号机设置的地点对信号显示距离远近及司机确认信号和安全行车等都有很大关系。

1. 几种主要固定信号机的设置位置

信号机应设在列车运行方向的左侧或其所属线路的中心线上空。特殊地段因条件限制，需设于右侧时，须经铁路局批准。

在确定设置信号机地点时，除满足信号显示距离的要求外，还应考虑到该信号机不致被误认为邻线的信号机。

(1)进站信号机(如图 7-2 所示):进站信号机用来防护车站,指示列车能否由区间进入车站以及进入车站的有关条件。进站信号机应设在距车站最外方进站道岔尖轨尖端(逆向道岔)或警冲标(顺向道岔)不少于 50 m 的地点,如因调车作业或制动距离的需要,一般不超过 400 m。

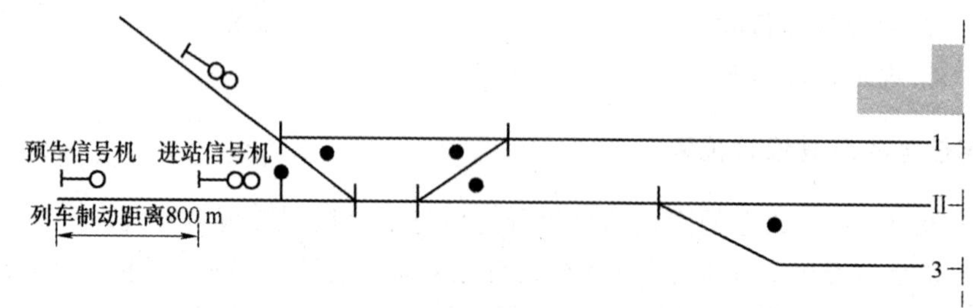

图 7-2　进站信号机设置位置

(2)出站信号机:在车站的正线和到发线上应装设出站信号机,用它来防护区间,指示列车能否由车站开往区间。出站信号机应设在每一发车线的警冲标内方(逆向道岔为尖轨尖端外方)的适当地点。

(3)预告信号机:向司机预告主体信号机(如进站信号机、通过信号机等)的显示状态。

列车运行速度不超过 120 km/h 的区段,预告信号机与其主体信号机的安装距离不得小于 800 m,当预告信号机的显示距离不足 400 m 时,其安装距离不得小于 1 000 m。

列车运行速度超过 120 km/h 的区段,应设置两段接近区段;在第一接近区段和第二接近区段的分界处,设接近信号机;在第一接近区段入口内 100 m 处,设置机车信号接通标。

(4)通过信号机(如图 7-3 所示):用来防护自动闭塞区段的闭塞分区或非自动闭塞区段的所间区间,指示列车能否开进它所防护的分区或区间。通过信号机应设在闭塞分区或所间区间的分界处。

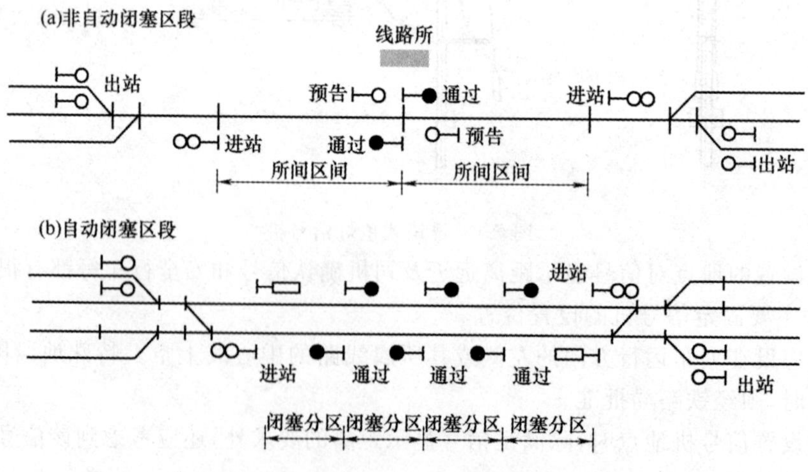

图 7-3　通过信号机设置位置

(5)调车信号机(如图 7-4 所示)在经常进行调车作业的线路上(如到发线、咽喉道岔),以及非联锁区(调车场、机务段、货场、牵出线及专用线等)到联锁区的入口处,设置调车信号机,用来指示调车机车能否越过该信号机进行调车。调车信号机一般多用矮型的色灯信号机。

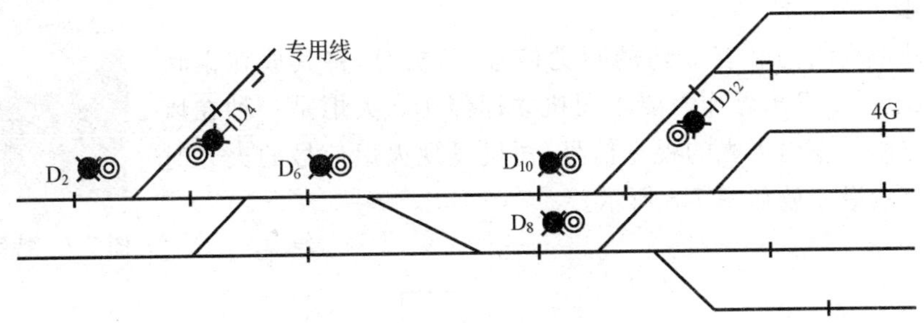

图 7-4　调车信号机设置位置

二、移动信号、响墩及火炬信号

当线路上出现临时性障碍或进行施工,要求列车停车或减速时,应按照规定设置移动信号,安放响墩、火炬或用手信号进行防护,以便保证行车安全。

1. 移动信号

移动信号显示方式如下:

(1)停车信号

昼间—红色方牌;夜间—柱上红色灯光(如图 7-5 所示)。

(2)减速信号

昼间—黄色圆牌;夜间—柱上黄色灯光(如图 7-6 所示)。减速信号牌为黄底黑字,应标明列车限制速度。

图 7-5　停车信号

图 7-6　减速信号

施工及其限速区段，按不同速度等级列车（最高运行速度大于 120 km/h 的旅客列车、行邮列车及最高运行速度为 120 km/h 的货物列车、行包列车）的紧急制动距离，在原减速信号牌外方增设特殊减速信号牌，昼间与夜间均为黄底黑 T 字圆牌（如图 7-7 所示）。

图 7-7　特殊减速信号

2. 响墩及火炬信号

响墩是外形扁圆内装有炸药的听觉信号，防护时，将其放在钢轨上，当车轮压上后会发出爆炸声要求司机立即停车。火炬是一种在风雨天气都能点燃并发出火光的视觉信号，司机发现火炬信号的火光时应立即停车。响墩安放如图 7-8 所示。

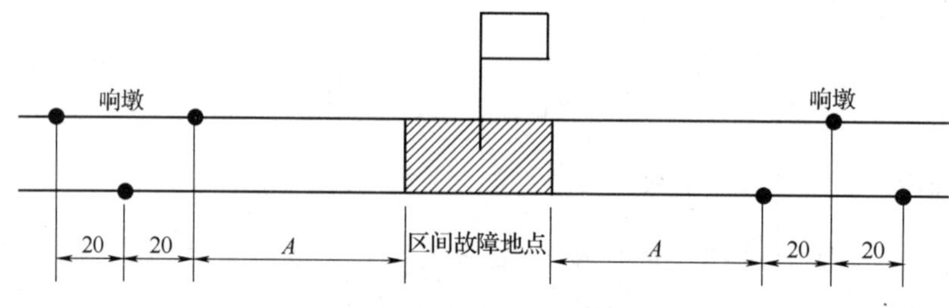

图 7-8　响墩设置位置

3. 手信号

手信号是有关行车人员用手持信号旗或信号灯作出各种规定动作来表示停车、减速、发车、通过、引导等信号。

例如，发车指示信号（要求运转车长显示发车信号）：昼间——高举展开的绿色信号旗靠列车方面上下缓动；夜间——举绿色灯光上下缓动，如图 7-9（a）所示。发车信号（要求司机发车）：昼间——展开的绿色信号旗上弧线向列车方面作圆形转动；夜间——绿色灯光上弧线向列车方面作圆形转动，如图 7-9（b）所示。

(a)

(b)

图 7-9　手信号

第三节　联锁设备

一、概　　述

联锁设备的任务是保证车站范围内行车和调车的安全，并提高车站通过能力，改善有关行车人员的劳动条件。

列车进站、出站和车站内的调车工作主要是根据车站上信号机的显示进行的，而列车和机车车辆的运行进路则又靠操纵线路上的道岔来排列。因此，在道岔和信号机之间，以及信号机和信号机之间，必须建立一种相互制约的关系，才能保证安全和提高运输效率，这种相互制约的关系叫做联锁。为完成这种联锁关系而安装的技术设备叫联锁设备。

联锁设备分为集中联锁（继电联锁和计算机联锁）和非集中联锁（臂板电锁器联锁和色灯电锁器联锁）。编组站、区段站和电源可靠的其他车站，均应采用集中联锁。

各种联锁设备，应满足下列条件：

1. 在放行列车或进行调车工作以前，必须先将进路上的所有道岔扳到正确位置，防护这一进路的信号机才能开放。

2. 当防护某一进路的信号机开放以后，这一进路上的所有道岔应全被锁闭，不能扳动。

3. 当某一进路的信号机开放以后，所有敌对进路（相互间有冲突的进路叫敌对进路）的信号机应全被锁闭，不能开放。

4. 在主体信号机开放以前，预告信号机不能开放；在正线出站信号机开放以前，进站信号机不能显示正线通过信号。

车站联锁设备应能及时、迅速地排列进路并实现信号机和道岔之间的相互制约关系，同时还应能迅速及时地使进路解锁。因为只有加速建立和解锁进路的过程才能提高车站的通过能力。

二、集中联锁

（一）继电联锁

用电气的方法集中控制和监督全站的道岔、进路和信号机，并实现它们之间联锁的关系称为电气集中联锁，电气集中联锁包括继电式电气集中联锁（简称继电联锁）和计算机电气集中联锁（简称计算机联锁）。

继电联锁是在信号楼或车站值班员室集中控制信号机和道岔的联锁设备。在集中联锁设备中实现联锁的元件是继电器。由于联锁设备采用色灯信号机和电动转辙机，操作人员只需在控制台上按压按钮就能办理或解锁进路，而且采用了逐段解锁方式，从而缩短了进路建立和解锁时间，提高了车站通过能力。

1. 继电联锁的主要设备

(1)继电器

继电器相当于电路中的开关,可以接通和断开电路。最简单的一种叫直流无极继电器,如图 7-10 所示。当电流通过线圈时,铁芯吸动衔铁,带动中簧片,使中簧片断开后接点而与前接点闭合;当电源切断后,铁芯失磁,衔铁自动释放,使中簧片断开前接点而和后接点闭合。

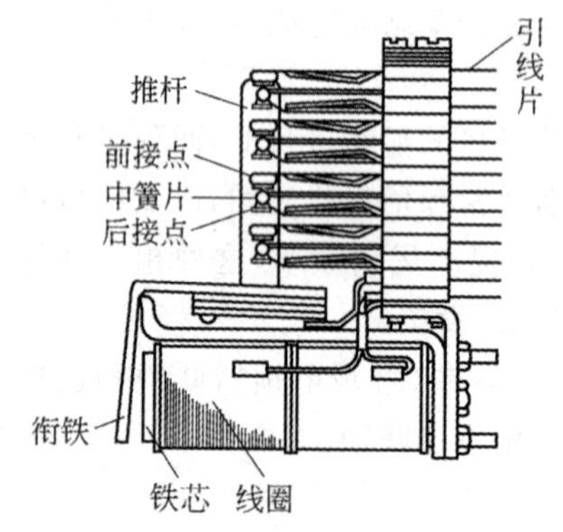

图 7-10　继电器

继电器的前、后接点及中簧片都接有引线片。当引线片用导线连接在一个外部电路时,继电器的衔铁被吸动或复原,就可以达到控制这个外部电路的目的。这就是直流无极继电器的基本原理。在采用继电集中联锁的车站上,一般都将继电器组合起来,集中地安装在专门的继电器室中。继电集中联锁需要的电源设备在中小车站上可附设在继电器室中,在大编组站上则可另设专门的电源室。

(2)电动转辙机

为了转换道岔,在道岔上一般都装有转辙机。采用电动转辙机时,转换道岔时间短(一般只需几秒钟),安全程度高,对于提高运输效率和保证行车安全都是十分有利的。

电动转辙机由转换、锁闭和表示三部分组成。当需要转换道岔时,给电动转辙机的电动机接通电源,通过转换部分改变尖轨的位置;当转换到尖轨与基本轨密贴时,锁闭部分则将尖轨牢固地锁在与基本轨密贴的位置上;在道岔转换完了以后,表示部分则将表示接点接通,在控制台上反映道岔所处的状态,以便与进路信号机进行联锁。

(3)轨道电路

将一段轨道的钢轨作为导线,两端用绝缘节隔开,中间的轨缝用接续线连接起来,一端送电,另一端受电,这样构成的电路叫做轨道电路。

采用直流电源的轨道电路叫做直流轨道电路,(如图 7-11 所示)。在直线段上,直流轨道电路主要由分界绝缘节、轨道电源、限流电阻器、轨道继电器等组成。

当轨道电路区段上无车时,轨道继电器有电吸起,前接点闭合,点亮绿灯。有车时,因机车车辆轮对的电阻比轨道继电器线圈的电阻小得多,于是轨道电路被短路,继电器衔铁被释放,前接点断开,后接点闭合,点亮红灯。

道岔区段的轨道电路比直线段的轨道电路复杂一些(如图 7-12 所示)。为了防止辙叉心将轨道电源短路,在道岔上要增设两个绝缘节;同时,为了保持道岔上各部分的导电性能稳定,在尖轨和基本轨间、翼轨和辙叉心邻接钢轨间要增设连接线,在两根最外侧的钢轨间还要增设跳线。

当道岔区段无车时,轨道继电器有电吸起,使道岔操纵机构通电,道岔可以扳动;当直股或弯股有车时,电流被机车车辆的轮对短路,使轨道继电器衔铁落下,切断道岔操纵机构的电路,道岔也就不能扳动了。

目前铁路现场普遍采用的是交流轨道电路,其工作原理和直流轨道电路相同,只是受电端的轨道继电器可采用交流继电器或带整流器的直流无极继电器。

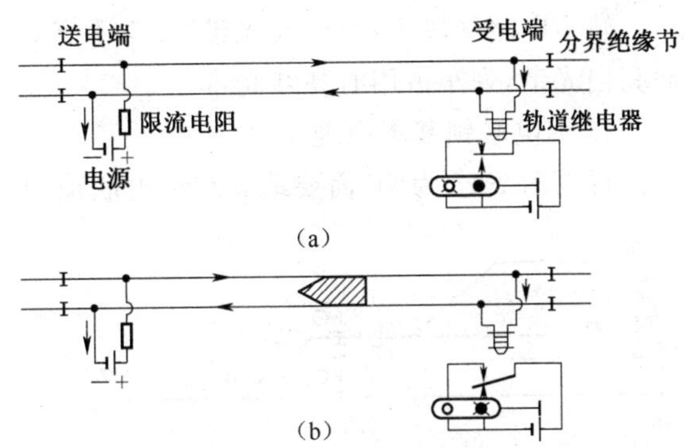

(a)

(b)

图 7-11 轨道电路原理

近年来,随着高速铁路线路不断增加,为了适应高速铁路的需要,出现了无绝缘轨道电路。它的工作原理是,发送端的发送器发出的移频信号经过电缆通道传送到匹配变压器及调谐单元(由电感和电容串联谐振电路构成),从轨道电路的送电端传送到接收端的调谐单元(构成同发送端),再经过接收端的匹配变压器、电缆通道将信号输入到接收器。接收器将移频信号进行限幅、放大及解调后,使轨道继电器吸起,以轨道继电器的吸起和落下来检测轨道的空闲和占用。

无绝缘轨道电路是一种新技术,它免除了钢轨切割问题,降低了钢轨故障率,而且在电气化区段不需设置变压器。

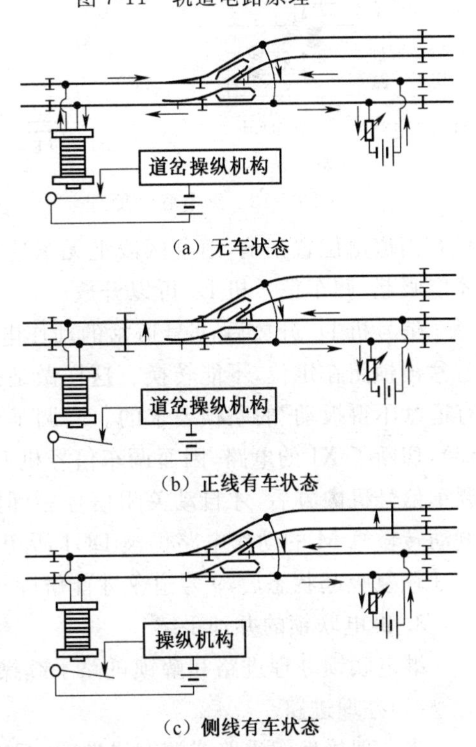

(a) 无车状态

(b) 正线有车状态

(c) 侧线有车状态

图 7-12 道岔处轨道电路原理

(4)控制台

控制台设在车站值班员室内,它的正面装有照明盘,盘面上有全站的线路平面布置图,还有办理进路用的各种按钮,复示现场信号机显示情况的复示器,表示进路开通和股道占用情况的光带或表示灯,以及表示其他有关设备状态的表示灯等。

控制台上的各种按钮是根据信号机、道岔的情况和操纵上的方便设置的。每一信号机设一个信号按钮,可以作为进路的始端、终端按钮。每一进站信号机另设一个引导信号按钮,用来开放引导信号。每一道岔还专设一个道岔按钮,作为必要时操纵单个道岔之用。另外,一般还设有取消进路按钮、切断道岔电源按钮、挤岔按钮、道岔表示按钮等。

进站信号复示器经常亮红灯,信号开放时亮绿灯,开放引导信号时亮白灯。出站兼调车信号复示器经常不亮灯,开放出站信号时亮绿灯,开放调车信号时亮白灯。调车信号复示器经常不亮灯,开放调车信号时亮白灯。

轨道电路区段表示灯(或光带)经常不亮灯,区段被占用时亮红灯。采用光带式时,进路开通亮白光带,列车占用时亮红光带。

2. 继电联锁基本原理

现以图 7-13 为例,简要地介绍继电联锁的基本原理。

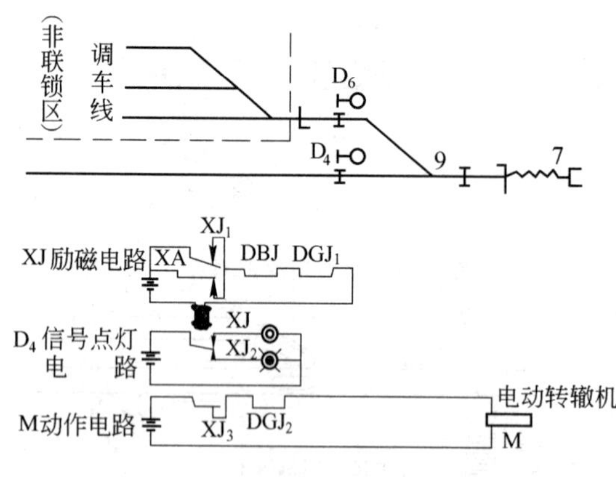

图 7-13　继电联锁原理

在图 7-13 中,9 号道岔以开通牵出线 7 道为定位,调车信号机 D_4 由信号继电器(XJ)控制,XJ_1、XJ_2、XJ_3 分别为 XJ 的三组接点,连接在三个不同的电路中。平时,XJ 中无电流通过,以它的第二组接点 XJ_2 断开月白灯电路,闭合蓝灯电路,D_4 在关闭状态。车站值班员按压信号按钮(XA)时能否使 D_4 开放,取决于 9 号道岔的定位表示继电器(DBJ)和道岔区段轨道表示继电器(DGJ)的前接点是否闭合。当道岔在定位而且尖轨密贴时 DBJ 吸起,在道岔区段无车占用时 DGJ 亦为吸起状态,即只有当道岔位置正确,道岔区段上无车这两个条件同时具备,按压信号按钮时信号继电器 XJ 才能吸起,调车信号机 D_4 可以开放。

信号机 D_4 开放后,9 号道岔的动作电路则因 XJ 励磁吸起而被切断(通过 XJ_3),于是 9 号道岔被锁闭在定位,不能转换。这样做是符合“当防护某一进路的信号机开放后,进路上的所有道岔不得扳动”的联锁要求的。当调车车列进入这一道岔区段时 DGJ 失磁落下(参看图 7-13),切断了 XJ 的电路,因而调车信号机 D_4 便自动关闭(一般情况下,是在调车车列全部进入调车信号机内方后,才自动关闭信号)。但是还应注意,这时 9 号道岔仍处于锁闭状态(因这时电动转辙机 M 的动作电路仍被 DGJ 所切断)。只有当调车车列全部驶离道岔区段轨道电路,DGJ 恢复吸起状态后,9 号道岔才能解除锁闭状态。

3. 继电联锁的办理手续

继电联锁办理进路和解锁进路手续操作迅速简便。

(1)办理进路

当办理接发车进路或调车进路时,只需先按压进路的始端按钮,后按压终端按钮,就能将与进路有关的道岔转换到符合进路要求的位置,防护该进路的信号机也根据这种操作而自动开放。

(2)解锁进路

当列车或调车车列驶过进路中的道岔区段后,进路中的道岔和经由该道岔的敌对进路就应自动解锁,称为正常解锁。另外,根据不同需要还有非正常解锁等。

4. 继电联锁的主要优缺点

从上述继电联锁设备的情况可以看出，继电联锁有很多优点，主要是：

(1)由于办理进路一般只要按两个按钮，因而大大减少了办理进路的时间(办理一条进路一般只要几秒钟，而采用电锁器联锁时却需要几分钟)，提高了效率和车站的通过能力。

(2)由于采用了轨道电路，对于股道和道岔是否占用、钢轨是否完整等情况都可以随时掌握。如果股道或道岔已经被占用而人为地排错了进路，信号机也不能开放，能够更好保证行车安全。

(3)由于进路的排列和解锁都是自动进行的，从而改善了和行车有关人员的劳动条件。

但是，继电联锁的设备费用比较高，要求车站上有可靠的交流电源。因此，要根据车站作业量的大小来决定是否采用。同时列车调度员对列车运行的安排还要通过车站值班员来指挥和执行。

(二)计算机联锁

随着科学不断地发展，特别是电子计算机在各个领域普遍得到应用，更为先进的联锁设备——计算机联锁应运而生了，实现了从有接点到无接点的变革，使联锁设备更加可靠。

计算机联锁是一种运用微型计算机对车站值班员的操作命令及现场表示信息进行逻辑运算，从而实现对信号机及道岔等进行集中控制的车站联锁设备。

1. 计算机联锁的主要设备

计算机联锁系统包括硬件和软件两部分设备。

(1)硬件设备包括控制盘、智能显示器、打印机、主机、现场信号设备、传输通道及电源等。

(2)软件设备一般应包括操作输入、状态输入、联锁处理、控制(命令)输出、表示输出、诊断和其他系统联系模块。

操作输入模块将操作人员的操作信息输入到计算机中。

状态输入模块将室外监控对象的状态信息输入到计算机中。

联锁处理模块是实现联锁的部分，它是整个软件的核心。控制输入同状态输入、联锁处理三个模块构成了联锁程序。它们不仅应具有高度的可靠性，而且应具有高度的安全性，特别要有通用性，以适应各种结构和不同规模的车站。

表示(信息)输出模块将各种表示信息转送给控制台或显示器。

诊断模块是检测计算机内部故障的。

与其他系统联系模块是用来与调度集中系统、微机检测及车站管理系统取得联系的。

2. 计算机联锁的操作

当车站值班员办理进路时，需按压进路的始端按钮再按压终端按钮，于是微机就执行操作输入程序和联锁处理程序。首先根据输入的按钮代码，从进路矩阵中查找出相应的进路，然后检查是否符合选路条件，只有在完全满足选路条件后，程序才转入选路部分。程序进入选路部分后，先检查对应道岔是否在规定位置，然后将需变位的道岔转换位置，接着锁闭进路，并建立对应的运行表区。

信号开放程序执行是根据运行表区内容,连续不断地检查各项联锁条件,每检查一遍,条件满足时输入一个脉冲。信号开放期间,这些连续的脉冲信息,经过处理后,使信号电路动作。当列车进入信号机后方,信号机关闭,随着列车的运行,进路可顺序逐段解锁。

3. 计算机联锁的特点

(1)由于用计算机软硬件实现联锁逻辑关系,所以联锁设备动作速度快、信息量大,容易实现信号系统的自动控制和远程控制,可以扩大控制范围和增强控制功能。

(2)设备体积小,机件重量轻。可节省信号楼的建筑面积,降低材料消耗和工程造价,同时也便于安装调试及维修。

(3)采用了积木式的软件和硬件,通用性强。适应站场的改建和扩建,无需变动联锁设备,必要时只需修改软件。

(4)操作简便,提高了办理进路自动化水平。减少有关行车人员之间的联络,防止误操作,提高了作业的安全和效率。

(5)容易实现车站管理和联锁系统的自动化。计算机可以向旅客服务系统和列车运行监护系统等提供信息,并对设备工作情况及时记录显示并打印。

(6)由于采用了软件和硬件的冗余技术,便于实现故障导向安全的要求。

计算机联锁是车站信号设备的发展方向。今后还有待于使执行器件电子化,系统各组成部分标准化,使行车和调车、操作和维修逐步自动化,使系统的可靠性和安全性进一步提高,以满足运输工作的要求。

第四节　闭 塞 设 备

闭塞设备是用来保证列车在区间运行安全并提高区间通过能力的区间信号设备。

在单线区间,上行和下行两个方向的列车,按不同的时间都在同一条正线上运行。在双线区间,正常情况下,上行列车和下行列车分别占用一条正线,在区间每一条正线上虽然不会有对向列车,但还是可能有同向列车。为了防止同向列车在区间内尾追,或对向列车在单线区间内对撞,区间两端车站值班员在向区间发车前,必须办理行车联络手续,叫行车闭塞。用来办理行车闭塞的设备叫闭塞设备。闭塞设备必须保证在一个区间内同时只能有一个列车占用这一基本原则的实现。

我国《铁路技术管理规程》规定行车基本闭塞方法采用半自动闭塞、自动站间闭塞和自动闭塞三种。

在实行上述闭塞方法时,需要装设相应的闭塞设备。当基本闭塞方法因故不能使用时,应根据调度命令用电话闭塞作为代用闭塞方法。本书重点介绍半自动闭塞和自动闭塞。

一、半自动闭塞

半自动闭塞是我国铁路广泛采用的一种闭塞方式。这种闭塞方法在单线铁路和复线铁路上都可以采用。

(一)采用半自动闭塞时列车占用区间的凭证

为了保证实现在同一时间里某一个区间只能有一个列车占用，司机必须取得进入这一区间的行车凭证，才有权向该区间发车。因此，对于行车凭证必须严格控制。

采用半自动闭塞时，以出站信号机或通过信号机的显示作为列车占用区间的凭证。出站信号机不仅要和发车进路上的有关道岔互相联锁、而且要受闭塞机的控制。

1. 在单线铁路上，相邻两站的出站信号机，即使在发车进路已经准备妥当的条件下也不能任意开放，只有在区间空闲，取得对方车站值班员的同意，并办理必要的闭塞手续之后，发车站的出站信号机才能开放。

2. 当列车从车站出发进入区间，出站信号机就自动恢复定位。双方的闭塞机都处于闭塞状态。这时，两个车站的出站信号机都不可能开放。

3. 只有当列车到达对方站，使闭塞机复原以后，才可能为下一列车开放出站信号机。

因为这种闭塞制度既需要人工操纵，出站信号机又具有自动恢复定位的特性，所以叫做半自动闭塞。

(二)半自动闭塞的主要设备

在我国铁路上，普遍采用的是继电半自动闭塞，主要有 64D 和 64F 两种型号。64D 型单线半自动闭塞的设备主要有：

1. 操纵箱

半自动闭塞的操纵元件(包括按钮、电铃和表示灯等)，可以和联锁设备的操纵元件组装在同一个操纵台上，也可以单独设一个闭塞设备的小型操纵箱。如图 7-14 所示，在小型操纵箱的面板上，有闭塞按钮(BSA)、接车表示灯(JBD)、发车表示灯(FBD)、事故按钮(SGA)和计数器(JSQ)，为车站值班员随时了解区间的占用情况和办理闭塞、复原等手续之用。

2. 继电器箱

两个相邻的车站各有一个继电器箱，并用外部电线互相连接，闭塞设备的继电器都集中设在箱内。

两个车站的出站信号机都受两站闭塞设备的继电器控制，只有当两站办理了必要的闭塞手续，使发车站继电器箱内的开通继电器(KTJ)吸起，才能在发车进路准备妥当的情况下，开放发车站的出站信号机。

3. 轨道电路

为了检查列车的出发和到达，在车站出站咽喉的外面进站信号机内方，设有一段轨道电路。

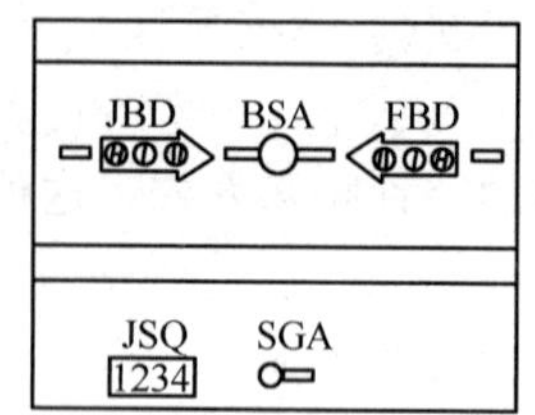

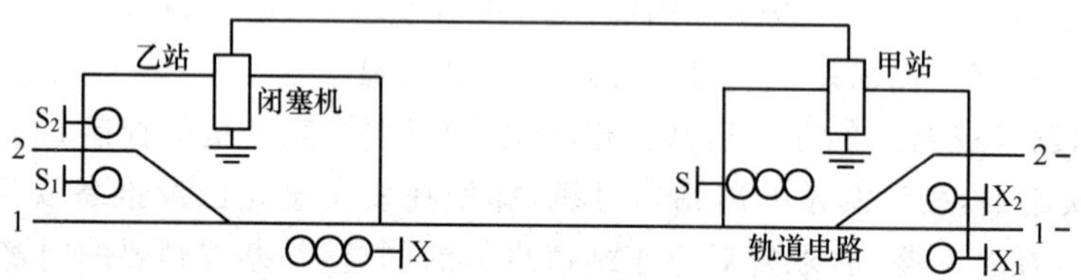

图 7-14　半自动闭塞设备组成框图

出发列车经过出站信号机进入轨道电路区段时，由于轨道继电器的动作，使开通继电器失磁落下，出站信号机就自动关闭。

此外，继电半自动闭塞还必须有相应的电源设备。

（三）半自动闭塞的办理手续

现在，我们以 64D 型单线继电半自动闭塞设备为例，简单说明它的办理手续。

1. 正常办理

设甲站为发车站，乙站为接车站，甲站值班员用闭塞电话征得乙站值班员同意后，还要办理如下手续（以 1 道发车为例）：

甲站值班员按压闭塞按钮，乙站铃响，接车表示灯亮黄灯；甲站铃响，发车表示灯也亮黄灯。

乙站值班员按压闭塞按钮，甲站铃响，甲站发车表示灯和乙站接车表示灯都由黄灯改亮绿灯。

甲站值班员命令扳道员准备发车进路，经检查进路无误后，将 1 道手柄扳到发车位置，并开放出站信号机 X_1。

列车出站，进入轨道电路区段后，出站信号机 X_1 自动关闭，乙站铃响。这时，甲站发车表示灯和乙站接车表示灯都由绿变红，表示区间已有列车占用。甲站值班员将手柄恢复定位，并用电话通知乙站列车出发。

乙站值班员命令扳道员准备接车进路，并检查确认进路无误后，将手柄扳到接车位置，然后开放进站信号机 X。

当列车进入乙站轨道电路区段时，乙站发车表示灯也亮红灯，表示列车到达（进站信号机自动恢复定位）。

乙站值班员确认列车全部到达以后，将手柄恢复定位(进站信号机恢复定位)，拔出闭塞按钮，表示灯即熄灭，乙站闭塞设备复原。甲站铃响，闭塞设备复原。在有的半自动闭塞设备上还设有预办设备。有了预办设备，乙站就可以在甲站办理闭塞以后，预先为乙站发车同甲站办理手续。等甲站的列车到达乙站并办完复原手续后，就会自动完成乙站向甲站开车的闭塞手续，节省了时间，提高了区间通过能力。

2. 正常取消复原

在办理闭塞过程中或办理闭塞手续以后，如甲站由于某种原因不能发车时，只要甲站尚未开放出站信号机(在电气集中车站，则允许开放出站信号机后)，经过双方同意，甲站拉出闭塞按钮(当设有取消按钮时按压取消按钮)，乙站铃响，两站的闭塞设备就都恢复原状。这是正常取消。

3. 事故取消复原

当闭塞设备断电后恢复供电或由于轨道电路发生故障等其他原因使闭塞设备不能正常复原时，经两站值班员一致同意，并共同确认区间内没有列车时，由发生故障的车站值班员办理事故取消复原：启开事故按钮的铅封，然后按下这一铵钮，两站的闭塞设备就可以复原。

(四)半自动闭塞的主要优缺点

在半自动闭塞条件下，由于两站之间办理闭塞的手续简单，而且不需要向司机递送实物凭证，所以比采用电气路签(牌)闭塞更能提高区间通过能力；同时，也不会发生递送上的人为错误，因而在保证行车安全方面也有一定的优越性。但是，当铁路的运量不断增大，要求进一步提高区间通过能力时，半自动闭塞也有它自己的局限性；而且，当区间线路发生故障，钢轨折损时，半自动闭塞设备也不能做出反映并导向安全。因此，在一定条件下，又必须采用自动闭塞来代替半自动闭塞。

二、自动闭塞

自动闭塞是由运行中的列车自动完成闭塞任务的一种设备。将两个相邻车站之间的区间正线划分成若干个小段闭塞分区(其长度一般为 1 200～1 300 m)，每个分区的起点设置一个通过信号机进行防护。由于闭塞分区内装有轨道电路，因而能够正确反映列车的运行情况和钢轨是否完整，并及时传给通过信号机显示出来，向接近它的列车指示运行条件，行车安全有了进一步的保证。由于通过色灯信号机的显示是随着列车的运行自动控制的，不需要人工操纵，所以叫自动闭塞。

目前，我国铁路上采用的自动闭塞主要有单线双向自动闭塞(在线路两侧均设通过信号机)和双线单向自动闭塞(每条线仅一侧设信号机)两种。

采用自动闭塞时，列车占用区间的凭证是出站信号机或通过色灯信号机的进行显示(绿灯或黄灯)，通过色灯信号机完全由列车自动控制。而出站、进站信号机一般由车站人工控制，只有在中间站上当有连续的通过列车时，可以由车站值班员按压“自动通过”按钮，改由列车自动控制。

（一）自动闭塞的基本原理

目前，我国铁路上广泛采用的是三显示自动闭塞，它用红、黄、绿三种颜色的灯光来指示列车运行的不同条件。双线三显示自动闭塞的基本原理，如图 7-15 所示。

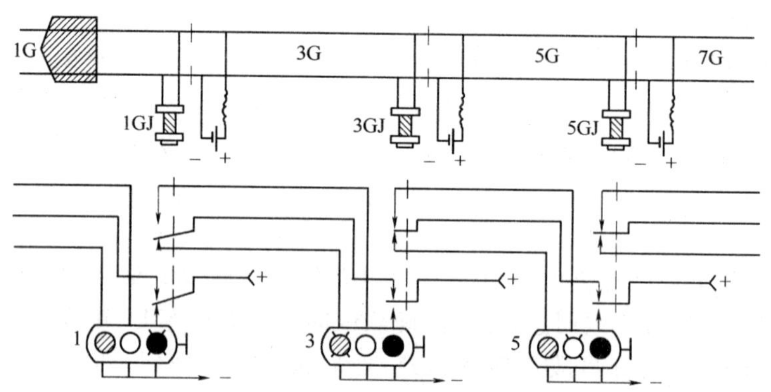

图 7-15　三显示自动闭塞原理

由图 7-15 可见，每一闭塞分区构成一个独立的轨道电路。当分区内无列车占用时，轨道继电器有电吸起。当列车在闭塞分区 1G 内运行时，由于轨道继电器 1GJ 被列车的轮对分路，它的前接点断开，从而使 1 号通过信号机亮红灯，表示该分区有列车占用，续行列车应在该信号机前停车。这时在它前方的 3 号通过信号机因闭塞分区 3G 空闲，轨道继电器 3GJ 有电吸起，前接点闭合而接通 3 号信号机的黄灯电路，使 3 号信号机亮黄灯，表示它所防护的闭塞分区空闲，要求续行列车注意运行，前方只有一个闭塞分区空闲。5 号通过信号机由于轨道继电器 5GJ、3GJ 都在吸起状态，通过 5GJ 和 3GJ 的前接点闭合绿灯电路而亮绿灯，准许续行列车按规定速度运行，前方至少有两个闭塞分区空闲，指示列车可按规定速度运行。其余的依次类推。

当线路上的钢轨折断时，由于轨道电路断电，继电器失磁释放衔铁，使信号机显示红灯，所以能更好地保证行车安全。

（二）四显示自动闭塞

随着列车重量、密度和运行速度的不断提高，三显示自动闭塞已不能适应需要，在我国运输繁忙的线路上，已采用四显示自动闭塞。此外，在修建的高速铁路上，也采用这种自动闭塞。

四显示自动闭塞是在三显示自动闭塞红、黄、绿三种灯光的基础上增加了一个黄绿灯光的显示，能预告列车前方三个闭塞分区的状态（如图 7-16 所示）。要求高速列车按规定速度越过黄绿显示的通过信号机后必须减速，以便使列车在黄灯显示下运行时不大于黄灯所要求的允许速度，保证能在显示红灯的信号机前停车。而对于低速运行的列车来说，越过黄绿显示的通

过色灯信号机时，则不必减速。这样就解决了某些线路上按不同速度运行的列车的行车要求。

四显示自动闭塞减少了列车追踪间隔时分(在自动闭塞区段，以闭塞分区间隔运行的前后两列同向列车之间的最小间隔时间)，从而增加了区段内通过的列车对数，提高了通过能力。

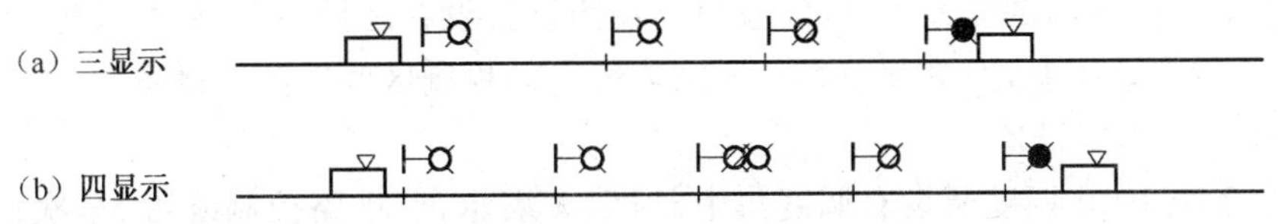

图 7-16　四显示自动闭塞显示数目与追踪间隔

(三)自动闭塞的主要优缺点

在自动闭塞区段中，相邻两个车站之间的正线划分成许多闭塞分区，可以同时有两个以上的同方向列车占用，比其他闭塞制度提高了区间通过能力。同时，由于轨道上全部装设了轨道电路，当区间有列车占用或钢轨折断时，都可以自动地使信号机显示停车信号，能够更好地保证列车在区间内的运行安全。

自动闭塞设备虽然比较先进，但比其他闭塞设备的初期投资大得多，因此，应当根据具体情况选用。在我国铁路上，双线区段多采用自动闭塞，单线区段多采用半自动闭塞。

第五节　行车调度及列车运行控制系统

行车调度控制系统是行车调度员(或车站值班员)对其管辖范围内的区段和车站联锁道岔和信号状态进行控制监督，并指挥列车运行的设备。行车调度控制系统有两种设备，即调度集中和调度监督。调度集中既是信号设备，又是一种行车方式。它以信号显示代替行车命令。调度员在指挥行车时不仅可对设备进行控制，还可以监督管辖范围内所有列车的运行情况。采用调度监督设备时，调度员只能监督管辖范围内所有列车运行情况，不能直接利用该设备控制列车运行。

列车运行控制系统是一种利用地面发送设备向运行中的列车传送各种信息，用以保证安全，并可提高行车效率的设备。它主要包括自动停车装置、机车报警、机车信号、列车速度自动控制等系统。当今由于通信技术和计算机技术的引入，必将促进列车控制技术向高度自动化方向发展。

一、调度集中及调度监督系统

(一)调度集中系统

调度集中是铁路上指挥列车运行的一种遥控遥信设备。

调度集中系统的指导思想是将铁路网络的一定数量或全部列车的调度指挥集中在若干个甚至一个指挥中心统一指挥，在运输指挥中心，工作人员可以根据旅客和货物的不同流向，科学地安排列车计划，根据列车的实际运行情况，统一指挥和及时调整列车的运行，在保证运输安全的前提下使运输生产效率达到最大化。

调度集中一般设在运输繁忙而中间站调车作业较少或沿线人烟稀少的区段。

设在运输繁忙区段的调度集中，区间应设自动闭塞。设在运量不大，沿线人烟稀少区段的调度集中，可不设自动闭塞，但必须设有可靠的连续自动检查区间空闲的设备。

1. 调度集中的主要设备

调度集中系统中，在调度所设有调度集中总机、大表示盘、进路控制终端、车次输入终端、彩色站场显示器、行车信息打印机及列车运行图描绘仪等设备；在每个车站设有调度集中分机和车站的电气集中设备，在每个车站的值班员室内设有车站电气集中的控制台。

2. 调度集中的主要功能

(1)控制功能

调度人员或计算机预先存储的运行命令，可以控制系统管辖范围内各车站的信号机、道岔以及排列进路、取消进路等。

(2)表示功能

利用发光二极管组成的大表示盘或彩色站场显示器，直观地显示出各车站信号机开放、关闭，进路排列，股道、道岔区段、闭塞分区占用，列车运行方向的情况等。

(3)车次追踪

通过操纵车次终端键盘输入列车车次，并可以将预排的车次输入系统内存储，列车车次可以根据列车运行的实际位置，跟踪显示在大表示盘和彩色站场显示器屏幕的相应位置上。

(4)列车实际运行图自动打印。列车运行早晚点统计打印。

3. 调度集中操作方法

调度集中可采用四种控制方式。

(1)程序控制方式(程控)：程序根据列车车次、运行地点和车站情况自动选排列车进路。

(2)预排控制方式(预控)：即储存控制，调度员根据列车运行，车站股道占用等实际情况，对车站排列列车进路。

(3)试排控制方式(试排)：可按正常的方法办理列车进路，但不开放信号。

(4)车站控制方式(站控)：车站值班员利用电气集中控制台办理列车进路。

当运输状态良好，列车可以按图行车时，可采用程控。当运输状态不正常难以转入程控时，可利用预控排列进路。试排主要用于电务维修作业。

从一种方式转换为另一种方式时，须经调度员和值班员共同确认，办理相应手续，方能实现转换。

4. 调度集中的主要优点

(1)提高区段的通过能力，单线安装运用调度集中后可提高通过能力20%～30%，如配合增加双线插入段，则可提高通过能力50%～70%。

(2)提高列车旅行速度20%左右。

(3)改善列车管理,减少列车晚点,晚点时能迅速调整运行图。

(4)提高了列车运行安全程度。

(5)节省人员,提高劳动生产率。

(6)合理使用铁路建设资金和运营开支,推迟双线建设期限。

(二)我国调度集中系统发展

我国铁路开展调度集中系统研发始于20世纪60年代,时至今日已经走过了40多年。从分离元件、小规模集成电路、中规模集成电路的布线逻辑,发展到采用大规模集成电路、微机化的CTC,逐步推出DD-2、DD-3、DD-4、D4、D5型CTC,设备体积逐渐缩小,功能逐渐强大,可靠性越来越高,但总体来说,我国调度集中的发展依然缓慢,过去的CTC系统在我国都没有能够得到成功的应用。到2003年,在与国外进行广泛交流,吸取外国成功应用CTC经验的基础上,认真分析我国铁路运输的特殊性,提出开发研究适合我国国情的分散自律调度集中系统。新一代分散自律调度集中系统,既要解决传统调度集中存在的主要问题,同时还要针对我国铁路的路情进一步开发铁路运输需要的各种新功能。

分散自律调度集中系统最典型的特点是分散自律,分散自律系统是指系统通过设置分散自律计算机,使调车进路和列车进路在时间和空间上实现可靠隔离,在有条件的车站实现无人化,实现运输指挥的高度集中化和智能化。

(三)调度监督系统

调度监督系统是远动系统中属于分散目标的遥信系统,它是铁路行车调度工作中的一种辅助设备,在自动闭塞区段安装使用。

调度监督系统与调度集中系统的区别是它只具备监督功能,而调度集中系统具备监督与集中控制两种功能。因此调度监督系统结构只考虑总分机的软件设计、硬件接口电路,不需考虑控制命令的传送与处理。

调度监督系统有区段调度监督、枢纽调度监督、分界口调度监督等形式。可供列车调度员及时了解、监督列车运行情况及信号设备状态。

二、列车运行控制系统

列车运行控制系统是一种利用地面发送设备向运行中的列车传送各种信息,使司机了解地面线路状态并控制列车速度的设备,用以保证行车安全,同时也能提高行车效率。

列车运行控制系统包括机车信号、列车自动停车装置以及列车速度监督和控制等。依据不同的要求安装不同的设备。机车信号和列车自动停车装置都可单独使用,也可以同时安装。列车速度监督和速度控制是机车信号和自动停车装置的进一步完善,是列车运行控制系统的高级阶段。

(一)机车信号及自动停车装置

1. 机车信号

机车信号也是一种固定信号,只不过它不是装在地面上,而是固定地装在司机室里。机车信号设备有两种基本类型。一是作为复示信号机,只起复示地面信号机显示的作用,司机应当以地面信号机的显示作为开车的主要依据,另一种是作为主体信号机,采用这种机车信号时,就不设地面的通过色灯信号机,它必须和列车自动停车装置配套使用。世界上多数国家采用后一类型,我国采用前一种,而且也和机车自动停车装置配套使用。

(1)机车信号的种类

机车信号分为连续式和接近连续式两种。

连续式机车信号主要用在自动闭塞区段,利用自动闭塞分区的轨道电路向机车上传送信息,因此在整个区间正线上,机车信号能连续地反映前方地面信号机的显示。

接近连续式机车信号用于非自动闭塞区段。它是在进站信号机外方制动距离附近的固定地点设置发送设备,同时又从固定地点到进站信号机之间加装一段轨道电路。因此它从固定地点到进站信号机处为止,都连续不断地向机车上传送地面信号机的信息,使机车信号机连续复示进站信号机的显示,这对于瞭望条件困难和运输繁忙的非自动闭塞区段是非常有利的。

机车信号显示方式见表 7-1。

表 7-1　机车信号的显示方式

信号显示		机车信号制式	
机车信号	接近地面信号	连续式(三显示)	连续式(四显示)
		准许列车按规定速度运行,表示列车接近的地面信号机显示绿色灯光	同三显示
		准许列车按规定速度注意运行,表示列车接近的地面信号机显示一个绿色灯光和一个黄色灯光	同三显示
		要求列车注意运行,表示列车接近的地面信号机显示一个黄色灯光	要求列车减速到规定的速度等级越过接近的显示一个黄色灯光的地面信号机
2		要求列车注意运行,表示接近的地面信号机显示一个黄色灯光,预告次一架地面信号机开放经 18 号及以上道岔侧向位置进路,显示一个黄色闪光和一个黄色灯光	要求列车减速到规定的速度等级越过接近的显示一个黄色灯光的地面信号机,并预告次一架地面信号机显示一个黄色闪光和一个黄色灯光
2		要求列车注意运行,表示列车接近的地面信号机显示一个黄色灯光,预告次一架地面信号机开放经道岔侧向位置的信号显示	要求列车减速到规定的速度等级越过接近的显示一个黄色灯光的地面信号机,并预告次一架地面信号机开放经道岔侧向位置的信号显示
		要求列车限速运行,表示列车接近的地面信号机开放经 18 号及以上道岔侧向位置进路,且次一架信号机开放道岔直向或 18 号及以上道岔侧向位置进路,显示一个黄色闪光和一个黄色灯光	同三显示
		要求列车限速运行,表示列车接近的地面信号机开放经道岔侧向位置的进路,显示两个黄色灯光	同三显示

续上表

信号显示		机车信号制式	
机车信号	接近地面信号	连续式(三显示)	连续式(四显示)
(半黄色半红色灯光，闪灯)	(红色灯光)(白色灯光)	表示列车接近的进站或接车进路信号机开放引导信号或通过信号机显示容许信号	同三显示
(半黄色半红色灯光，着灯)	(红色灯光)	要求及时采取停车措施，表示列车接近的地面信号机显示红色灯光	同三显示
(红色灯光，着灯)		表示列车已越过地面上显示红色灯光的信号机	同三显示
(白色灯光，着灯)		不复示地面上的信号显示，机车乘务人员应按地面信号机的显示运行	同三显示

注：接过连续式机车信号机的显示方式与连续式机车信号机相同。

图例：○ 绿色灯光　黄色灯光　双半黄色灯光　半黄色半红色灯光　● 红色灯光　◎ 白色灯光　半绿色半黄色灯光　着灯　闪灯

(2)机车信号的设备

按照机车信号的种类和信息传送方法的不同，机车信号的设备也各不相同。装在机车上的机车信号设备包括一对机车接收线圈，两个机车信号机，一个司机操纵盒(内装音响信号及操纵按钮)，一个电源分线盒(内设分线端子及稳压电源)，一个机车信号总箱(内设接收、放大、鉴频等设备和执行机构)。和移频自动闭塞配套使用的连续式机车信号，它的地面发送设备就是移频自动闭塞的发送部分，发送的信息是由地面信号机的显示控制的。信息的传送使用的是一般的电磁感应法，在轨道上流过的移频电流，使钢轨周围形成交变磁场，在机车前面悬挂着的一对接收线圈，由于在钢轨的磁场中运动，交变的磁力线穿过接收线圈的铁芯，使线圈由于电磁感应而产生交变电动势。

接收线圈是机车的接收设备，用它接收轨道上传来的信息。信息经过机车信号总箱的放大和鉴别，最后通过相应的执行机构，使机车信号机显示相应的灯光，并在必要时控制自动停车装置。

2. 自动停车装置

当列车前方地面信号为禁止命令时，向司机发出报警信号，若司机未作出反应，设备就强迫列车停车，这种设备称自动停车装置。

自动停车装置的主要部件有信息接收设备、电空阀、动力切除装置、音响报警设备、警惕手柄和控制电路等。自动停车装置可与机车信号结合使用，也可单独使用。

装设机车信号同时装设自动停车装置的机车，当使用机车信号时，自动停车装置部分应自动转为工作状态。

当机车信号的显示由一个绿色、一个黄色、一个双半黄色灯光变为一个半黄半红色灯光，或由一个半黄半红色灯光变为一个红色灯光，以及机车进入无码区段时，应及时发出音响报警。当单独使用自动停车装置时，在预告信号机至进站信号机和进站信号机至出站信号机之间，应发出周期性音响警报。司机听到音响警报后，如果在 7 s 内不按压警惕手柄，此时，自动停车装置上的电空阀就会自动开启，使列车制动主管迅速排风减压而施行强迫停车。

列车自动停车后，机车司机必须办理解锁，方能继续运行。实践证明，自动停车装置对于行车安全起到了很重要作用。在我国机车上，它与机车信号和列车无线调度电话构成了机车不可缺少的“三大件”。

(二)列车速度控制系统

前述的自动停车装置只能向司机报警，管不了机车实际运行速度。当司机失去警惕，而又习惯性地按压了警惕按钮却未采取制动措施使机车运行速度降低，仍会冒进信号，发生危及行车安全的事故。列车速度控制系统，可以进一步提高运输效率保证行车安全。

列车速度控制系统可分为：列车超速防护系统、列车自动减速系统和列车自动运行系统。

列车超速防护系统的基本原理是：当列车实际运行速度超过允许速度时，给司机报警，若司机失去警惕，列车速度继续增加，则当列车运行速度超过最大限制速度时，超速防护设备实施强迫制动，使列车停在显示“禁止”信号的信号机前方。

列车自动减速系统是当列车实际运行速度超过限制速度时，设备自动实施常用制动，使列车运行速度自动降低，当列车运行速度降低到低于限制速度一定值后，制动自动缓解，列车继续运行。

列车自动运行系统是当列车不能按列车运行图正点到达时，在自动减速系统允许速度的前提下，对列车运行速度进行自动调整，或加速或减速，使列车在保证安全的前提下，按最佳运行状态行驶。

从上述三种速度控制系统的原理中，列车超速防护系统在安全保障上是以人为主，设备起监督作用，又称速度监督。列车自动减速系统在安全保障上则以设备为主，人起监督作用。自动运行系统则是一种在列车运行上都是以设备为主的控制系统。

三、中国列车运行控制系统(CTCS，Chinese Train Control System)的发展

随着中国铁路的不断发展，客运专线的建设已经成为目前我们铁路工程建设的重点。而建设高速客运专线铁路通信信号系统的关键技术主要有：列车速度控制技术、地面—车上信息传输技术、数字通信技术、移动无线组网技术、微电子设备安全技术、电磁兼容技术等，其中最关键是列车运行速度控制技术和与之相应的地面—车上信息传输技术。我国正在编制的中国列车运行控制系统 CTCS 技术规范参照欧洲列车运行控制系统(简称 ETCS)。

(一)CTCS 系统组成

CTCS 系统由车载子系统和地面子系统组成。

地面子系统可由以下部分组成：应答器、轨道电路、无线通信网络(GSM-R)、列车控制中心(TCC)/无线闭塞中心(RBC)。其中 GSM-R 不属于 CTCS 设备，但是重要组成部分。

应答器是一种能向车载子系统发送报文信息的传输设备，既可以传送固定信息，也可连接轨旁单元传送可变信息(图 7-17)。

图 7-17　无源应答器

无源应答器提供的信息主要包括线路的坡度、闭塞分区或轨道电路长度、载频、线路固定限速等信息。无源应答器设置位置：区间每个闭塞分区设置一处。若区间一处丢失，不影响正常运用。

轨道电路具有轨道占用检查，沿轨道连续传送地车信息功能，应采用 UM 系列轨道电路或数字轨道电路。我国现在已开发成功自主产权的 ZPW2000 无绝缘轨道电路。

无线通信网络(GSM-R)是用于车载子系统和列车控制中心进行双向信息传输的车地通信系统。GSM-R 数字移动通信系统是中国铁路现代化的重要基础网络设施，GSM-R 网络将随着铁路建设和改造逐步覆盖中国铁路主要干线，形成全国统一的移动通信平台(图 7-18)。通过对国际铁路联盟 GSM-R 技术的消化、吸收、再创新，与中国铁路运输相适应的调度通信、应急通信、列车尾部风压信息、车次号、调度命令、接车进路信息、机车同步操控信息、平面调车信息的传送等功能得以实现，极大地扩展了 GSM-R 系统的应用范围。

列车控制中心是基于安全计算机的控制系统，它根据地面子系统或来自外部地面系统的信息，如轨道占用信息、联锁状态等产生列车行车许可命令，并通过车地信息传输系统传输给车载子系统，保证列车控制中心管辖内列车的运行安全。

车载子系统可由以下部分组成：CTCS 车载设备、无线系统车载模块。CTCS 车载设备是基于安全计算机的控制系统，通过与地面子系统交换信息来控制列车运行。无线系统车载模块用于车载子系统和列车控制中心进行双向信息交换。

(二)CTCS 应用等级

CTCS 根据功能要求和设备配置划分应用等级，分为 0-4 级(如图 7-19 所示)。

CTCS 应用等级 0(以下简称 L0)：由通用机车信号＋列车运行监控装置组成，为既有系统。

CTCS 应用等级 1(以下简称 L1)：由主体机车信号＋安全型运行监控记录装置组成，点式信息作为连续信息的补充，可实现点连式超速防护功能。

CTCS 应用等级 2(以下简称 L2)：是基于轨道传输信息并采用车—地一体化系统设计的列车运行控制系统。可实现行指—联锁—列控一体化、区间—车站一体化、通信—信号一体化和机电一体化。

CTCS 应用等级 3(以下简称 L3)：是基于无线传输信息并采用轨道电路等方式检查列车

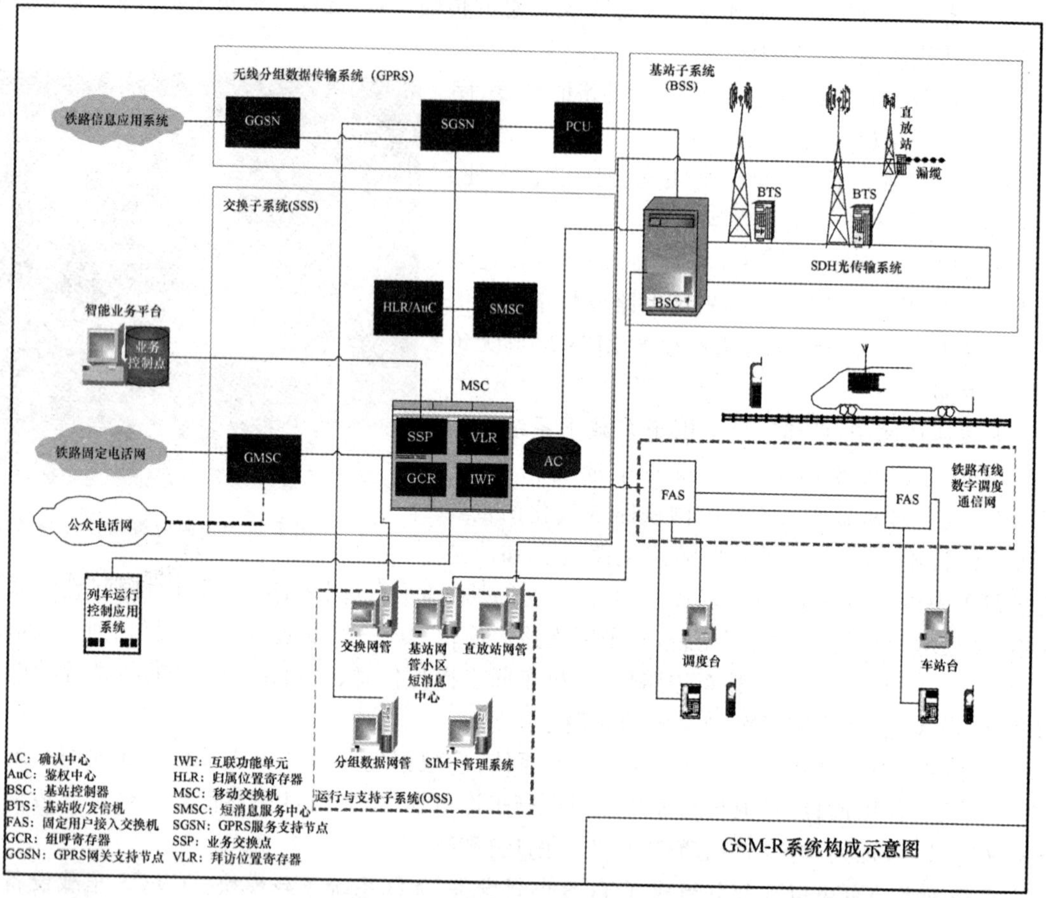

图 7-18　GSM-R 系统构成图

占用的列车运行控制系统。点式设备主要传送定位信息。

CTCS 应用等级 4(以下简称 L4):是完全基于无线传输信息的列车运行控制系统。地面可取消轨道电路,由 RBC 和车载验证系统共同完成列车定位和完整性检查,实现虚拟闭塞或移动闭塞。

同条线路上可以实现多种应用级别,L2、L3 和 L4 可向下兼容。

(三)CTCS 2(对应于 ETCS 1)

CTCS2 级是基于轨道电路和点式信息设备传输信息的列车运行控制系统,面向提速干线和时速为 200 km/h 及以下的新线,采用车—地一体化设计。适用于各种限速区段,地面可不设通过信号机,机车乘务员凭车载信号行车,是一种点—连式列车运行控制系统,功能比较齐全并适合国情。

轨道电路完成列车占用检测及完整性检查,连续向列车传送控制信息。点式信息设备传

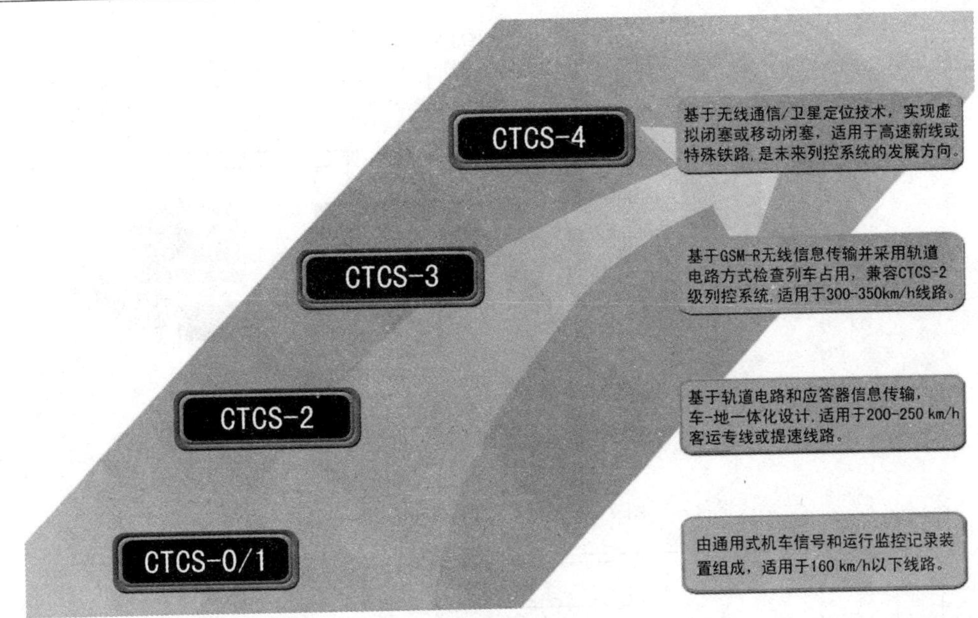

图 7-19　CTCS 应用等级

输定位信息、进路参数、线路参数、限速和停车信息。

车载设备主要由以下几种构成：连续信息（接收模块完成轨道电路信息的接收与处理）；点式信息（接收模块完成点式信息的接收与处理）；测速模块（实时检测列车运行速度并计算列车走行距离）；设备维护记录单元（对接收信息、系统状态和控制动作进行记录）；车载安全计算机（对列车运行控制信息进行综合处理，生成目标距离模式曲线，控制列车按命令运行）；人机接口（车载设备与机车乘务员交互的接口）；运行管理记录单元（记录与运行管理相关的数据，规范机车乘务员驾驶）；预留无线通信接口（如图 7-20 所示）。

CTCS2 级采取目标距离控制模式（又称连续式一次速度控制）。目标距离控制模式根据目标距离、目标速度及列车本身的性能确定列车制动曲线，不设定每个闭塞分区速度等级，采用一次制动方式。

CTCS2 级采取的闭塞方式称为准移动闭塞方式。准移动闭塞的追踪目标点是前行列车所占用闭塞分区的始端并留有一定的安全距离。而后行列车从最高速开始一次制动曲线的计算点是根据目标距离、目标速度及列车本身的性能计算决定的。目标点相对固定，在同一闭塞分区内不依前行列车的走行而变化，而制动的起始点是随线路参数和列车本身性能不同而变化的。空间间隔的长度是不固定的，由于要与移动闭塞相区别，所以称为准移动闭塞。显然其追踪运行间隔要比固定闭塞小一些（地面子系统如图 7-21）。

（四）CTCS3

CTCS3 级是基于无线传输信息并采用轨道电路等方式检查列车占用的列车运行控制系

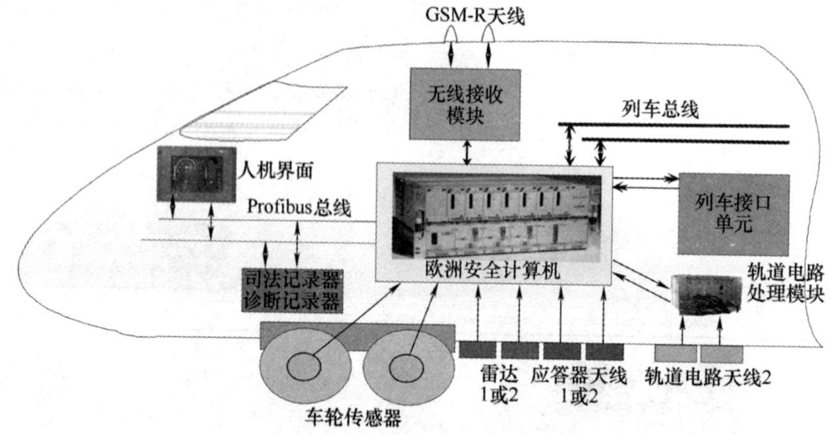

图 7-20　CTCS2 车载子系统

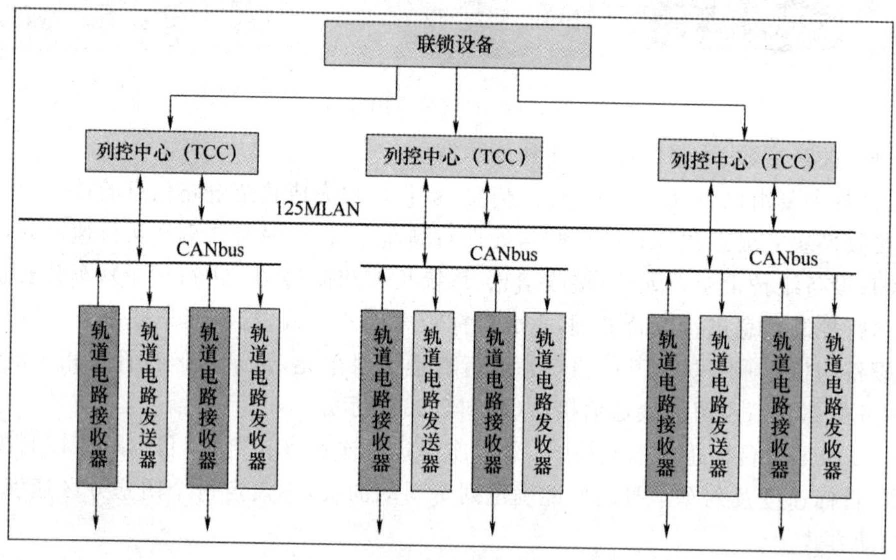

图 7-21　CTCS2 地面子系统

统。CTCS3 级面向提速干线、高速新线或特殊线路，基于无线通信的固定闭塞或虚拟自动闭塞。CTCS3 级适用于各种限速区段，地面可不设通过信号机，机车乘务员凭车载信号行车（如图 7-22 所示）。CTCS3 是在 CTCS2 级列控系统的基础上，地面增加无线闭塞中心（RBC），车载设备增加 GSM-R 无线信息接收模块，实现基于 GSM-R 无线信息传输的列车控制系统。能够确保动车组在 300～350 km/h 条线下的运行安全。

1. 地面子系统组成

无线闭塞中心（RBC）

使用无线通信手段的地面列车间隔控制系统。它根据列车占用情况及进路状态向所管辖列车发出行车许可和列车控制信息。所使用的安全数据通道不能用于话音通信。

无线通信(GSM-R)地面设备作为系统信息传输平台完成地一车间大容量的信息交换。

点式设备主要提供列车定位信息。

轨道电路主要用于列车占用检测及列车完整性检查。

2. 车载子系统组成

无线通信(GSM-R)车载设备作为系统信息传输平台完成车一地间大容量的信息交换。

点式信息接收模块完成点式信息的接收与处理。

测速模块实时检测列车运行速度并计算列车走行距离。

设备维护记录单元对接收信息、系统状态和控制动作进行记录。

车载安全计算机对列车运行控制信息进行综合处理,生成目标距离模式曲线,控制列车按命令运行。

人机接口车载设备与机车乘务员交互的接口。

运行管理记录单元规范机车乘务员驾驶,记录与运行管理相关的数据。

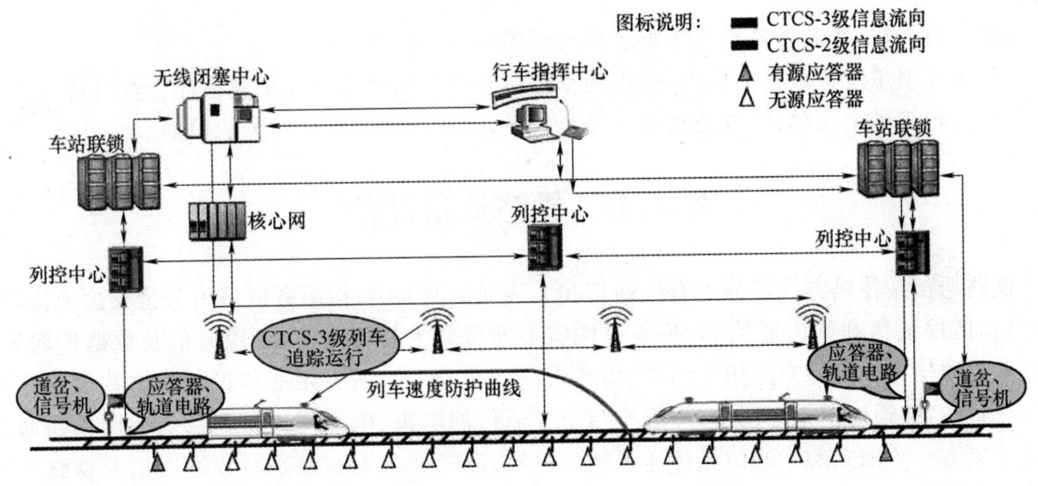

图 7-22　CTCS3 系统原理

(五)CTCS4

CTCS4 级是基于无线传输信息的列车运行控制系统。CTCS4 级面向高速新线或特殊线路,基于无线通信传输平台,可实现虚拟闭塞或移动闭塞。CTCS4 级由 RBC 和车载验证系统共同完成列车定位和列车完整性检查。CTCS4 级地面不设通过信号机,机车乘务员凭车载信号行车。

虚拟闭塞是准移动闭塞的一种特殊方式,它不设轨道占用检查设备,采取无线定位方式来实现列车定位和占用轨道的检查功能,闭塞分区是以计算机技术虚拟设定的。移动闭塞:追踪目标点是前行列车的尾部，留有一定的安全距离，后行列车从最高速开始制动的计算点是根据目标距离、目标速度及列车本身的性能计算决定的。

1. 地面子系统组成

(1)无线闭塞中心(RBC)。

(2)使用无线通信手段的地面列车间隔控制系统。它根据列车占用情况及进路状态向所管辖列车发出行车许可和列车控制信息，所使用的安全数据通道不能用于话音通信。

(3)无线通信(GSM-R)地面设备。

(4)作为系统信息传输平台完成地一车间大容量的信息交换。

2. 车载子系统组成

(1)无线通信(GSM-R)车载设备。

(2)作为系统信息传输平台，完成车—地间大容量的信息交换。

(3)测速模块，实时检测列车运行速度并计算列车走行距离。

(4)设备维护记录单元，对接收信息、系统状态和控制动作进行记录。

(5)车载安全计算机，对列车运行控制信息进行综合处理，生成目标距离模式曲线，控制列车按命令运行。

(6)人机接口，车载设备与机车乘务员交互的接口。

(7)全球卫星定位或其他设备，提供列车定位及列车速度信息列车完整性检查设备。

(8)运行管理记录单元，规范机车乘务员驾驶，记录与运行管理相关的数据。

第六节　铁路通信设备

铁路通信按传输方式可分为有线通信和无线通信两大类；按服务区域可分为长途通信，地区通信，区段通信和站内通信等；按业务性质不同可分为公用通信，专用通信及数据传输等。铁路专用通信一般是指专门用于组织、指挥铁路运输及生产的专用通信设备。这些设备专用于某一目的，接通一些指定用户，一般不与公务通信的电报、电话网连接。目前我国铁路通信系统已成为一个独立的主要信息传递系统。可靠、易维修及大容量是对普通通信及铁路专用通信的共同要求。

图像通信、会议电视、可视电话技术已成为现代化通信的发展方向。移动通信、卫星通信、微波中继通信、室内无线通信等将与光纤通信、程控交换等相结合，形成一个多种方式和手段的通信网，它将大大提高通信的可靠性和有效性，以满足铁路运输的需要。

一、几种主要的铁路专用通信设备

1. 列车调度电话

铁路列车调度电话是调度所调度员指挥沿线各车站及列车段、机务段等有关列车运行人

员关于列车运行业务的通信设备。其总机部分安装在调度所，分机安装在沿线各车站。货运调度、电力调度、局线调度等电话，其设备与列车调度电话相同。

我国铁路采用音频选号调度电话，采用音频作为选叫信号，总机呼叫分机只要按下按键即可，呼叫时间短，操作方便。调度电话总机工作原理如图 7-23 所示。

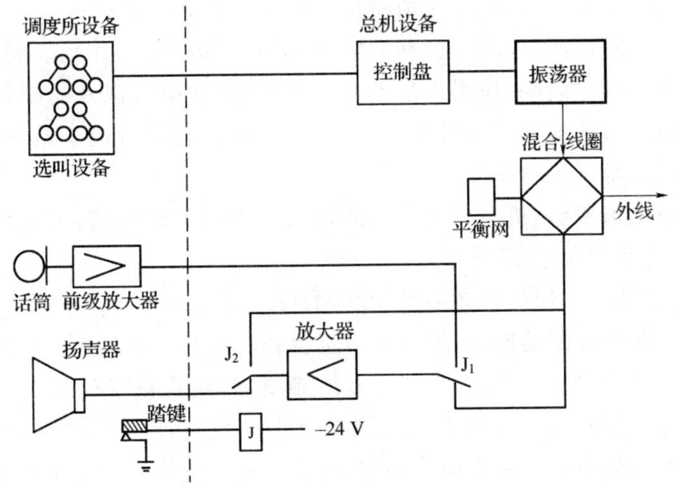

图 7-23 调度电话总机工作原理

采用双音频选叫信号时，用两个不同的音频频率组成一个选叫信号。这样，6 个频率就可以用于 30 个分机，7 个频率就可用于 42 个分机。因此采用双音频选号呼叫时所需的频率数比采用单音频时可以大大减少，同时出现的误动的可能性也小，提高了设备的可靠性。

为了适应列车调度指挥工作的需要，双音频选号调度电话可以单独呼叫某个分机，也可以采用不同组合的双音频信号作为组呼(分组呼叫)和全呼(全部呼叫)。

调度员呼叫某一分机时，首先按压该分机的按键，利用控制盘中的电子电路使振荡器起振，依次送出代表该分机的两个频率，通过混合线圈送向外线再传给分机。线路上各分机经过选频以后，只有符合该两频率的一个分机振铃。在振铃期间有回铃信号通过外线回送到总机，经混合线圈、放大器至扬声器。调度员听到回铃声，表示该分机已经呼出，即踏下踏键，使继电器 J 动作，继电器接点转换，这时调度员的话音电流经前级放大器放大，再经混合线圈送往外线，因此分机可以听到调度员讲话。调度员停止讲话时，必须将踏键放开，使放大器处于原位，即定位受话状态，分机话音电流由外线、混合线圈、放大器至扬声器，因而调度员可以听到分机讲话。由于放大器单向工作，只能放大一个方向的电流，放大相反方向的电流时必须将放大器换向，所以调度员讲话时必须踩下踏键。由于放大器在定位受话状态工作，我们将这种通话方式称为总机定位受话，操纵送话的单工方式。调度员和分机不能同时发话，而只能轮流对话。

调度电话分机，应能在接受总机选叫后立即振铃或发出音响，并能直接呼叫总机及进行通话。

随着通信技术的发展,如果采用数字编码信号选叫分机并采用程序控制,则是程控调度电话。程控调度电话选叫速度快、功能多、音质好,是今后普及发展的方向。

2. 列车无线调度电话

列车有线调度电话仅供列车调度员和车站值班员之间进行通信联系,而列车无线调度电话则可供列车调度员、机车调度员、车站值班员等调度指挥人员和列车司机相互通话。这对于提高运输效率、缩短运行时间、及时掌握和调整列车运行都有重大作用。同时,列车在运行过程中,发生临时故障或区间线路、桥梁出现不正常现象时,司机可以及时报告调度员或邻近的车站值班员,也可以直接通知邻近区段的机车司机,或车长向司机或车站值班员通报情况,以便及时采取错施,更好地确保行车安全。

列车调度员、车站值班员、机车司机之间的通信称为大三角通信,车站值班员、机车司机、车长之间的通信称为小三角通信。

列车无线调度电话统一使用的频率是 400 MHz。实行 A、B、C 三种制式。A 制式在调度集中区段使用,带有集中控制功能,调度员可以远程指挥运行中的列车。B 制式用在繁忙干线上。C 制式适用于一般线路上。A 制式兼容 B、C 制式,B 制式兼容 C 制式。

目前我国铁路采用的 TW-42 型列车无线调度电话设备,除了保留有线选号通信设备以外,在调度区段内的车站值班员室中设有固定电台,在机车上设有机车电台和车长便携台。为了使有线通信系统和无线通信系统相互连接和分离,在车站还设有无线有线转接设备。列车无线调度电话的组成如图 7-24 所示。

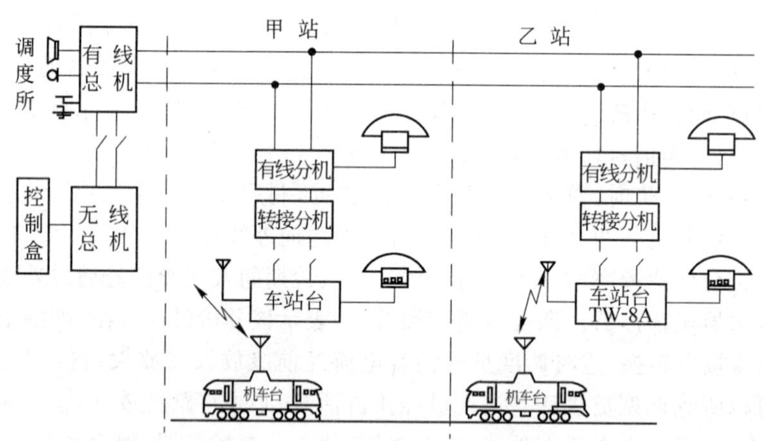

图 7-24 列车无线调度电话的组成

当车站值班员和司机通话时,车站值班员的话音电流经车站固定电台调制后的高频能量,通过天线变换为电磁波能量向周围区间幅射,于是在此区间内被机车上的电台所接收,就能通话联系。

调度员呼叫司机可以选站呼叫,也可以用全线站台呼叫的方式,无论哪种方式,都要通过车站的有线无线转接设备把调度控制台和车站天线连接起来,发出电磁波,进行通话。调度员

与司机、车站值班员与司机间可用双频双工方式通话。司机与车长、司机与车站值班员，车长与车站值班员间可用同频率单工通话。在山区弱电场，司机与司机、司机与车长间用异频单工通话。司机呼叫分局调度员，一种方式是自动转接，另一种方式是征得车站值班员同意，由车站值班员按下专门的按钮，将车站固定台与调度所的通信线接通，然后司机才能和调度员谈话，这是为了保证分局调度员的工作时间，防止打扰他的工作。

3. 铁路站场通信系统

铁路站场通信也是铁路专用通信的一部分，它主要是解决站场工作人员相互联系通信的设备。它包括站场电话系统、站场扩音对讲系统、站场无线电话系统和客运广播系统。

站场电话是供站内运输人员指挥站内行车和调车作业，以及联系车站日常运输组织工作之用。

站场扩音对讲装置，包括行车作业使用的对讲设备和供调车作业使用的对讲设备，并且可向室外扩音。

站场无线电话，是站场流动作业人员之间和流动人员与固定作业人员之间互相联系使用的设备，以便保证作业安全和提高作业效率。

客运广播系统供客运作业人员使用。为了便于客运服务，客运扩音设备常采用分路输出，分别向候车室、各站台、站前广场等处进行广播，成为客运站不可缺少的设备之一。

二、常用通信设备

1. 自动电话

自动电话是用户通过拨号盘直接控制自动电话交换机完成接线工作。在用户较多的电话网中，为了用户之间互相通话，要采用电话交换机，现在广泛采用数字程控交换机。

数字通信，就是把所需传送的信息，通过一定方式将其用二进制数字编码传输出去。二进制可用脉冲的有无或三极管的导通与截止来代替 0 或 1，这在传输过程中只需识别脉冲的有无，所以抗干扰能力强，并且易于输入计算机进行处理。

程控交换机是存储程序控制交换机的简称，它利用电子计算机控制。它把电话交换机的各种控制功能按步骤编成程序存入存储器，利用存储器所存的程序来控制交换机的工作。

2. 载波电话

长途通信距离很远，架设线路费用大，而铁路各单位之间联系频繁，通话次数很多。因此，必须设法使一对线路能容纳多对人同时通话而互不影响。这就是载波电话在铁路局线和干线的长途电话、调度电话、会议电话中获得广泛应用的基本原因。

载波电话把每对讲话人频率几乎相同的话音电流，分别提高到不同的频率高度，然后把这些不同频率的话音电流同时送到一对导线上，并向对方发送，这种方法叫做调制。当话音电流到达通话的对方时，再把它还原成话音频率电流，这叫做解调。这样几对用户就可以互不干扰地同时通话了。

3. 微波通信

微波是指波长为 1 mm 至 1 m 波段范围内的很短的电磁波，或相当于频率 300 MHz(3×108 Hz)至 300 KHz(3×105 Hz)频率范围内的电磁波。10 cm 至 1 m 的微波又叫分类波，1 cm至 10 cm 的微波又叫厘米波，1 mm 至 10 mm 的微波又叫毫米波。波长愈短，电磁波的频率愈高。厘米波的频率是 3×109 至 3×1 010 Hz；毫米波的频率是 3×1 010 至 3×1 011 Hz。

微波的特性和一般中波、长波、短波的特性不同。它的波段覆盖范围很宽，可以容纳较多的话路；由于它的波长很短，只要用几何尺寸较小的天线设备就能把无线电波集中在一个方向发射出去；微波碰到导体、水等有强烈的反射作用；它受电气干扰或自然界的雷电干扰较小。这些都是微波通信的优越性。

微波是直线传播的，因此，为了保持一定的通信距离，在平地两点建立这种通信时，就需要把天线架在铁塔上。为了实现长途通信，还要在两个终端电台中间加设一些微波中继站，用不太高的天线把从前一个中继站接收来的信号放大后，再送到下一个中继站去，这样逐一下传，最后送到终端站被接收。这种通信方式叫做微波中继通信。

4. 卫星通信

卫星通信是指利用人造地球卫星作为中继站转发或反射无线电波，在两个或多个地球站之间进行的通信，它实际也是微波通信，由于它具有通信距离远，覆盖面积大，通信质量高等优点，所以人类发射卫星并利用卫星通信，到发射和使用通信卫星虽然仅仅经历了几十年的时间，但卫星通信已成为发展最迅速的一种通信方式。近年来发展起来的 VSAT(甚小孔径终端)卫星通信系统，灵活性强，可靠性高，成本低，使用方便，可以直接安装在用户端，可实现远距离计算机联网，具有很大的实用价值。我国铁路利用卫星的数据通信网，已将乌鲁木齐、兰州、柳州三局与铁道部连通，使用效果良好。

5. 高速铁路通信设备

随着列车速度的提高，对通信也提出了更高要求。

(1)采用大容量高速率综合数字网

高速铁路通信网的通信业务包含电话、控制、监视信号。集话音、图象、数据等综合信息传输为一体，改变了传统的以话音通信为主的业务方式。各种列车控制信息传输、运营管理系统、监视测量信息及相应的数据处理系统均应纳入通信系统，因此高速铁路的通信网应采用大容量、高速率的综合业务数字网。图 7-25 是基于 GPRS 的数据信息传送：GSM-R 系统通过 GPRS 方式，实现了车次号、调度命令、列车尾部风压信息、接车进路等信息的传送，提高了运输效率和安全性，利用 GSM-R 系统实现上述功能。

(2)控制信号传输实时和可靠

普通列车运行速度最高 100～120 km/h，而高速列车达到 250～300 km/h，列车间隔也大大减小，为确保行车安全，必须要求铁路通信系统保证对控制信号传输快速及可靠，从通信系统上要具有先进性，设备及信道要有冗余备份，采用有效的差错控制和故障检测以及自动恢复措施。

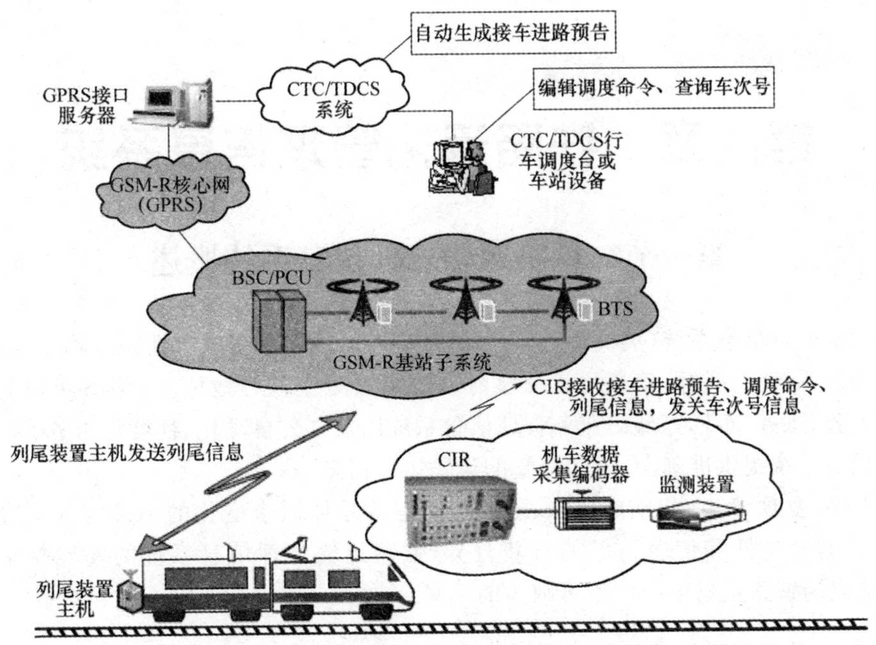

图 7-25　基于 GPRS 的数据信息传送

(3)可靠快速的通信传输线路

高速铁路传输信息量比普通列车信息量成倍剧增，通信系统应提供大容量高效率高可靠性的传输与交换方式。宜采用光缆为主、备用传输及大容量、低延时的交换设备。应采用通信、信号及计算机为一体的系统。

高速铁路通信系统应打破传统的通信与信号独立工作的方式，通信系统建立在光缆数字数据传输基础上，由计算机整理和处理各种列车运营信息和设备状态信息、排列进路，通过人机对话和调度集中设备编制和调整列车运行图，保证列车正常运行。

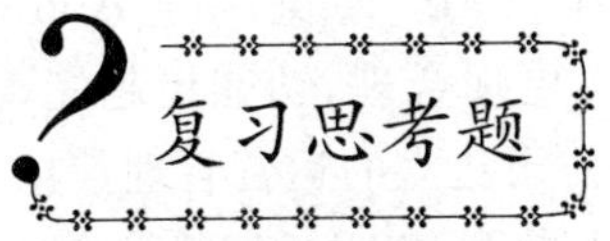

1. 简述各种信号机的设置位置。
2. 简述联锁设备的安全要求。
3. 简述轨道电路的原理。
4. 简述三显示自动闭塞的原理。
5. 简述我国 CTCS 的发展阶段。

第八章 铁路运输管理信息系统

第一节 铁路运输管理信息系统概述

铁路运输管理信息系统(英文简称 TMIS)是应用信息技术在中国铁路运输系统建立起来的现代化管理系统。在铁路信息化建设规划中,TMIS 处于核心地位。TMIS 可以为财务、统计、机务、电务、工务、车辆等部门业务管理信息系统以及办公自动化、社会化服务、决策支持等综合管理信息系统提供准确、及时和完整的运输生产信息。

自 1992 年立项,1994 年实施以来,随着铁路运输总体需求变化的不确定性、铁路运输系统改革发展的紧迫性和信息技术的日新月异,铁路运输管理信息系统的发展越来越完善,TMIS 已经成为铁路运输生产中不可缺少的工具。

一、国外铁路信息系统发展概况

国外铁路信息系统建设始于 20 世纪 50 年代,发展于 60 年代,在 70、80 年代形成规模。60 年代中期,美国南太平洋铁路公司开发建设了综合运营管理信息系统 TOPS(Total Operations Processing System),它是信息技术在铁路运输管理工作中应用的里程碑。后来北美铁路和英国铁路等十多家公司引进 TOPS 技术加以改造完善,形成了具有本企业特点的铁路运营信息管理系统。其他技术比较发达的国家如西欧诸国、日本等均建立了相似的系统。

随着信息技术的发展,铁路信息系统的建设步伐也越来越快。20 世纪 60 年代末,加拿大国铁(CN)在引进 TOPS 的基础上加以改造研发而成了 TRACS(Traffic Reporting And Control System),它以编组站现车系统作为基础,使整个系统的结构更加合理,功能更趋完善,具有广泛的适应性。70 年代,北美铁路协会(AAR)在北美各铁路公司建立的运营管理信息系统的基础上组建了铁路货车管理自动化信息网 TRAIN;英国在引进 TOPS 的基础上增加了客运管理系统;法国国铁建立了货运集中管理系统 GCTM;德国铁路建立了综合运输管理系统 ITS;前苏联、罗马尼亚和波兰也曾计划建立类似的系统。

为了适应以高速行驶为标志的先进牵引动力的发展要求,20 世纪 80 年代一些铁路信息化建设比较先进的国家开始将信息技术应用于行车调度指挥工作中。1983 年,美国和加拿大共同开发了先进列车控制系统(ATCS),通过无线电技术把调度指挥中心的中央计算机和列车上的微机形成闭环,组成一个综合的铁路指令和控制系统,进而实现列车运行自动调整。

1986 年，法国铁路开发了连续实时列车运行自动化系统(ASTREE)，这个系统可以通过移动设备改造来集中控制列车、以数据来管理列车运行。1987 年，日本铁路对 1972 年实施的“新干线行车管理系统”(COMTRAC)进行了功能完善和系统更新，使系统具备了“进路控制”、“编制调整运行图”和列车运行显示自动化功能。

20 世纪 90 年代，随着网络技术的日新月异，国家间的铁路运输信息系统的互联互通得到了飞速发展。1995 年，意大利国家铁路(FS)、法国国营铁路(SNCF)和德国铁路公司(DBAG)联合开发试验欧洲铁路运输管理系统(ERTMS)。该系统实现了新的欧洲列车运行控制和超速防护系统协调，可以保证互通性以及替换用于过境机车上的列车控制设备，进而把列车运行图编制系统、列车运行控制和超速防护系统、运价系统组合成一体化的总系统。该系统已于 2000 年 3 月完成了互通性试验。

二、中国铁路信息系统发展概况

中国铁路运输系统应用信息技术是以建设全路运营管理信息系统为标志的。从 20 世纪 60 年代开始，主要用于模拟人工编制汇总铁路运输计划、运输指标日常统计、铁路物资统计等。从 70 年代开始规划铁路的计算机技术应用和计算机设备类型，到 80 年代计算机在铁路运输的应用范围逐步扩大，部分应用项目发展到全路联网运行。同时以京沪圈(北京—上海之间)为试验基地进行了总体设计，但都没能实施。1991 年 12 月 25～26 日铁道部召开的由铁道部主要领导主持、部内各业务司局负责人和有关专家 70 余人参加的“铁道部运营管理信息系统”专题研讨会，确定了系统总体设计的基本原则。该系统主要包括以下几个分系统：

(1)运输管理信息系统；
(2)财务管理信息系统；
(3)统计管理信息系统；
(4)机务管理信息系统；
(5)供电给水管理信息系统；
(6)车辆维修管理信息系统；
(7)工务管理信息系统；
(8)物资管理信息系统；
(9)工业管理信息系统；
(10)电务设备管理信息系统；
(11)基建管理信息系统。

三、TMIS 的发展

TMIS 的英文全称是 Transportation Management Information System，是“铁道部运营管

理信息系统”中最重要的一个分系统。是国家“八五”计划中的12个重点建设系统之一。1992年铁道部TMIS总体设计组编制完成了《TMIS铁路运输管理信息系统总体设计》,并于1992年底通过了铁道部组织的专家评审,该系统于1994年开始实施,2004年底完成。

(一)TMIS的总体设计原则

1. 系统要以实现对货车、机车和集装箱的实时追踪管理为主要目标。在着眼于改革、照顾到现状的精神指导下逐步开发铁道部、铁路局和站段运输生产所需要的应用软件。

2. 总体设计要结合中国的国情、路情,尽可能采用国外成熟的硬、软件先进技术,保证整个设计的先进性。通过对世界上各国运输管理信息系统的全面分析,采用加拿大国铁的TRACS技术作为设计的基础。

3. 系统设计要贯彻“精打细算、节约投资”的原则,集中开发先实现有限目标,预留逐步发展的余地,使该系统具有良好的可扩充性。

4. 系统要有完善的可靠性措施。

2001年末,铁道部结合信息技术的发展和TMIS的实施进度对TMIS的总体结构按下列原则进行了调整。具体如下:

1. 采用集中和分布处理相结合的总体结构;

2. 数据处理采用实时处理和批处理相结合;

3. 对根据业务内容划分的TMIS纵向功能子系统和以层次(铁道部、铁路局和站段)划分的横向综合系统进行整合;

4. 对已经形成的TMIS运输生产网和企业内部局域网进行联网整合;

5. 应用软件产品化,即标准应用软件统一维护和升级;

6. 系统接口标准化,即TMIS各应用系统的接口和传输格式统一采用TMIS标准;

7. 实行统一的用户操作界面和统一的基础信息编码。

(二)TMIS的应用目标

任何一个系统的建设都包含着两个目标,一是工程目标,即系统硬件工程的建设进度;二是应用目标,即系统工程目标实现后系统所要达到的应用效果。

在TMIS立项时提出的系统应用目标是“实时收集全路列车、机车、车辆、集装箱以及所运货物的动态信息,实现列车、机车、车辆、集装箱的节点式实时追踪管理,为全路各级运输生产人员提供及时、准确、完整的信息和辅助决策管理方案,以实现均衡运输、紧密运输,提高运输效率,提高运输管理现代化水平”。

由于在TMIS立项时提出的系统应用目标比较宏观,因此在2001年末铁道部对TMIS的应用目标调整如下:

1. 实现运输市场信息和客户需求信息的管理。动态掌握货源分布动态和运输货物在途状态;动态掌握托运人的货运订单和请求车需求;动态掌握企业自备车(箱)的位置及状态;动态掌握重点客户、重点企业和重点物资的运输计划执行情况;向客户反馈货运订单的核准情

况、请求车计划的安排和执行情况。

2. 实现运力资源的信息管理。掌握铁路货车、机车、集装箱的保有量动态信息；掌握运行图、编组计划、车站能力等信息。

3. 实现运输作业过程的信息管理。对货物的承运和交付信息、装(卸)车信息、列车的编解和到发信息、作业计划的编制与执行信息进行管理。

4. 实现管内现在车动态分布的信息管理。按车种别(空/重)掌握车辆分布动态，按去向别和品类别掌握重车分布动态，对现在车的运用与非运用转换和出入信息进行管理。

5. 实现管内集装箱动态分布的信息管理。按箱型别和去向别掌握集装箱的分布动态，按箱型和箱号掌握集装箱的检修状态，掌握集装箱的运用与非运用以及加入与剔除变化动态信息等。

6. 实现运输信息的综合利用。各级系统共享运输生产过程中采集的原始信息，建立TMIS的原始信息库、动态信息库和历史信息库，并在此基础上开发面向运输业务部门的综合应用系统。

(三)TMIS的结构

铁道部中央处理系统从全路2040个信息报告点，通过计算机网络实时收集全路列车、机车、车辆、集装箱及所运货物的动态信息，实现列车、机车、车辆、货物、集装箱的节点式实时追踪管理，实现货票信息管理、确报信息管理、车站(包括编组站、区段站、货运站)综合管理、货运营销与技术计划管理及部、局调度系统的计算机管理。为铁路各级运输生产人员提供及时、准确、完整的信息和辅助决策管理方案，实现均衡运输、紧密运输，提高运输效率，提高运输管理现代化水平。为铁路用户和货主提供优质服务，增强铁路在运输市场上的竞争力，并逐步与国际运输管理模式接轨。

TMIS由铁道部中央级系统、18个铁路局(公司)级系统和约2000个站(段)级系统构成。各级系统通过铁路计算机通信网络互联，形成一个有机整体，如图8-1所示。

TMIS以货运管理为核心，其功能结构如图8-2所示。

(四)TMIS与其他系统的关系

TMIS与其他铁路业务管理信息系统(如财务、统计、机务车辆、电务和工务等)之间有着密切的关系，具体如图8-3所示。

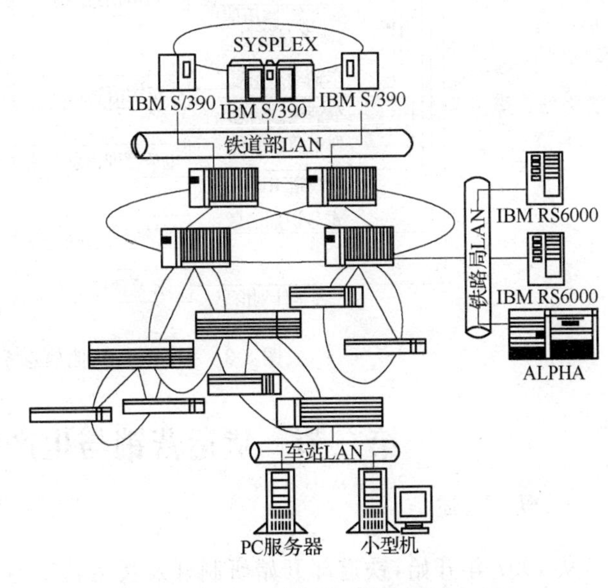

图8-1　TMIS系统结构

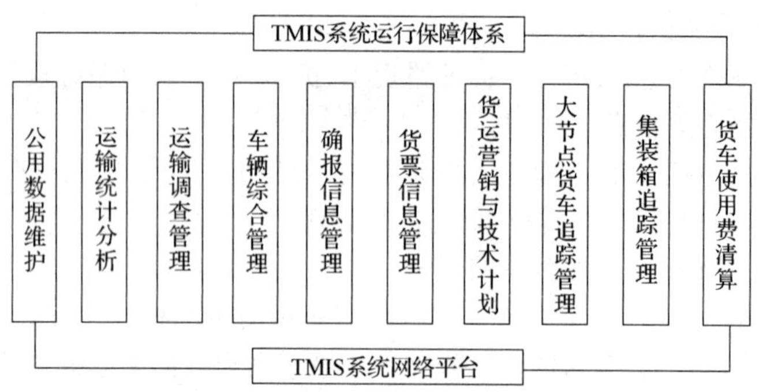

图 8-2　TMIS 功能结构

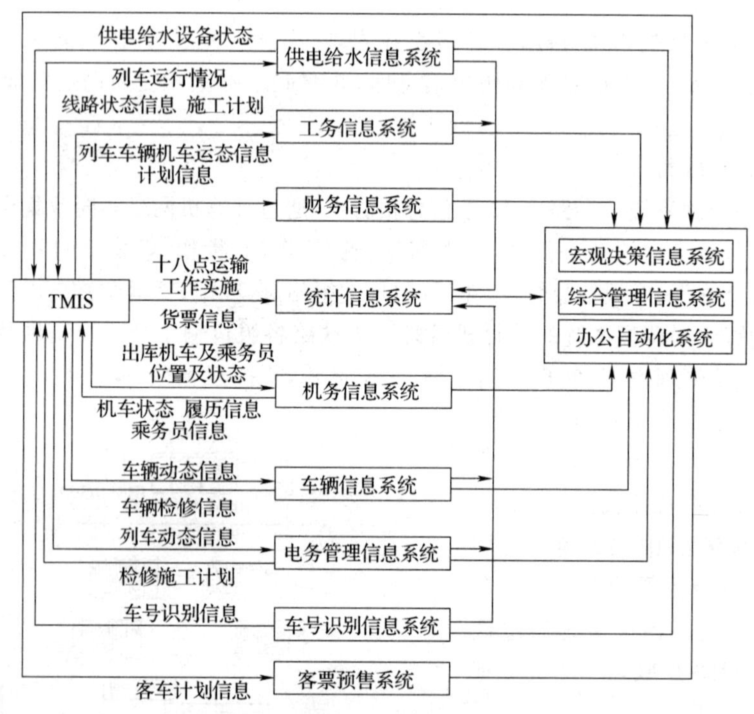

图 8-3　TMIS 与其他信息系统的关系

第二节　货运营销与生产管理信息系统

一、概　　述

从 1997 年开始，铁道部开始研制开发货运营销与生产管理系统(Freight Marketing Operation System，FMOS)，通过铁路内部骨干网，实现了从货主物资分配会上的订货合同或货

主与铁路部门签订的货运订单开始，直至装车完成这一过程中有关货流计划的信息管理。FMOS建成了信息采集、计划审定、统计分析、信息传输等多个子系统。货运营销与生产管理系统的建成形成了铁道部、铁路局、站段三级应用体系，各级体系分别建立了信息库，通过网络将下级单位的原始信息、审定计划和完成信息逐级上报到铁道部；上级单位将批准信息和控制数逐级下发，每个上级单位数据库都包含了其管内各单位的全部原始信息。

随着经济体制改革的深入和市场经济的发展，多元运输形式不断崛起、发展、壮大。在瞬息万变的市场需求和多元运输的激烈竞争中，铁路货运量占有份额在下降，除了各种运输方式合理分工的因素外，主要是由于铁路货物运输不适应市场经济的发展所致。要改变这一状况，重现铁路货运的优势，就要下大力气搞好铁路货运营销，以最小的成本支出获取最大的经济效益。

货运计划是对铁路货物运输的具体组织和安排，是铁路与市场相联系的桥梁与纽带，是铁路货物营销的重要内容，是制定技术计划和其他运输生产计划的依据，是铁路日常运输组织工作的重要组成部分，也是实现运输效益最大化的重要手段。为了在运输市场占有更大的份额，铁路获得更大的发展，铁道部组织开发了货运营销及生产管理系统。

（一）货运营销与生产管理系统定义

FMOS是为适应运输生产计划改革要求，以计算机网络为基础，以铁路运输管理信息系统的各联网点为信息源点，从货主提出申请到铁路计划安排、合同签订、装车实际、市场分析等，全面实行计算机管理的系统工程。

（二）货运营销与生产管理的发展

1998年1月，原北京铁路局太原铁路分局实行了新的《铁路货运计划管理暂行办法》，启用了货运营销及生产管理系统。8月份完成了铁路局级的软件设计，并在北京局投入运行。12月份，在全路推广了铁路局级统一软件，年底推出了基础字典维护软件，完善了货主和站名等字典库，公布了第一版本的FMOS部级基础字典库。同时，每个铁路局至少有一个原铁路分局建成了系统网络，实现了预定目标。FMOS的建成和投入使用，对于促进货运计划改革，强化货运营销工作，对于提高运输生产组织水平，实现现代化管理，对于铁路实现集约经营，提高经济效益等方面起着愈来愈显著的作用。

1999年，铁路运输、电子计算机和电务部门的广大干部职工认真贯彻铁路信息管理系统工作会议精神，积极推进FMOS建设进程，已率先实现了从车站到局、部三级联通，联网覆盖面进一步加大，基本上形成了全路FMOS网络，软件得到了完善，推出了2.0版本。各级FMOS已基本上建立了货源信息库，部分条件好，原工作力度大的铁路分局和铁路局已建立了实际完成信息库。到2000年，FMOS系统应用到了全路1 400多个联网点，涵盖了4 000多个货运营业站，并且为众多货主提供了实时信息交换通道。

2002年，货运营销的另一个重要系统——技术计划系统投入应用。该系统用于编制车辆运用计划，通过合理安排各区段车辆的运用，提高车辆运用效率和铁路运输能力，压缩铁路运输成本。

FMOS的应用使业务人员完全摆脱了手工操作，抛开了大量的单据填写、计算和图表制作，实现了无纸化办公，大大降低了业务人员的工作强度，提高了工作效率。各级营销部门均可以及时掌握到最原始和准确的运输订单信息，提高了计划编制的准确性和透明度，有效地防止了各种违纪行为的发生，促进了货运计划的改革。

高速的数据处理和交换能力，极大地缩短了计划审定和下达时间，以前要用至少一周时间才能审定的订单，现在可以在几分钟之内完成。系统还设计了集中审批、随时审批、自动审批等多种灵活的审批方式，业务人员可以根据不同的货主需求采用不同的方式，实现了不需人工值守的计算机自动审定计划，可以保证每周7天24个小时不间断计划审定，保证了计划下达的及时性。

系统还为大货主提供了联网接入方式，货主可以通过网络直接进行订单的提报并获取审定结果，简化了办理手续和作业环节。货主不必再派专人往返于铁路局与车站之间，只要通过网络就可以得到所需要的信息，可以节省差旅费、车费、路费等各项开支，极大地改善了铁路货运营销形象。

货运营销系统的应用，为铁路营销部门提供了高质量、详细、完整的营销信息，为制定铁路货运营销决策提供了数据依据，为进行货流车流分析奠定了基础。

二、FMOS业务需求

FMOS解决的是与货运计划业务相关的问题，是指从货主物资分配会上的订货合同或货主与铁路部门签订的货运订单开始，直至装车完成这一过程中有关车、货流计划的信息管理，主要业务内容包括：

1. 合同、货运订单、日请车、完成实绩信息采集。
2. 货运订单规定权限的审批。
3. 下达和修正审批权限、生产任务、控制数。
4. 与下属部门或上级单位交换信息，包括合同运量、货运订单（原提、批准）、装车完成实绩、到卸资料等。
5. 为联网货主或物资归口部门提供货运订单、装车完成情况、卸车计划等资料。
6. 为运输生产提供车、货流信息，即按原提、批准、剩余、实际完成提供车种别、口别、去向别的车流和货流资料。
7. 提供合同运量、货运订单执行情况的分析考核。
8. 加工、处理货运计划报表。

三、系统结构

（一）FMOS拓扑结构

FMOS由铁道部、铁路局、站（段）三级组成，各级分别建库，通过网络将下级单位的原始

信息、审定计划和完成信息逐级上报到上级单位直至铁道部；上级单位将批准信息和控制数逐级下发。上级单位数据库为其管内下属单位的数据库的全集。系统拓扑结构如图 8-4 所示。

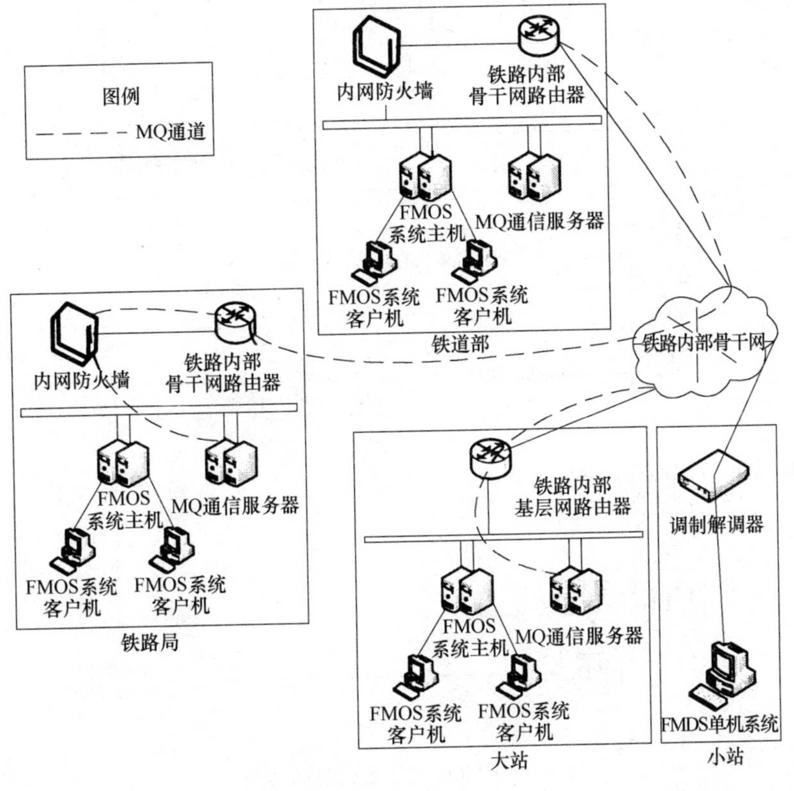

图 8-4 FMOS 拓扑结构

（二）信息流程

FMOS 所涉及的原始信息包括：合同、订单二、订单一、日请车、实际完成。

1. 在每年初或上一年底，铁路部门与重点企业签订年度运量协议或订货合同，信息存入合同库。

2. 在一年的运输过程中，客户可向铁路部门随时提报货物订单二，以确定短期的运输需求，在合同范围内的订单二从年度合同信息中提取，合同外的需求可重新提报；订单二需经相关铁路部门审定认可后才能生效。

3. 客户每月向铁路提报整月的运输需求—货运订单一，订单一可以根据运输合同和审定后的订单二提报，也可以重新录入；订单一审批后形成批准月计划。

4. 车站根据批准的月计划和客户每日装车要求提报日请车，由路局货调审批后产生承认车；每日完成实绩信息录入后，实现对于日请车、月计划、合同的冲销。各原始信息间的关系如图 8-5 所示。

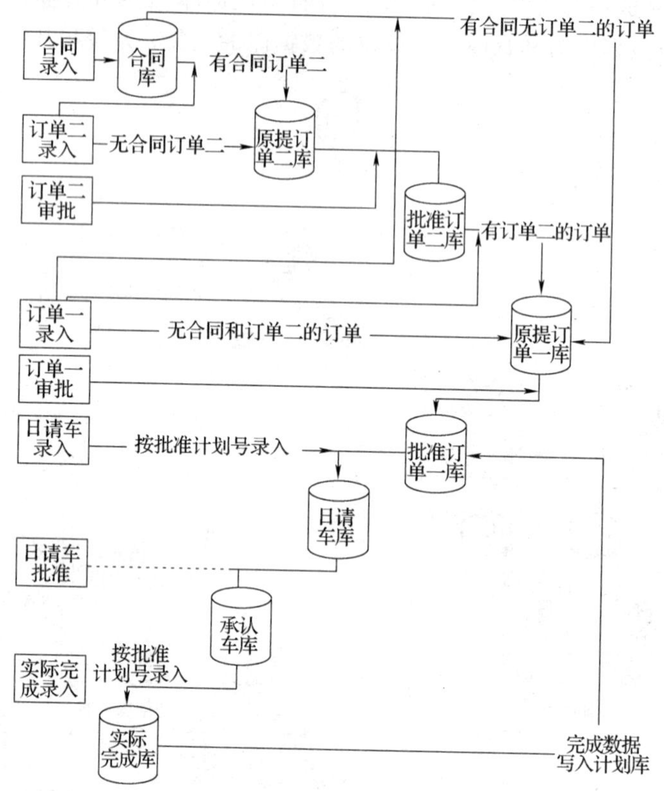

图 8-5　FMOS 各原始信息间的关系

四、系统功能与设计

(一)FMOS 系统功能结构

FMOS 分为数据采集、计划审定、报表统计、后台处理、接口五个子系统，各子系统在业务上相互关联，在功能上相互衔接，并与 TMIS 等相关系统紧密结合。各子系统业务和功能见表 8-1。

数据采集子系统完成合同运量、货运订单、日请车、完成实绩等数据的录入和查询功能。录入时，以系统的基础字典为依托，提供了手工录入和用鼠标点击选择两种方式，用户可以根据习惯方便地进行数据的输入。根据业务的需求，对各种录入的数据立即进行规则校验，对不符合条件的数据不予入库，杜绝了输入人员因粗心或其他原因造成的错误。数据在录入后，可以根据任意组合条件进行查询和增加、修改、删除操作。但是在数据向上级单位上报后，则只能进行查询，保证了各级之间数据的一致性。简单的统计功能为用户进行数据汇总提供了手段。

表 8-1　FMOS 子系统功能结构表

FMOS 子系统	完成业务和功能	FMOS 子系统	完成业务和功能
数据采集子系统	数据录入	报表统计子系统	数据统计
	数据查询		报表打印
	数据传播		系统维护
	系统维护	后台处理子系统	组包监听
	系统工具		组包
计划订单子系统	订单审定		MQ 填写
	自动批条件设置		数据载入库
	审批控制权限设置		数据备份
	径路计算		自动审定
	系统维护	接口子系统	与货调系统接口
	数据传播选择		与十八点系统接口
报表统计子系统	报表生成		与部调度系统接口
	结构修改		与技术计划接口
	界面编辑		

计划审定子系统主要用于铁路局、铁道部两级。站段和货主录入的数据通过该模块进行审核，对符合条件的数据给定批准数和批准号，作为下一步运输作业的依据。审定模块中的控制数功能可以供铁道部和铁路局下达每月控制数，在软件中自动进行校验，一旦超出范围，则不能继续审批，保证了每月的计划数据不会超出铁道部界定的运量。为了适应市场化的需要，对于铁道部没有限定去向、品类等条件的数据，提供了自动审定子系统，在输入自动审定条件后，计划人员可以不进行人工干预，系统会自动将符合条件的数据审批并下发，极大的减少了业务人员的工作量，保证了数据的快速响应。

在货运营销的业务过程中，报表统计是一项非常重要的工作任务。人工统计出表不仅费时费力，也很难保证数据的准确性。此外，业务人员的电算水平不一，需保证计算机水平最低的人员能够方便、快捷地生成所需报表。报表子系统就是为实现这一目标而设计。

(二)主要模块设计

1. 数据采集子系统

(1)数据录入模块

主要功能是向用户提供录入合同、订单一、订单二、日请车、实际完成等信息的输入界面，同时将归纳出来的业务规则应用到录入校验中，保证输入信息的正确性。

(2)数据查询修改打印模块

包括对各种原始信息按任意条件的组合查询，对查询结果的修改、删除，查询结果打印输出等功能。在信息未向上级传送之前,用户有权修改信息内容;但当信息已发送后,则无法修改。

(3)数据传输选择模块

在信息录入完毕并确认无误后,需要向相关联网点发送。由于信息类型较多,通过数据传输模块选择需要传送的信息类型后,触发后台组包程序实现各级间信息的交换。

(4)数据处理模块

业务人员需要对所录入的信息情况做一些简单的统计输出,这些统计内容简单、固定,不需要通过报表来实现,由数据处理模块完成。

(5)工具模块

工具模块的功能是对数据库中信息进行导入导出操作,导出的文本文件可作为数据备份使用,也可提供给其他需要该信息的系统进行数据处理。

(6)系统维护模块

系统维护模块可以对系统的用户进行管理、更新基础字典,以保证系统正常有效的运行。

2. 计划审定子系统

(1)订单审定模块

对各种类型的订单进行查询审批,由用户给出批准车数、批准吨数,系统自动校验是否符合审批控制条件并赋予批准号。

(2)自动审批条件设置模块

为后台自动审批模块设定审批范围和最大审批车数。能够设定的条件包括:发站、发局、到站、到局、品类、车种、起始日期、终止日期、收货部门、换装港、终到港共 11 项,各项组合设置形成自动审批的控制条件和控制数,保证业务人员在进行订单审批时,不会超出限制范围。

(3)审批控制权限设置模块

在业务上,铁道部或铁路局要根据运力情况,向下级单位下达控制数(俗称笼子数),要求各下属单位按照上级的要求完成运输任务,不超出上级分配的限额。该模块的功能就是用于输入审批的控制条件和控制数,保证业务人员在进行订单审批时,不会超出限制范围。

可以设置的审批控制条件包括:发局、到局、限制口、品(类)名、发特征、收特征、车种、发站、到站、运输特征、发货部门、收货部门、发货单位、收货单位共 14 项,各项任意组合形成相应的控制条件。

(4)径路计算模块

径路计算模块用于计算订单中所提车辆的走行路径,供订单审批时对去向和所过限制口进行参考。可按运输日期、审批类型进行范围选择,也可选择全部计算或增量计算方式。

(5)系统维护模块

用于完成计划审定子系统的用户管理、数据清除等功能。

(6)数据传输选择模块

同数据采集子系统的“数据传输选择模块”。

3. 报表统计子系统

(1)报表描述模块，用于生成新的报表及对报表的打开、关闭、删除等操作。

(2)报表修改模块，修改当前打开报表的结构。

(3)报表编辑模块，该模块包含了对报表的编辑操作功能，具有设置行高、设置列宽、设置字体、设置背景色、查找、替换、定位等功能。

(4)报表浏览模块，实现报表的打印预览功能。

(5)报表计算模块，对已创建好的报表进行统计计算，得出统计结果。

(6)报表打印模块，完成打印机设置、页面设置和打印输出功能。

(7)系统维护模块，提供构造报表所需语义层信息的维护功能。

为满足全路所有运输计划人员编制报表的要求，报表软件必须保证构造报表简单，统计快捷，因此报表的设计采用了三层结构模式，分为语义层、解释层、统计层。语义层为用户提供方便的报表构造和所见即所得的显示界面，用户不必深入了解计算机知识即可应用；解释层是将语义层生成的报表翻译成统计所能够识别的计算机语言；统计层负责实现最终的统计并将统计结果返回语义层。

4. 后台进程子系统

(1)组包命令监听模块

该模块在后台监听通信端口，等待前台的传输组包命令，区分命令类别，调用组包模块。

(2)组包模块

根据用户在前台的发送选择，从数据库中获取相应信息，生成符合用户要求的传输文件。

(3)消息队列(MQ)写入模块

将生成的组包文件写入到用户指定的 MQ 队列中去，该模块由组包模块调用。

(4)MQ 取出模块

实时监控 MQ 接收队列，并从队列中取出消息，形成接收文件存放到硬盘上。

(5)数据加载入库模块

将接收到的文件按文件类别加载到相应的数据库中。

(6)数据备份清除模块

该模块定时将工作库中数据备份到历史库和备份文件中，同时清除发送和接收到的过时文件，避免磁盘空间的浪费。

(7)自动审定模块

该模块由原提订单一加载模块启动后，按照自动审批条件审定接收到的自动审批类型的订单，然后调用批准订单一组包模块形成批准信息文件。

5. 接口子系统

(1)与货调系统接口

向货调系统提供批准订单一的全部信息，供其利用批准要车分号录入运货五请求车，同时从货调系统获取装车完成信息。

①接口方式。两个系统在铁路局建库的设备上实现数据库共享。货调系统调用FMOS的批准计划数据,FMOS调用货调系统的完成实际数据,计划号是唯一的匹配关键字;为方便两系统共享,使用共同的品名字典、站名字典,统一的货主字典。

②共享机制。FMOS(每天一次)通过与货调系统的数据库链路建立基于货调数据库的表视图,读取每日计划的详细完成数据。货调系统通过与FMOS的数据库链路建立基于FMOS数据库的表视图,读取批准计划数据;同时,货调系统(每天一次)将当天的计划完成情况汇总后,通过与FMOS的数据库链路写入到FMOS数据库中。

(2)与十八点系统接口

向十八点系统提供每月发局别、品类别批准装车计划。具体方案为:由FMOS每月底生成品类别装车月计划文本文件,通过网络发送到铁道部十八点系统服务器的指定目录下。

(3)与部级调度系统接口

向部级调度系统提供每月发局别、品类别批准装车计划。具体方案为:由FMOS每月底生成品类别装车月计划文本文件,通过网络发送到部调度系统服务器的指定目录下。

(4)与技术计划系统接口

向技术计划系统提供每月批准装车计划的详尽信息,供每月技术计划编制使用。技术计划系统的主要信息源为FMOS中订单一的批准信息,与FMOS的接口采用Oracle数据库链路的方式,每月做技术计划前由技术计划系统直接读取FMOS的信息,一次性地转入技术计划数据库。

(5)与货票系统接口

向货票系统提供订单信息,同时获取货票系统的实际装车信息。

① 接口方式。货票调用FMOS的批准计划数据,各整车货物制票点从铁路局货票服务器上取得数据文件,FMOS从铁路局货票服务器上取得完成数据文件,计划号是唯一的匹配关键字;两个系统的共享环境在铁路局货票建库的设备上,开辟两个专用工作区。两系统为方便共享,使用共同的站名、品名字典,统一货主字典。

② 传输机制。FMOS每月每站一个文件,每天一次按车站电报码将铁路局管内各车站批准计划分别组包形成文件,通过FTP方式传送到铁路局货票服务器中FMOS存放数据区。与FMOS共享的制票点每天将批准计划的完成情况生成反馈文件,该文件在财收四和货票打包文件生成时同步产生,上传报告铁路局时该文件一并上报,存放到货票反馈数据区,并由FMOS每天通过FTP方式取回。

五、系统技术特点

1. 先进的应用模式和体系结构

系统采用了四级分布式体系结构,符合铁路业务管理模式,有利于信息的分级处理,并可

作为分级备份，该体系结构被 TMIS 三级建库所采用。

系统采用了 C/S 模式和单机模式相结合的应用模式，对于大型联网点使用 C/S 结构，小型联网点使用单机模式。

2. 优化的数据库产品和技术

系统采用 Oracle 数据库，使用其约束技术、触发器技术，保证了数据的完整性和一致性；将常用信息和历史信息分别存入工作库、历史库，加快了系统的运行速度；对常用查询内容建立索引，提高了系统的查询性能；使用数据库性能调整技术，使总体运行性能保持最优。

3. 个性化的可视化报表软件

系统为最终用户开发了报表软件。用 Delphi 建立语义层，操作简便直观，用户只需对计算机有最基本的了解，即可方便地编制报表，自动完成对原始信息库的统计分析；采用了自行研制的 Asql 语言作为底层统计查询语言，统计准确快捷。该软件为用户提供了个性化的报表编制手段，可由业务人员根据习惯定制各类报表。

4. 灵活的数据传输方式和先进的数据通信技术

系统设计了灵活的传输模块，一个联网点能够同时对不同属性的多个联网点传输不同类型的信息；传输带有回执信息，可以显示信息在传输过程中的已组包、已发送、已收到等状态。后台传输与前台应用操作分离，互不影响。

系统采用了 MQ Series 通信中间件，提供可靠的数据传输和异步操作功能。一旦信息放入队列，应用程序就可不必考虑消息的传输，而开始下一步的处理，潜在提高了工作效率和吞吐量。MQ Series 确保应用程序或网络发生故障信息可恢复，保证了数据和信息传输的准确和完整。系统使用 MQ Series 和 FTP 两种传输方式，保证了传输上的安全、稳定、可靠。

5. 多种数据处理技术

系统将应用程序与数据分离，信息采集点性质的不同和应用功能的变化均通过参数化设置来实现。不同地点、不同时限要求的运输计划可在任意联网点进行异地提报，通过网络传递给直接执行单位。设计了模糊查询算法，只录入查询条件的部分内容，即可匹配出与条件内容相近的信息；查询模块还提供了多个条件的组合查询功能。设计了方便的输入和校验模块，提供了多种录入方式，使操作快捷、准确。

6. 强大的权限管理

系统设计了集中批、随时批、自动批、立即批、特殊批五种审批方式，满足了不同业务需求和权限的要求。

对每一个登录用户进行权限范围的管理，随时校验审批控制权限，保证各级之间不会越权使用；同时保留操作人的操作记录，在出现问题时有据可查。

7. 完善的备份措施，确保信息的安全性

系统备份包括四种手段：一是硬件采用磁盘阵列技术，提高容错性；二是数据库备份技术，数据库采用 ARCHIVED 模式运行，保证数据的可恢复性；三是逻辑备份技术，使用 Oracle 的

EXPORT 工具将关键数据定期转入 DMP 格式的文件中，然后转入磁带备份，优点是备份和恢复的速度较快；四是文件备份，接收和发送的文件都保留在磁盘上，可以重新加载以恢复数据。

8. 统一的基础信息

系统采用了 TMIS 统一的标准编码，建立了铁路重点货主字典和货主特征库，实行统一的管理和维护，保证了信息的开放性和一致性。

9. 跨平台应用支持

系统支持多种流行的操作平台，包括 WindowsNT、Windows2000、HP UNIX、DIGITAL UNIX、AIX UNIX、SCO UNIX、OS/2 WARP SERVER。

10. 实现跨平台、跨应用系统的信息共享

系统在设计开发过程中把信息共享作为一项十分重要的技术因素充分考虑在整个系统的各个功能模块中，制定了统一的接口标准，设计了统一的接口软件，保证了各应用系统间数据的共享性和一致性，实现了与货调系统、十八点系统、部级调度系统、原货运计划系统、新技术计划系统的信息共享，从而使该系统与整个 TMIS 完美的结合在一起，为用户提供最准确、及时的货运营销信息。

六、系统应用情况

1. 规范了运输计划编制流程

原有的货运计划系统由各局电算部门自行开发，业务流程千差万别；下级仅向上级传送棋盘表等统计信息，上级单位无法确切掌握管内各单位的详细情况。新系统完全按照运输规范设计，保证了作业流程的正确性，限制了原来一些单位存在的违规行为；采用原始信息逐级上报，各级统一的方式，使上级可以对运输状况有更细致掌握，有效杜绝了虚报、漏报，错报的现象，强化了运输管理。

2. 提高了工作效率，实现了减员增效

软件的实用性和高效性将业务人员从繁重的订单审核、报表编制、数据统计等手工作业中解脱出来，将更多的精力放到开拓市场、优化服务的问题上去。原有各局均需配置 3 到 4 人专门负责不同计划的审定，通过使用系统，计划管理人员减少到 1 至 2 人，大大降低了人力的投入。

3. 实现了无纸化办公

全路每月营销订单的提报单数在 20 万张左右，每张订单要做 5 份拷贝，货主、车站、路局、铁道部各保留 1 份，现已全部实现计算机录入和管理，只保留车站和货主的 2 份书面单据，其他各级取消了书面订单。

4. 缩短了计划编制时间

通过 FMOS 的应用，原有的计划编制时间大为缩短。每月集中审批计划时间由 7 d 缩短

为 4 d;随时审批计划可以在每天的任意时间进行,当时提报原提订单,5 min 之内即可返回审定结果;自动审定订单实现了无人值守的作业过程,在非工作日和非工作时间也可进行计划审批,5 min 之内完成。此外,系统提供了按照任意周期进行计划审定的功能,为缩短计划周期,使计划更加贴近运输生产实际成为可能。

5. 面向客户,提高了服务质量

FMOS 已成为了铁路面向社会的窗口之一,为货主提供了直接、快捷的信息服务。原来货主在计划审批过程中,必须派专人在局里等待审定结果,每月需 10 d 左右的差旅费支出,通过系统的使用,计划可以从网上直接录入和获取,为用户节约了成本,极大的改善了铁路的服务形象,提高了信誉度,产生了巨大的社会效益。

第三节　货票信息综合应用系统

铁路货票信息系统是以货票信息管理系统为基础经过完善而成的。随着计算机硬件及软件技术的飞速发展,为了解决货票信息管理系统软件升级换代问题,2000 年铁道部信息技术中心组织济南铁路局、兰州铁路局电子中心和银川铁路分局电子所等单位开发了基于 Windows 平台的货运制票软件(WinHP)。2001 年铁道部信息技术中心根据 TMIS 调整方案总体设计组织有关单位在郑州铁路局开发了铁路货票信息综合应用系统。2002 年 9 月下旬,全路货票信息综合应用系统工作会议在郑州召开,强力推进铁路货票信息综合应用系统。2002 年 12 月底系统推广试用全面完成,2003 年 1 月 1 日系统正式使用。铁路货票信息综合应用系统是以货票信息管理系统为基本依托,利用车站填制的票证整理报告(财收四)、货车装载清单作为审核和中转的依据,对相关货运信息进行综合处理,为路局、分局等各级业务管理部门和综合管理部门提供基础数据,以便进行宏观决策和业务咨询等工作。

一、铁路车站货运制票工作内容

铁路货运制票工作是货物运输过程中的关键环节,是铁路车站货运工作的基础。货票是铁路为货主提供货物运输服务面向货主收取费用的依据,是货车在铁路网上移动轨迹的重要标识,是铁路内部各系统和单位之间进行货运营业收入清算的基础资料。铁路货运制票工作主要有以下几项内容:

1. 确定发到车站及运输里程

主要工作是根据全路货运营业站站名字典及《货物运价里程表》确定始发和终到站、货物运输径路和货物运输里程(km)。

2. 确定货物品名及运输限制

主要工作是根据货主提报的货物品名确定货物所属品类、运输种类(整车、零担和集装箱等)、运价率(元/km)和运输过程中的各种限制(装卸、列车编组和调车作业等)。

3. 确定货物运输费用

主要工作是根据货主要求运输的货物数量(整车为 t、零担为 kg)和经计算确定的货物运输里程、运价率进行运输费用计算。

4. 票据整理

主要工作是在对全天的货票进行检查核对的基础上,填写票证整理报告(财收 4)、运杂费收据整理报告(财收 4-1)和客货运服务收入日记录整理报告(财收 4-2),然后按规定的报送日期报局收入部门。

二、铁道部、铁路局货票信息综合应用系统

(一)系统的目标

1. 在铁路局建立完整的电子货票库。

2. 开发联机分析处理系统,提供联机查询功能。

3. 建立共享数据环境,实现各相关管理系统互通互联。

该系统的最终目标是建立统一的、全面的货票信息综合应用和决策支持系统,提高铁路信息资源的利用率,实现信息增值服务。

(二)功能设计

货票信息综合应用系统分为铁路局、铁道部二级,信息分级落地、分级处理、分级建库。每级系统均包含以下基本功能:

1. 建库

(1)接收发送货票信息,建立铁路局完整货票库;同步生成部分固定的统计库、摘要信息库、管内发到的交换文件。

(2)接收审核通过的车站财收 4 信息,核对铁路局发送货票库并加注处理标志。

(3)接收零担和集装箱装载清单信息建立清单库,在铁路局发送货票库同步完善车号信息,建立零担、集装箱货物的车与票联系;同步生成增加使用车信息库。

(4)接收车站到达卸车货票信息,完善铁路局发送货票库的相关信息。

(5)接收铁道部(或铁路局)转发的到达货票信息,在铁路局建立完整的到达信息库;生成相应的统计库和摘要信息库;生成管外到达局(或到站)的交换文件。

(6)接收铁道部(或铁路局)转发的管外零担和集装箱装载清单信息,建立清单库,同步生成转发的货票中转文件。

利用以上综合信息,建立车号与货物的关系数据库,以实现车与货的静态信息查询。

2. 信息交换

(1)铁道部转发跨铁路局的到达货票信息,铁路局按终到站进行转发。

(2)铁路局将发送货票、装载清单、财收 4、到达货票报告铁道部。

3. 综合应用

(1)货票查询,包括指定票/车号、运输计划号、集装箱号、施封、篷布号查询、收/发货人代码的完整货票查询和指定品名、票种、发站的摘要货票查询。

(2)统计分析,包括铁路局间使用车去向、装车及去向统计、车种别装车及去向统计、品类别装车及去向、运输距离统计、省、市、自治区货物交流统计表、线路别货物运输统计、集装箱/篷布使用及去向统计、货运收入单项/组合统计、保价报告、保险货物统计报告、货物到达查询、货物品类分析、货运制票违章以整付零查询、货运收入违规运价下浮查询、主要指标的分布和同期对比分析、财务收入同期对比分析等。

(3)货票浏览,按货票基本要素形成组合查询条件,进行货票信息浏览,并根据用户要求向上进行概括统计,向下进行细节分析。

4. 校验

(1)基于财收 4 校验、完整性校验、票号段核对。

(2)对发送货票的每一批进行内部逻辑校验。

(3)对能够确定的错误进行自动修正。

(三)系统结构

货票信息综合应用系统分为铁道部、铁路局两级,每级应用基本功能一致,只是处理对象和范围不同,其系统结构采用 B/S(浏览器/服务器)和 C/S(客户机/服务器)混合形式,如图 8-6 所示。

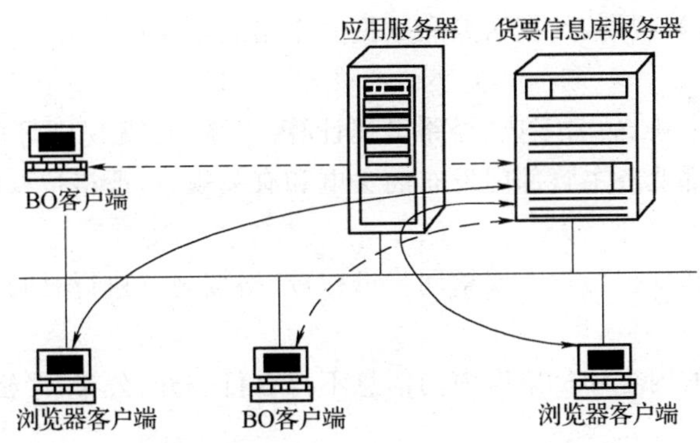

图 8-6 货票信息综合应用体系结构

(四)系统的信息流程

系统的信息流程如图 8-7 所示。

(五)系统接口

本系统应与十八点运输统计系统、集装箱管理信息系统和车站综合管理信息系统之间设有接口。

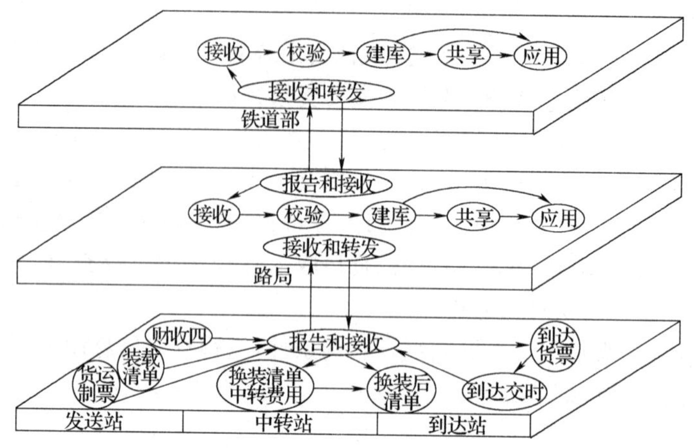

图 8-7 货票系统信息流程

三、系统运行维护与管理

货票信息综合应用系统的运行维护与管理由货运系统牵头，信息、统计和收入部门密切配合，共同完成系统的运行维护与管理任务。

(一)维护与管理原则

1. 统一性原则

货票系统软件、编码规则、数据字典和数据共享格式全路统一。

2. 规范性原则

货票系统的站名字典、品名字典、经路里程计算、费率、计费规则等内容不得改动，其修改和维护必须依据铁道部业务主管部门发布的文电和有关规定，严格按权限进行。

3. 及时性原则

货票系统的修改和维护与货运规章同步进行，严格按规章执行时间发布。

4. 保密性原则

对有关数据文件的内容和货票库内的信息不得自行公开、公布，严格按权限查询和使用。

(二)职　　责

1. 铁道部信息系统

领导全路货票信息系统的维护与管理工作。制定和维护全路统一的货票信息共享格式标准、编码规则，进行统一软件的文档和版本管理；负责系统的技术培训、技术支持和用户咨询，集中维护铁道部统一发布的系统和应用软件；按照铁道部的货运规章和文电对参数文件以及站名字典和品名字典等基础代码进行维护；制订软件优化、功能扩充和版本更新计划方案，提出硬件设备的更新和配置计划。

2. 铁路局信息系统

接受铁道部的指导，完成本局和分局货票信息系统的维护与管理任务。推广使用铁道部公布的统一软件，执行全路货统一接口格式标准和编码规则，保证上报货票信息的标准化、准确性和完整性；建立快速响应技术队伍为本局所辖各单位提供软件维护、技术支持和咨询培训服务。

3. 货运系统

铁路局货运部门负责组织和协调各部门的货票信息系统的维护与管理工作。分别解释本级已发布的货运规章、文电并通知本级信息部门，实现软件发布和规章实施同步。各制票点货运人员应正确使用系统软件，按时上报货票信息。当系统发生故障而不能正常工作时，及时采取措施保证货运制票工作顺利进行。

4. 收入管理部门

负责及时核对货票信息，补充录入军运后付货票和退补款信息，保证货票信息的完整性和准确性。

5. 统计部门

负责录入货票更正信息，检查、考核货票的入库率、及时率和准确率。

(三)信息管理

1. 铁道部货票库存放全路完整货票数据，存储期限为联机存储两年，非联机存储不少于十年。

2. 铁路局货票库存放管内发送和到达的完整货票数据，存储期限原则上不少于铁道部保存期限。

3. 一般情况下，有关货运规章文电应由主管部门在实行前10日通知信息部门，部、局和分局维护人员在规章文电执行前完成软件和数据的更新。

4. 铁路局和铁道部两级货票库每月生成票号核对文件，铁路局与各站段、铁道部与各铁路局要定期核对，保证数据库的一致性。

第四节　确报管理信息系统

“列车预确报”是铁路运输组织中最重要的基础信息之一，是编组站作业、卸车预报、车流调整等工作必不可少的信息。“列车预确报”系统的投入使用，代替了原有的电报确报模式，大大提高了确报的准确性、及时性和完整性，同时，它对完善运输组织，加快铁路信息化建设，尽早实现科技转化为生产力都具有重要的现实意义。

“列车预确报”系统将全路所有编组站、区段站、分界站和其他主要中间站(简称确报站)与铁路局、铁道部联网；将车站列车编组信息自动向前方技术站或列车终到站转发；铁路局、铁道部将收到的确报信息加工处理，建立全路完整的确报信息库，实现全路确报信息共享，为运输相关部门提供一系列统计、分析、查询信息，实现与其他系统的数据共享。

“列车预确报”系统主要分为铁路局级转发子系统与车站级确报子系统。车站级确报子系统又是车站信息管理系统的一部分,“列车预确报”系统生成的确报信息是地面识别设备(AEI)产生的数据和现场作业数据双向校验的结果。车站级“列车预确报”系统根据车号自动识别系统产生的到达、出发列车编组信息,核对到达、出发确报,对确报信息进行卡控以及必要的编辑。

一、业务需求

生成列车确报是车站的一个重要工作。以前,全路确报是通过370多个电报确报所传递的,确报所是车站必须设置的一个部门。当列车出站后,车站确报员都是掐表看时间,再通过手写电报,向前方车站预报列车信息,包括进站时间、货物信息、车次等。据统计,这种预报的准确率只有30%。其原因是多方面的:确报员的手表也许就存在时间误差;另外,车次也许正确,但每节车厢的内容就可能完全不对了;电报所误读信息等原因,也会造成预报失误。预报失误造成的直接后果是,列车到达后,车站作业缓慢、错误率高、车与货票分离、拆解错误,从而造成目的地错误。

二、系统功能

(一)铁路局级确报系统

铁路局列车确报信息管理系统的主要目的是用计算机网络代替铁路电报网传输确报信息,并将确报信息入库,供有关信息系统(如运输调度、运输统计、成本分析和办公信息系统等)共享使用。铁路局级确报系统的主要功能:

1. 建立车站基础字典版本标识,铁路局管理、考核基础字典版本应用情况,实现确报系统站名字典的统一。

2. 过口确报考核系统:通过确报和铁路车号自动识别系统信息匹配,完成过口确报质量情况统计,并将结果采用Web方式发布在网上,供各级确报质量考核人员查看。

3. 确报传输采用“铁路统一传输平台”,提高确报正确传输率。

4. 制定“列车确报考核办法”。

5. 运输、电务、电子三方制定“车站站名代码字典维护办法”。

(二)车站确报系统

车站确报系统的主要功能:

1. 建立车站级确报软件的卡控机制,即对缺少发站、到站、品名、载重的确报进行卡控,不允许不合格的报文发送,从根本上保证确报的质量。

2. 解决五位车种的问题。

3. 解决确报重复问题。

4. 解决确报经由问题。

5. 增加各种标志位和与货票连接的货票ID,为统计、清算和各级系统的横、纵向进一步整

合奠定基础。

6. 充分考虑今后发展的需要，使新的报文格式不局限于目前所发掘的需求，具有较高的可扩展性。

7. 确报格式的双向转换。对采用非标准车站系统的确报站，用确报前置机将新老系统衔接起来，实现确报接收、格式卡控、新旧格式双向转换和转发功能。

8. 确报基础信息的统一。通过站名字典等基础字典下载程序，下发更新铁路车站站名代码字典库，达到全路确报代码的统一，根除因字典不统一造成的发、到站电报码所造成的信息丢失问题；对于大多数采用文件格式的车站系统，可以采用基础组的数据快照，进行转换；对于采用数据库格式的车站系统，可以将利用基础数据组数据快照换好的基础字典，提供给这些车站，再由这些车站实现不同数据库字典的数据转换。

9. 车站确报与 ATIS 的结合。ATIS 数据是确报信息的重要补充，使之能够接收 ATIS 向车站发送的数据；完成 ATIS 信息和确报信息的匹配功能，能够利用 ATIS 数据自动修正确报数据；提供发报匹配提示功能。

三、系统组成

1. 数据传输子系统，负责进行数据的接收、转发。
2. 数据处理子系统，负责完成接收数据入库、代码转换、发送数据文件的生成。
3. 运统一处理子系统，主要功能是确报信息的查询、修改、打印和保存。
4. 统计分析子系统，负责基于运统一信息进行相关统计、分析。

四、体系结构

列车预确报系统体系结构如图 8-8 所示。

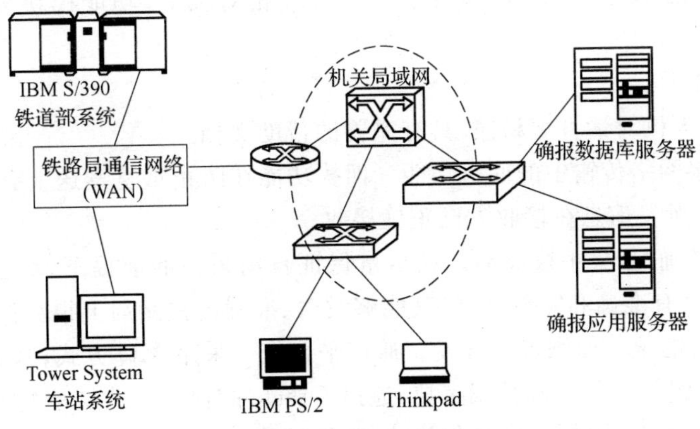

图 8-8　列车预确报系统体系结构

列车预确报系统主要包括铁路局级与车站级两套子系统，由车站形成确报信息，并将确报信息发送给铁路局，由铁路局根据实际情况进行转发。

铁路局级确报管理接收及转发确报信息，同时提供 Web 查询。

车站级确报管理分为内嵌在铁道部信息技术中心发布的车站综合管理信息系统中确报子系统和确报前置机两部分，内嵌在车站系统中的确报子系统又分为大站版和小站版两个版本。

确报前置机主要应用在实施非铁道部信息技术中心发布的车站系统的车站，确报前置机作为车站系统与铁路局确报传输的一个转换系统，从铁路局接收转发得到确报信息以及 ATIS 发送的 AEI 信息，经过确报前置机的处理形成标准的确报并发送给车站系统；车站服务器将发确报传送给确报前置机，通过补充、修改以及与 ATIS 信息匹配形成标准的发确报发送给铁路局，并接收铁路局的反馈信息，在确报前置机形成运报一，经操作人员确认后提交给铁路局。

车站预确报管理的大站版与小站版总体结构相似，功能类似于确报前置机。

1. 与车站系统接口

从车站采集原始确报信息，并向车站提供匹配后的到、发确报信息。与车站系统的数据的共享利用数据库。

2. 与 ATIS 接口

ATIS 提供 AEI 信息，和确报信息进行匹配，形成准确的电子确报。ATIS 将 AEI 采集的地面信息发送到 ATIS 信息采集服务器上，然后将采集的信息以文件形式传送到确报系统指定的路径下。确报系统读取该信息并写入数据库中。

3. 写 MQ 接口

该接口由 MQ 发送包实现，供发报和货运系统调用。

五、系统技术特点

1. 采用层次化的模块设计结构，各个功能模块相对独立，功能模块可以裁减以及灵活组合。

2. 模块功能单一。

3. 操作简单，人机对话直观易懂，具有完善的帮助文档。

4. 增强和完善网络传输中的回执功能。回执功能在防止重复发送上有一定功效，也可以让发送方人员确认所发信息在接收方已正确接收。

5. 信息采集准确，采集手段灵活。在尽量保证自动采集的前提下，对已有信息进行修改和补录，使信息更具有准确和完整性，使其能够及时、准确向铁路局上报数据。

6. 按照部中心的统一原则进行开发。通信平台统一采用 MQ 方式；基础数据统一采用部中心基础数据维护组统一的基础数据字典，通过 Oracle 的快照方式层层复制到铁路局和有条件的大站及车务段；统一设计规范、文件格式、数据结构。

7. 实现各系统之间的信息共享。信息共享采用数据服务器形式，各个系统把需要共享的

数据存储到服务器上，各个系统之间的数据交换都在服务器上进行。

8. 以客户机/浏览器模式为主，单机模式作为必要的补充，整体结构上具有可拓展性。

9. 系统数据组成精炼实用，历史数据处理妥善简便。系统数据由基础数据、过程数据、现车库和统计资料组成。基础数据为字典类和站场设备描述等相对固定的数据；过程数据为具体业务功能操作时产生的数据；历史数据的处理采用数据库与文件系统相结合的方式。

10. 便于实施和推广。软件设计充分考虑现场实际，在考虑作业规范性的前提下为现场人员提供方便，并留有异常处理手段；客户端用户界面采用图形化设计，遵循统一的 Windows 风格，操作简单，人机对话直观易懂；在软件设计中为日后的维护提供简洁的维护模块；具有完善的帮助文档。

11. 兼容性良好，针对车站系统各个版本开发了相应的确报系统接口，包括内嵌式的确报系统和外延两种。

第五节　铁路货运技术计划管理信息系统

铁路运输货运技术计划（简称技术计划）是为了完成月度货物运输计划而制定的机车车辆运用计划。机车车辆的合理运用是铁路运营管理系统的重要任务。机车车辆是铁路运输的活动设备（运输动力和工具），它是决定铁路运输能力的重要因素。主要由活动设备所决定的输送能力与主要由固定设备所决定的通过能力的综合实现，才能形成铁路的运输能力。在一定的固定设备条件下，铁路所能实现的运输能力将取决于活动设备的数量、类型及其分布。因此提出两方面的问题：为完成一定的运输任务，应拥有多少机车车辆；一定数量和类型的机车车辆能完成多少运输任务。技术计划主要解决上述两方面的问题。

为了保证月度货运计划的实现，必须在现有的机车车辆类型和数量的条件下，编制合理运用机车车辆的技术指标计划，就运输生产活动来讲，机车车辆的运用指标是运输生产活动的主要数量和质量指标。技术计划在确定运输工作量及机车车辆合理运用的有关指标时，必然涉及到区段通过能力的限制条件，因而正确确定车流径路、合理利用通过能力也是一项很重要的工作内容；从这个意义上讲，指标计划、车流径路问题也是技术计划要解决的两方面问题。

现行的技术计划的基本任务是：根据货运营销及生产管理系统生成的月度货物运输计划，合理地安排各区段的重空车流和货物列车列数，确保货车运用的各项指标。铁路货运技术计划系统以铁路货运营销与生产管理系统为基础，编制出各种货车运用计划，并能够对计划及车流方案进行分析，研究出了一套完整的、便于维护的车流径路软件，适应径路经常变化的需求。

一、系统结构

（一）体系结构

从用户的观点来看，技术计划管理信息系统可分为两级—铁道部、铁路局，其中对于拼车和空车调整而言，铁道部分别拼到和调整到铁路局分界站（路局间大口），铁路局拼到主要区段和站段。但是无论哪一级的工作，基本要求都是基础数据字典、工作数据源一致，工作的目标都是同货运营销计划笼子数、运力配置的车种笼子数一致，且到局别、分界口（包括限制口）别、到站别、发站别等表应当满足相应彼此之间要求的逻辑关系。

业务流程说明：

1. 每月21～22日，将当月铁路局营销计划系统中的批准要车计划信息转入路局技术计划系统。

2. 在技术计划系统中，对批准的要车计划按发站、到站、品名条件标写走行的径路信息，然后执行拼车，形成日车计划；并将形成的日车计划区分装车数据和增加使用车数据，以文本形式上报给铁路局。

3. 铁路局汇总各所属站段上报的增加使用车文件和装车文件，审核车种别使用车计划、去向别使用车计划、限制口车数。审核后，区分装车数据和增加使用车数据，在每月23日前以文本形式上报给铁道部。

4. 铁道部汇总各铁路局上报的增加使用车文件和装车文件，审核车种别使用车计划、去向别使用车计划、各局装卸差；对超能力的分界站合理分流；为各铁路局形成通过车资料、卸车资料、空车资料、（局间）分界口货车出入计划、周时指标计划，下发给各铁路局。

5. 铁路局接到部下发资料后，为所属各主要站段形成通过车资料、卸车资料、空车资料、分界口货车出入计划、周时指标计划，下发给各主要站段。

6. 各主要站段接到铁路局下发资料后，计算站段指标、列车回数指标、重车去向保有量计划、主要站指标计划、车种别运用车计划、货车指标计划等指标，并以文本形式上报铁路局。

7. 铁路局接到各主要站段上报各项指标计划，汇总、审核后，将货车运用指标计划、车种别运用车计划文本形式上报铁道部。

8. 主要站段在计算完各项指标后，可以出技术计划所要求的各项表格。

9. 铁路局在汇总完站段上报的各项指标后，可以出技术计划所要求的各项表格。

10. 铁道部在汇总完铁路局上报的货车运用指标计划后，车种别运用车计划后，可以出技术计划所要求的各项表格。

（二）信息流程

信息流程如图8-9所示。

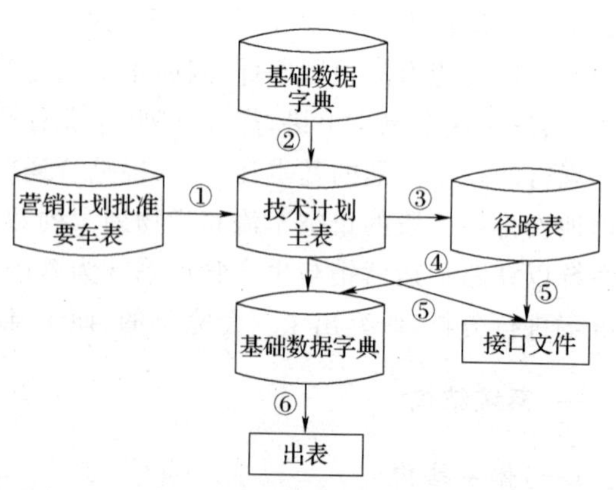

图8-9　技术计划信息流程图

信息流程说明：

1. 营销计划中的批准车信息，导入技术计划管理信息系统，形成技术计划主表。

2. 对营销计划中批准车信息的发站电

报码、到站电报码、发局代码、到局代码、品名代码等信息，按照基础数据代码对照关系进行校对，将相应的汉字信息写入主表。

3. 径路计算程序根据主表中的发站、到站、品名，标写全部批准计划的径路，写入径路库。

4. 技术计划主表中的批准车数执行拼车操作，将月车数拼成形成日车计划后，与径路信息结合形成各种指标计划。

5. 技术计划主表数据与径路信息结合形成接口文件。

6. 指标库根据实际应用情况分别形成使用车去向查定表、使用车去向计划表、接运重车去向计划表、卸空车计划表等各种报表。

二、系统功能与设计

(一)系统功能结构

从软件的组成来看，系统的主要功能可以分为装卸车计划、空车调整计划、周时指标计划、车流径路等四部分。

系统的具体应用形式是计算机自动生成计划，人工进行调整，或者是人工编制计划，计算机给予辅助支持的功能。

(二)主要模块设计

1. 装卸车计划

(1)增加使用车录入

此功能模块提供给铁路局操作员，要求录入本单位增加使用车计划信息，包括发站、到站、车种、车数。

(2)增加使用车计划(铁路局、铁道部)

此功能模块提供给所有用户，用于对增加使用车信息进行查询、修改、添加和删除记录以及按去向统计增加使用车数。

(3)装车数据入库

此功能模块提供铁路局操作员，执行从货运营销系统将批准要车表数据转入技术计划系统。

(4)装车计划汇总

此功能模块提供给铁路局操作员，统计从货运营销系统将批准要车表转入的月车数据，将转入的月车总数除以计划天数得出日车，与上级单位下的笼子数比较，判断数据是否完整。

(5)计算装车数据径路

对装车数据计算径路。

(6)技术计划拼车

此功能模块提供给铁路局操作员，执行拼车操作，将月车数按车种、去向、分界口等条件严格拼成日车。

(7)计算分界口重车流

此功能模块提供给铁路局和铁道部操作员，计算分界站重车流，统计出各分界口通过车数。

(8)车种别使用车计划

此功能模块提供给所有操作员，用于查询车种别使用车计划。

(9)去向别使用车计划

此功能模块提供给所有操作员，用于查询去向别使用车计划。

(10)装卸差查询

此功能模块提供给所有操作员，用于查询本单位管内装卸差。

(11)重车流查询

按分界口查询重车流。

(12)修改原提月车

通过此模块可以修改原提月车，只能修改车种和车数。

(13)修改原提日车

通过此模块可以修改原提日车，只能修改车种和车数。

(14)车流查询

按发局、到局、到站、径由分界站等条件任意组合查询车流。

2. 空车调整计划

(1)卸车到站调整

此功能模块提供给铁路局操作员，用于调整管内卸车到站。

(2)空车自动调整

执行自动空车调整功能，根据管内各站装卸差情况以及车种代用情况，自动确定空车走行。

(3)分界站空车调整

此功能模块提供给铁道部和铁路局操作员，用于根据自动调整空车情况，再考虑各口实际车流，确定各分界站排空车数。

3. 指标计划

按照技术计划编制规则，需要编制的指标计划主要有：工作量计划、货车周转时间计划、重车去向保有量计划、车种别运用车计划、货车运用指标计划、区段列车回数计划、站段指标计划。指标计划分为指标计算和调整两部分，指标计算指根据数据库内的数据计算出的各项指标，指标调整指人为调整指标的界面。

4. 指标计算

包括计算工作量、货车周转时间、重车去向保有量、车种别运用车、货车运用指标、区段列车回数和管内站段指标等。

5. 指标调整

包括调整工作量、货车周转时间、重车去向保有量、车种别运用车、货车运用指标、区段列车回数和管内站段指标等。

6. 报表统计

技术计划所涉及的报表包括：

(1)使用车去向查定表(技计1)

按装车站别查定经由别到局到站的使用车去向(分篷、敞、平、罐、保五个车种,下同)。

(2)使用车去向计划表(技计2)

使用车部分:按各铁路局列出车种别使用车。

去向部分:管内按局别、管外按经由分界站的铁路局别。

(3)接运重车去向计划表(技计3)

接入部分:按经由分界站发局别车种别的接入重车。

去向部分:管内按主要站段别、管外按经由分界站的到局别。

(4)卸空车计划表(技计4)

铁路局按到站、铁道部按铁路局分别编制车种别卸空车数。

(5)重车车流表(技计5)

使用车部分:铁路局管内按主要站和区段的车种别使用车,管外按自局临路局和经由分界站接入车种别重车。

去向部分:铁路局管内按到站的车种别卸空车,局管外按经由分界站到局别车种别交出重车。

(6)重车车流简表(技计6)

路局管内按主要站和区段列出发到重车流,管外按经由分界站列出交接重车流。

铁路局管内按主要站、管内按经由分界站到局别列出发到重车流。

(7)空车调整图(表)(技计7)

铁道部按铁路局、铁路局按主要站和区段列出车种别使用车、卸空车及其差数,确定补排车种别空车数。据此查定铁路局分界站出入空车车流量,区段上、下行空车车流量和计算空车走行公里。

(8)货物列车列数计划表(技计8)

铁道部表示出各铁路局间分界站上、下行重空车车流量和列车列数。

铁路局表示各区段和分界站上、下行重空车车流量和列车列数。

(9)技术指标计算表(技计9)

计算车种别的工作量、管内工作车、空车、和移交重车工作量。

计算重车、空车走行公里和货车总走行公里。

计算全周转距离、重周转距离、空车走行率、中转距离和管内装卸率,确定旅行速度、中转停留时间和一次货物作业停留时间，计算货车周转时间。

确定总的车种别货车周转时间，确定管内工作车、空车、移交重车及其车种别货车周转时间。

确定各站使用车（装车）数、卸空车数、中转停留时间和一次货物作业停留时间。

（10）车种别运用车计划表（技计10）

计算确定车种别运用车、管内工作车和别局移交重运用车。

7. 车流径路

空车、移交重车运用车，各分界站到局车流径路的功能是以批处理的方式将要计算的原提的径路信息添加到数据库当中，计算出的径路符合运输组织的各种规定。与其他系统接口有：

（1）与货运营销系统接口

技术计划编制的源点是货运营销系统的棋盘表，而棋盘表的基本要求是横竖平衡，如果货运营销系统采用的径路算法与技术计划采用的径路算法不同，那么在营销系统中平衡的棋盘表到技术计划当中各个表格无论如何也平不了，因此必须统一技术计划系统与营销系统的径路算法。

技术计划系统的主要信息源为货运营销系统中货运营销系统订单库，与FMOS的接口采用数据库通讯的方式，利用Oracle的SQL * NET采用数据库链路的方式，将FMOS的订单信息成批地转入本地数据库。

（2）与部调度系统接口

在每月技术计划编制完成之后，技术计划系统向部调度系统提供5个接口文件，按调度系统约定的格式生成相应的数据文件，并传输到服务器端指定的目录下。接口文件约定格式如下：

每条记录以记录代码开头，以 * 结束，记录中每一字段间需以空格分隔，其含义由其顺序决定。若数据字段值为0，必须填0，不可省略。每个数据文件由同种数据记录组成。

局名、分界口名、站名均采用电报略码。

交换的信息包括：移交车月计划，统计各局按分界口（包括所属或相邻）交到其他局的数；分界口月计划，统计各局按分界口（包括所属或相邻）交出车数；去向别装车月计划，统计各局装到其他局的车数；卸空车月计划，统计各局分车种的卸空车数；运用车/非运用车月计划，统计各局运用车/非运用车指标。

（3）与十八点系统接口

每月技术计划编制完成之后，需向十八点系统传输局别去向别使用车数、局别运用车、局别运用重车、局别运用空车、局别管内工作车、局别移交重车、局别使用车、局别卸空车、局别部属现在车、局别周转时间、局别全周转距离、局别重车周转距离、局别空车走行率、局别旅行速度、局别中转时间、局别停留时间、局别管内周转时间、分界口接入重车去向（按局）计划、分界口交出重车去向（按局）计划。

数据以文本方式传输，按十八点系统约定的格式生成相应的数据文件，并传输到服务器端指定的目录下。

(三)主要技术方案设计

1. 数据存储设计

技术计划管理信息系统的数据存储在 Oracle 数据表中，在数据库中设立两个用户 JSJH 和 JHZD。JHZD 用户中存储的是静态的数据，包括各种基础数据字典和相关对照表；JSJH 用户中存储的是动态的数据，包括每月的计划编制信息。数据在 Oracle 数据表中按需要类型存储，字符型以 VARCHAR2 型变量存放，以减少数据空间的占用。

2. 系统文件设计

系统中部、路局间交换数据是以文本形式交换的。文件名按如下方式定义：例如 XXXZC，TXT 为装车资料(注：XXX—路局代码，三位字符长)。此外还有其他文件资料：增加使用车、通过车、卸车、车流调整 ID 文件、车流调整径路文件等。

三、系统技术特点

(一)实现了技术计划管理过程的信息化

系统实现了现有技术计划编制过程中各环节的业务要求，建立了三级统一的软件系统，实现了装卸车计划、空车调整计划、指标计划、车流径路四个主要功能模块，为用户提供了计算机自动生成计划、人工进行调整，或者是人工编制计划、计算机辅助支持两种手段，系统的主要功能如下：

实现了与货运营销系统同步编制计划，能够以任何时间段的计划或实际完成为依据编制：使用车装车去向计划、接运重车去向计划、卸空车计划、空车调整计划、分界站货车出入及货物列车列数计划、货车运用指标计划、运用车和部属现在车保有量计划、车站指标计划。

1. 根据装车完成信息可随时掌握任意分界口、到局别、车种别重空车过车数量。

2. 能够根据任意周期推算出任意分界站的车种别车流和路局的车种别重车和空车过车数量。

3. 能够根据制定周期内的车种别管内工作车和卸空车状况、分界站及主要区段通过能力，合理安排到局别使用车去向和车种别排空车去向。

4. 能够根据货运去向的需求，优化专车组织方案并在保证重点物资装车的情况下使空车走行距离最小化。

5. 及时掌握车种别运用车的分布状态，合理调整各局部属货车和运用车保有量。

6. 能够生成必要的台账信息。

(二)研制了多个优化模型和算法

1. 采用科学的方法，根据技术计划编制的规章，研制并实现了标准的拼车模型。

2. 将运筹学、经济学数学的理论应用于空车调整计划的编制当中，研制出一套通用可靠的空车调整数学模型，使空车调整计划的编制科学、准确、可靠。

3. 采用了能够计算出任意到发站之间车流径路的算法，可以迅速准确地计算出车流径路信息以及附属的分解站的所属站、相邻站、所属路局、相邻路局等信息。

(三)采用了先进的应用开发模式

系统采用了C/S应用开发模式，C/S模式是管理信息系统应用领域最成熟的一项应用技术，其核心技术就是将任务分解，分别由服务器和各客户端来承担，可以充分利用前后台资源，提高了系统整体性能。

(四)采用了优化的数据库产品和技术

系统采用Oracle数据库，充分使用其过程和软件包、约束技术、触发器技术，保证了数据的完整性和一致性；采取了建中间表、建立索引、折行查找等数据加速机制以及优化表空间的数据存储机制，以加速系统的响应速度，解决系统运算量巨大，系统负担过重的问题。

(五)采用了灵活的数据传输方式和先进的数据通信技术

系统采用了MQ Series通信中间件，提供可靠的数据传输和异步操作功能。一旦信息放入队列，应用程序就可不必考虑消息的传输，而开始下一步的处理，潜在提高了工作效率或吞吐量。MQ Series确保应用程序或网络发生故障信息可恢复，保证了数据和信息传输的准确和完整。

(六)采用了友好的用户界面和方便的输入处理模块

系统采用一套通用、自动、灵活、可扩展的用户界面，使得系统不会因为基础数据的变化而导致程序失败，使系统具有较强的生命力。系统设计了方便、灵活的信息输入处理模块，方便了用户的应用。

(七)设计了专用的参数维护软件

可以对系统中所有有实际意义的参数进行维护，使系统具有相当的灵活性和可扩展性。

(八)采用通用的标准报表

系统设计了一套通用的标准报表，使用户可以方便地根据各自的使用需求进行剪裁应用，同时简单、方便的Business Object报表软件的应用，使用户可以方便地自行设计表格，拓展应用。

(九)实现了跨平台、跨应用系统的信息共享

系统在设计开发过程中把信息共享作为一项十分重要的技术因素充分考虑在整个系统的各个功能模块中，实现了与FMOS、十八点系统、部级调度系统的信息交换和共享，从而使系统与整个TMIS完美地结合在一起。

四、系统应用情况

技术计划管理信息系统自2002年8月正式投入使用以来，在提高计划编制质量、降低计

划编制人员工作强度、缩短了计划编制时间、提高运输生产效率等方面取得了显著的成果。

（一）提高了技术计划的编制质量

以前技术计划的编制，铁道部只能掌握铁路局间分界口的数据，对各局管内的车流情况无法具体掌握。现在通过应用技术计划管理信息系统，铁道部可以对路内所有车流情况进行统计分析，编制计划更加科学、合理。系统准确、及时的数据传输，减少了数据在上传下达过程中因人为原因造成的错误，提高了计划的编制质量。系统提供了强大的数据分析功能，与历史数据、实际数据进行比较分析，使技术计划对运输生产组织更具指导意义。

（二）降低了计划编制人员工作强度

铁路货运技术计划管理信息系统的投产应用，使技术计划编制人员从大量繁重的手工作业中解放出来。以拼车为例，以前手工作业时会花费 1 d 的时间，进行大量计算工作，现在通过计算机处理，10 min 就完成了，数据准确无误。通过技术计划管理信息系统，实现了技术计划工作的信息化，大大降低了计划编制人员工作强度。

（三）缩短了计划编制时间

技术计划的编制是在每月月底进行，以前编制月度技术计划，往往会花费 7 d 左右。现在通过使用技术计划管理信息系统，计划数据在铁道部、铁路局间上传下达，仅仅 5 d 就可以完成，缩短了计划编制时间，提高了劳动效率。

（四）提高了数据的一致性

应用统一的车流径路，避免了各局在理解车流径路上产生歧义，提高了数据的一致性。

（五）通过提高办公信息化水平，降低办公成本

技术计划管理信息系统的投产应用，减少了大量的手工作业，包括表上作业和电话核对数据，从而降低了办公成本。

第六节　铁路列车调度指挥系统

铁路列车调度指挥系统（Train operation Dispatching Command System，简称 TDCS）原名为铁路运输调度指挥管理信息系统（Dispatch Management Information System，简称 DMIS）。TDCS 是实现铁路各级运输调度对列车运行实行透明指挥、实时调整、集中控制的现代化信息系统。TDCS 由铁道部、铁路局 TDCS 中心局域网及车站基层网组成，是一个覆盖全路的现代化铁路运输调度指挥和控制系统。TDCS 利用信息技术、网络技术、控制技术等现代科学技术手段取代了传统落后的行车指挥手段，采用并结合了先进的通信、信号、计算机网络、数据传输、多媒体技术等现代信息技术，在保证网络安全的前提下，与相关系统紧密结合、互联互通、信息共享，实现了铁路运输组织的科学化、现代化，增加运能，提高效率，减轻了调度人员的劳动强度，改善了调度指挥的工作环境。

以 TDCS 为平台，组建分散自律、智能化、高安全、高可靠的新一代调度集中系统（简称

CTC 系统)，是实现铁路提速、高速以及减员增效的跨越式发展的根本保证。根据铁道部跨越式发展的总体思路，我国铁路是以 TDCS 为平台，以调度集中(CTC)为核心，构建铁路现代化的调度指挥管理信息系统，以现代运输的理念大力推动铁路运输调度指挥系统建设。

一、总体目标

TDCS 是从现代运输管理的角度构造全新的现代化调度指挥系统。TDCS 实现对列车在车站和区间运行的实时监视，动态调整、自动生成列车运行三小时阶段计划，实现列车调度命令的自动下达和实际运行图的自动描绘；实现分界口交接列车数、列车运行正点率、行车密度、早晚点原因、重点列车跟踪等实时宏观统计分析并形成相关统计报表；显示铁路路网、沿线线路、车站、救援列车分布等主要技术资料和气象资料，为铁路事故救援、灾害抢险、防洪等提供决策参考。

TDCS 的建成，将实现由保障安全、提高效率向提高运输效能转变，由单一功能向综合功能转变，由模拟传输向数字传输转变，由人工控制向智能控制转变；将建立一个融先进的通信、信号、计算机网络、数据传输、多媒体技术为一体的现代信息系统；将为调度人员和有关领导及时提供丰富可靠的信息、决策依据和各种实时动态宏观显示；将为调度人员提供先进的调度指挥和处理手段，提高应变和处理能力，减少调度人员通话和手工制表数量，并改善调度人员的工作条件和环境，从而提高铁路服务质量，适应市场经济新形势的需要。

二、技术特点

TDCS 改变了传统铁路信号的观念，用网络的观点对现有铁路信号专业技术门类进行改造，把传统的区间、车站、编组站三段式信号组织方式改造为铁道部、铁路局等两级调度指挥中心的控制结构，由铁道部调度指挥中心局域网、铁路局调度指挥中心局域网、基层网等三层网络结构实现。整个系统具有以下特点：

(一)先进性

系统设计具有高起点，在研制中采用最先进并具有发展前景的技术，如计算机技术、信息技术、智能决策技术、地理信息技术、远程控制技术、网络技术、数据传输技术、多媒体技术等，同时吸收采纳了国外新技术，采用了国际标准及国内外最新产品，使系统整体在一定时期内保持技术领先性。

(二)实时性

TDCS 是实时过程控制和实时信息处理系统，列车在运行过程中对铁路沿线的各种信号灯、道岔、轨道等信号设备的状态显示及位置产生大量的变化信息。这些信息主要是通过基层网的列车运行系统自动采集的，必须及时、准确地向上传递给铁路局、铁道部的各级调度人员。按照铁道部信号专业相关标准，在信息高峰的情况下，这一过程延时时间不能超过 4 s；在两级三层的任何一台信息处理机上，这些信息必须实时、有序地进行处理，既不能定时处理，也不能

批处理。

（三）安全性

TDCS 是一个闭环系统，采用闭环网络设计，使之从信息采集、传输、处理、方案制定、计划调整、控制决策、命令传输、校核到设备动作循环，不间断执行，整个系统达到“自成体系，安全运行”，确保系统连续稳定运行。

TDCS 铁道部、铁路局调度指挥中心局域网中均配置了网络防火墙及入侵检测系统、防病毒软件、动态口令等安全防范子系统，确保各级调度指挥中心 TDCS 的安全性，防止黑客攻击、破坏或者窃取有关信息。

（四）可靠性

TDCS 是一个行车调度指挥系统，重点是行车调度指挥和管理，它的应用和工作性质确定了它的系统必须是高可靠和高安全的，而且必须保证 24 h 无间断正常运转。作为一套行车设备，一旦系统中断或故障，将会直接影响整个调度指挥的正常工作。因此，网络及关键设备采用双套冗余设计以及双电源，提供系统容错机制，保证系统连续不间断地稳定运行，保证数据信息的安全性和正确性。同时，系统对网络及设备的运行具有监控和管理能力，对非法用户或计算机病毒入侵具有抵御能力。另外，系统提供可靠的数据后备和恢复手段，提供系统故障恢复功能，在系统故障时尽可能减少数据丢失。

（五）开放性

TDCS 是一个庞大的综合性系统，这样的系统需要集成大量的计算机设备、网络设备、打印设备、存储设备、显示设备，同时在集成化的环境下还得依靠软件支撑平台开发大量的动、静态数据处理、实时信息处理、智能分析计算统计、界面显示程序，因此系统采用了符合国际标准和工业标准的开放式系统平台。同时，TDCS 工程是在吸收国内外先进经验的基础上结合我国铁路的实际情况开发的现代化管理系统，开发的过程同时也是一个摸索、学习的过程，期间难免会遇到新的问题和需求，因此有了开放环境，便于今后系统扩展。

（六）可维护性

TDCS 工程涵盖了铁道部、各铁路局及基层的车站，集成了大量的硬件设备和软件。大量的硬件设施都需要及时进行日常维护、保修，适当的时候也应该进行更新换代工作；铁路每年都有大量的站场改造、大修、运行图调整等等工作，造成相关的静态基础数据需要及时进行更新，而且用户在使用过程中也会不断地提出新的需求，需要对软件进行适当的修改升级工作，因此 TDCS 提供方便的维护手段，便于维护和维修。另外，考虑到 TDCS 是一个 24 h 不间断运行的实时系统，尤其在铁路局和车站层要通过它来直接对行车进行调度指挥，因此有足够的技术措施保证维护工作不会导致整体系统停机或中断。

（七）互操作性

TDCS 是一个两级三层的系统，由于牵涉的范围广、地域宽，其工程由通号设计院、铁科院、卡斯柯公司三家单位在 TDCS 技术总体组的协调下共同承担。由于各铁路局、车站所管辖范围内的线路、车站、调度强度都有很大的差异,不可能对所有铁路局、车站采用同样的软硬件平台,因此,技术总体组规范了各铁路局、车站的软硬件平台的标准配置,也组织各建设单位共同形成了网络间的数据传输和交换的格式标准。各单位在 TDCS 设计中考虑了与异种机、异种网的互联,按照统一的规范标准,保证铁道部和铁路局之间能够方便地进行数据传输和交换,分布式数据库系统便于访问和维护管理。同时,TDCS 作为运输调度指挥管理信息系统,在保证信息安全的前提下,充分考虑与铁路其他系统之间交换数据的功能,以更好地发挥为铁路运输服务的作用。

(八)可扩展性

铁路每年都要进行不同规模的大修、新建,TDCS 设计的范围和规模将会不断扩大,因此,系统设计中充分考虑到今后升级、扩展的能力。同时,由于 TDCS 大量采用了计算机技术、智能决策技术、地理信息技术、远程控制技术、网络技术、数据传输技术、多媒体技术等现代信息技术,这些技术现在也处于高速发展期,需要不断地进行淘汰、更新换代工作。系统按照国际标准和规范进行设计,预留今后方便地进行 CPU、内存、磁盘容量升级和扩展的能力。

(九)友好性

TDCS 作为行车调度指挥的重要装备,所面对的最直接的用户就是铁路的各级调度。调度直接参与铁路行车组织,劳动强度大,而原先的“老四件”的工作方式异常落后,使他们精神高度紧张,现代化的 TDCS 就是要彻底解放他们,使他们的工作重心从不停地打电话询问行车情况,然后调整、绘制运行图,转移到对 TDCS 自动实时处理的行车信息及绘制的运行图进行分析,提出更加有效的调度方案,进一步挖掘线路的运输能力,为铁路创造更多的效益上来。因此,TDCS 应用系统设计从方便用户的角度出发,提供了友好的人—机界面和方便灵活的使用方法,最大限度地满足了用户需求。

(十)节约性

TDCS 的侧重点在于行车调度指挥上,与其他的系统构成了整个铁路信息现代化的基础。TDCS 严格按照铁道部对各管理信息系统功能和范围的界定,遵循不重复建设、不重复投资的原则,充分利用现有设备,并在设计中预留与其他系统的接口,实现与其他系统的信息共享。

三、TDCS 对运输指挥的作用

(一)有助于优化列车运行组织

使用列车调度指挥系统,行车指挥工作将一改过去传递信息离不开电话,记录信息全靠手写、笔画、橡皮擦的工作方式。信息的高度共享、调度准确、传递迅速,使列车调度员能够准确掌握列车的运行状态;系统的操作简单、反应迅速、安全可靠、操作灵活,明显的降低调度员的劳动强度,为调度员思考计划赢得了时间;所有这些为优化列车运行组织创造了条件,为提高客货运输服务质量和经济效益创造了条件。

（二）有助于规范运输组织工作

列车运行阶段计划是列车调度员组织实现日（班）计划的具体行动计划，列车调度指挥系统重点突出了阶段计划的作用。在过去的实际工作中，列车调度员不按计划开车，甚至无计划开车，以及调度指挥中的随意性等情况时有发生。列车调度指挥系统，对于贯通调度指挥区段的列车，在运行图上只要有接入或始发时刻，运行线将贯通整个区段，同时考虑运行途中的列车间隔，很好地解决了无计划开车、布置无法实现的阶段计划等问题，从而提高了调度员的指挥权威，使运输组织工作更加规范。

（三）有利于保障行车安全

使用列车调度指挥系统，调度命令、日班计划可以通过网络自动下达。过去除因电话下达时间较长外，口误、笔误，漏点、漏线情况时有发生，甚至直接影响车站的接发列车工作。使用计算机及网络设备下达阶段计划，不但准确、快捷，而且不会发生漏传、误传，确保了阶段计划的一致性。所以使用 TDCS 对保障行车安全工作具有重要作用。

四、TDCS 运行原理

（一）基于 C/S 和 B/S 混合体系结构的 TDCS

考虑到目前铁路局调度指挥工作的实际需要，行调子系统的业务需求对于系统的安全性及快速响应性能有很高的要求用户集中。因此，对于业务需求的设计，选择基于 C/S（客户机服务器）的软件体系结构，可以保证综合系统的有效性、实时性和可用性。

查询模块对于在子系统内部的邻台信息、邻站信息，由于实时性要求比较高，也应该采用 C/S 结构。而对于整个系统所涉及的铁路车站、铁路局、铁道部等相关工种的业务人员能根据需要及时准确地查询到相关信息，由于各工种的作业方法及制度的不同，查询模块则采取 B/S（浏览器/服务器）模式。在 B/S 模式下，铁路车站、铁路局、铁道部各用户可以通过 WWW 浏览器向 Web 服务器发送动态或静态的 HTTP 请求，Web 服务器接收客户端发送来的请求并进行分析，如果请求的是静态页面，就将所请求的页面发送到客户端；如果请求的是动态页面，Web 服务器可以根据用户的请求访问数据库服务器并动态地更新页面上的信息，然后将执行结果发送回客户端。由于 TDCS 和 TMIS 在铁路调度中所起着的重要作用，又有部分功能交叉，因此要有部分数据共享，同时在这部分数据中有些属于动态调度数据有些属于静态调度数据，对于属于动态调度的数据如邻台列车运行实绩图等对实时性安全性要求比较高的数据应该采用 C/S 结构共享。而对于属于静态调度的数据如基本图，已下达的调度命令等数据实时性要求不高则应采用 B/S 结构。

综上所述，如果利用传统方法，简单的将系统划分为适用 C/S 结构的功能和适用 B/S 结构的功能，然后分别按着两种结构进行系统实现，势必会造成系统结构混乱，资源浪费，系统的安全性高效性也无法保证，也不可能完全达到系统的要求。

因此根据前面提到 B/S 和 C/S 混合体系结构，鉴于对 TDCS 行调台子系统的需求分析提

出了一种全新的体系结构。混合 TDCS 结构图如图 8-10 所示。

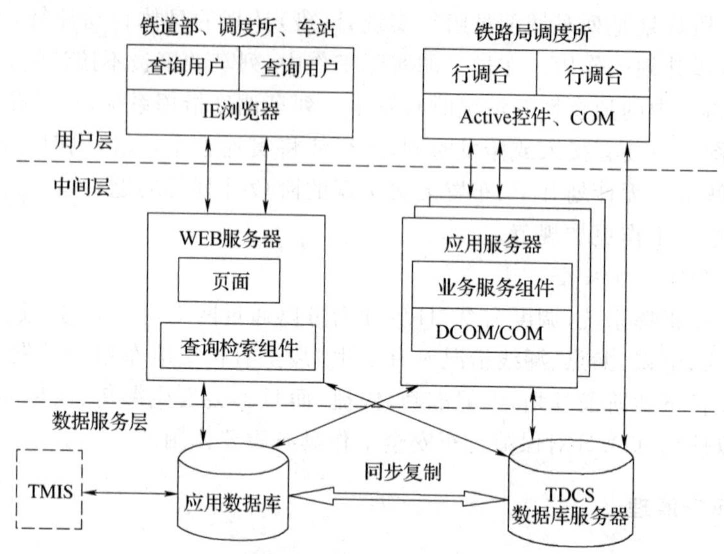

图 8-10　混合 TDCS 结构图

在新的结构体系中，在数据存储层新增加应用数据库，保持与 TDCS 数据库同步更新，所有查询业务的数据和一部分行调数据都直接从该库中存取。而该库又同时可作为与 TMIS 结合所使用的中间库。同时两个数据库又相对独立，自成体系，互为备份。当一个数据库发生故障时可以切换到另一个数据库上，保证了数据的安全与高效。

（二）TDCS 的结构

1. TDCS 的层次结构

我国铁路调度指挥系统 TDCS 包括铁道部调度指挥中心、铁路局调度指挥中心和基层信息采集系统三层。铁道部调度指挥中心是 TDCS 的最高管理层，由高性能的服务器、工作站、计算机、网络设备及相应的软件构成，并通过专线与各铁路局相连，接收全国铁路系统的各种实时信息与运输数据和资料，监视各铁路局、主要干线、路局交接口、大型客站、编组站、枢纽、车站、区间的列车宏观运行状态、运行统计数据、重点列车及车站的列车实际运行位置和站场状态显示，并建有全国铁路调度指挥系统数据库。

铁路局调度指挥中心接收各站的信息与资料，监视铁路局内主要干线、铁路局交接口、大型客站、编组站、枢纽、车站、区间的列车宏观运行状态、运行统计数据、列车实际运行位置与车次跟踪和站场状态显示，同时显示与铁道部、相邻铁路局的信息交换。完成列车运行计划及行车命令下达，直接指挥行车。

车站作为基层信息采集系统是整个 TDCS 得以实现的基础。安装在各车站，用来从信号设备及其他设备上采集有关列车运行位置、列车车次输入校核及跟踪、信号设备状态等相关数

据，并将上述数据通过专用通信线路传送到铁路局。实现运统 2、运统 3 的自动生成。车站 TDCS 由分机和站机两部分组成，其中车站分机主要负责信息的采集和传送等工作，车站分机是 TDCS 的信息来源，如果车站分机出故障，不仅仅使该车站没有信息显示，影响该站 TDCS 的正常运行，TDCS 功能如运统 2、车次号跟踪、接受调度命令等都不能正常运行，对行车运输指挥造成直接影响。所以，保证 TDCS 的正常运行必须先保证各个车站分机的正常运行。车站站机主要负责车次号跟踪和到发站报点。实现车站 TDCS 功能调监显示、运统 2 及运行图的自动绘制。

2. TDCS 的网络结构

网络采用环形状串联拓扑结构，将调度区段车站串联，其两端与铁路局直接连接，提供了备用通道，使网站建设既节省投资，又具有较高的可靠性。

铁路局至站段、车站之间采用 2 M 带宽通道，采用光缆信号衰减非常低，可以长距离传送信号。

网络通信协议采用 TCP/IP 协议。

中心局域网采用高性能的交换机组成双 100 M 高速以太网，所有设备通过双网卡连接到双局域网上，确保各节点数据传输的可靠性。

车站局域网采用高性能的交换机组成双 100 M 高速以太网，所有车站设备通过双网卡连接到双局域网上，确保各节点数据传输的可靠性。

调度中心子系统中各子系统之间为通过双冗余局域网实现的以太网网络接口，接口为 RJ45 接口规范、网络介质为 5 类双绞线，速率为 100 M。

调度中心子系统的局域网底层网络协议均符合 IEEE802.3 标准。网络节点之间的通信高层协议采用国际通用的互联网 TCP/IP 协议。

调度中心与车站之间的网络子系统为双环路广域网连接方式，中心到车站以及车站之间通过高性能的路由器组成双环路的广域网，接口转为 V.35/G.703，速率为 2 M。

调度中心与车站之间的网络子系统的广域网协议为国际互联网协议族中的 OSPF 协议。网络节点之间的通信高层协议采用国际通用的互联网 TCP/IP 协议。

车站子系统的内部之间的接口主要为通过双冗余局域网实现的以太网网络接口，接口为 RJ45 接口规范、网络介质为 5 类双绞线，速率为 100 M。车站自律机配有双网卡，接入车站的双高速局域网。同时配有足够数量的 RS232/RS422 串行通信接口，实现与微机联锁、无线车次号、调度命令无线传送、无线调车机车信号和监控装置、以及既有车站 TDCS 等系统的通信。

车站子系统的局域网底层网络协议均符合 IEEE802.3 标准。网络节点之间的通信高层协议采用国际通用的互联网 TCP/IP 协议。TDCS 的总体构成及网络方案如图 8-11 所示。

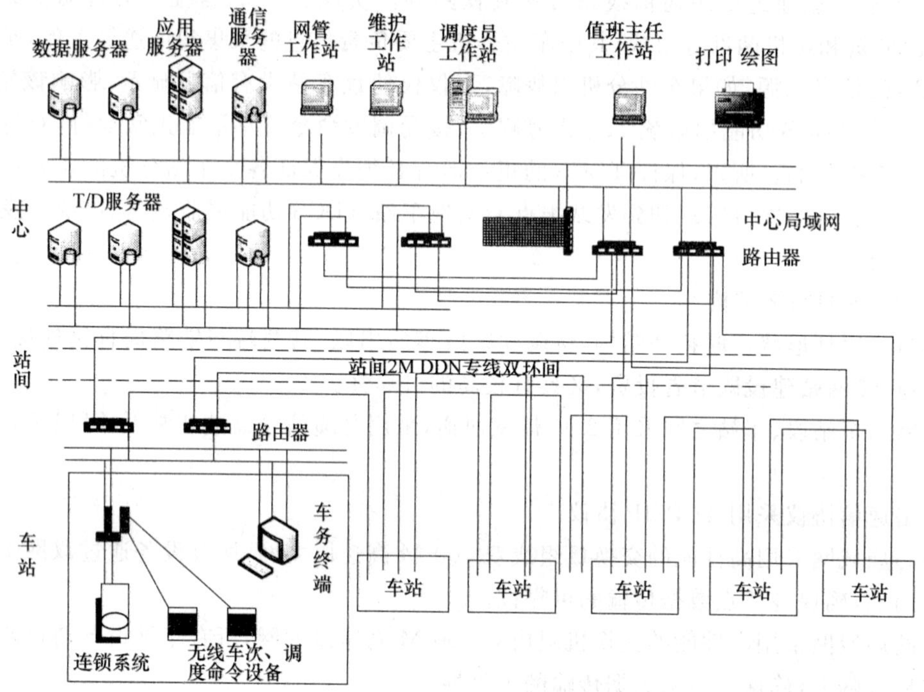

图 8-11 TDCS 总体构成及网络方案

五、TDCS 主要功能

(一)列车车次自动跟踪和无线车次自动校核

TDCS 无线车次号校核系统利用既有的机车安全信息综合监测装置、无线列调机车电台、TDCS 车站分机和 TDCS 调度所设备,新增车次号编码器(机车数据采集编码器)、地面接收机(车站数据接收解码器),实现将车次号、机车号、列车速度、位置、重量和辆数等信息,传送给 TDCS 车站分机,再经 TDCS 车站分机传送给 TDCS 中心,为调度指挥行车提供可靠的数据。

1. 列车车次号的准确可靠和自动跟踪是实现 TDCS 全部功能的最基础的信息,是实现行车调度指挥现代化的关键技术。列车调度员、车站值班员能够从显示屏上连续地直观地看到列车运行的实际车次,实时了解各次列车的运行状况。

2. 列车车次号的输入来源于机车运行监控装置,TDCS 自身具有逻辑跟踪。一方面依靠逻辑跟踪,另一方面依靠无线车次号校核,做到准确无误。

3. TDCS 车次跟踪的最大特点是自动、实时、连续。所谓自动就是由信号设备轨道电路的占用和出清判断列车的行踪;所谓实时是指调度台得到的列车位置是几秒钟以内的位置;所谓连续是指列车不管是运行在车站还是区间,车次窗却能够连续跟踪显示。这个特点对调度员

来说是非常宝贵的，一下子拉近了调度员与现场的距离。调度员可以眼看着每趟车的位置进行调度，大大提高工作效率，也特别有利于保证行车安全。

（二）实现区段与站间“两个透明”

区段透明指调度员对其所管辖的调度区段各自动闭塞分区、各车站到发线运用情况一目了然，实现了列车调度员可直接监督车站值班员按列车运行计划的安排正确办理接发列车作业，合理安排车站的调车作业。

站间透明指车站值班员不仅了解本站现场的实际状况，而且能够清楚地了解相邻两端车站和两端区间自动闭塞分区的列车运行情况，能够根据调度员布置的列车运行计划合理安排本站接发列车进路和开放信号时机，能准确地安排穿越正线调车作业的时机和掌握车站调车作业进度。

（三）调度命令、日班计划通过网络自动下达

1. 日班计划通过网络自动下达

过去编制日（班）计划，值班主任要花费很多时间和精力去手写誊印，并送至各调度台。调度员首先接通管内各站的电话，然后一个一个站点名，调度员口述，各站值班员手抄，工作量大，工作效率低，容易发生差错。

TDCS 改变了这种落后的工作方式，值班主任利用 TDCS 软件工具及固定的模板生成日班计划，然后按下鼠标，把计划下达到各行调台。行调台收到计划后，在本台生成阶段计划。再按鼠标将日班计划下达到有关车站。所有过程都由计算机网络完成。

2. 调度命令通过网络自动下达

过去调度命令的下达全靠口述手抄复诵确认，容易发生差错，工作量繁重。例如，繁忙干线中京沪线有些调度区段列车运行密度非常高，列车种类齐全，施工作业量大，每个调度员每班调度命令的下达数量约为 30 多个。在 TDCS 的科研开发过程中，路局组织力量，将《技规》规定的 26 种调度命令分解成 100 多种，制作成标准模板，使调度员下达调度命令简洁、迅速、准确，节省了调度命令的下达时间，这对于提高效率，保证安全，效果非常明显。

（四）列车运行自动采点

当列车尾部驶过警冲标以后，设备自动记录这一时刻作为列车到点通过网络送到调度台；当列车出发时，当头部驶过警冲标时作为发车通过网络送到调度台。

过去列车的报点采用人工报点，手工记录，效率低，准确性可靠性差。例如，繁忙干线中京沪线有些中间站值班员除正常的办理接发列车作业外，每班最少要报 450 个点；繁忙干线中京沪线有些调度区段的列车调度员，每班要收取 2 500 个点，按每 1 min 收取 6 个点计算，一个调度员每班需花费 6 个多小时的时间收取列车运行点。此外，不仅工作量大，还会出现漏报、错报和迟报的现象，给行车指挥造成被动，给运输安全造成隐患，这是传统作业中存在的顽疾。

采用 TDCS 自动报点，克服了人工采点的随意性，采点准确，传递迅速及时，消除了安全

隐患，而且减轻了车站值班员、列车调度员的工作量，让其有更多的精力去考虑接发列车作业和更周密地制定列车运行调整方案。

（五）行车日志自动生成

TDCS 可以通过计算机及网络设备自动生成行车日志（运统 2、3），行车日志的自动生成功能大大减轻了车站值班员手工填写行车日志的工作量。

（六）列车运行实绩图自动生成

列车运行实绩图是根据列车的实际运行情况在标准运行图上重新铺画出的，反映列车的实际运行轨迹的运行图。列车运行实绩图的相关技术数据来自于各个机务段。目前，全路机车都已经安装了列车运行监控装置，该装置对列车运行状态的相关参数及机车乘务员输入参数进行记录，形成相应的数据文件储存于数据存储器中。机车上的数据转储器将数据转入地面计算机，从而为 TDCS 自动生成列车运行实绩图和行调台甩掉大表创造了条件。

（七）列车运行方案实时调整和网络下达

列车运行调整方案是直接指挥行车的重要环节，调整方案的前提是有列车运行的变化情况与准确位置和时分，在此基础上与计划实时进行比较，然后根据约束条件实时提出当前所需要的运行调整方案。

3 h 列车运行调整和网络下达功能，解决了长期困扰我们的各站 3 h 列车运行调整方案下达的老大难问题。只要按下下达按钮，所辖区段所有车站都能迅速接收到本车站未来 3 h 列车运行调整方案，车站办理接发列车作业真正做到了心中有数。

（八）分界口透明显示和统计分析

分界口透明显示和统计分析功能主要包括：分界口交接列车自动统计、早晚点统计、计划及实际运行图等信息的实时显示和 13 个月的统计资料历史查询。

（九）列车早晚点自动计算与部分运输指标自动统计

TDCS 由于有列车跟踪和自动采点的功能，所以可以实时地与基本图的图定时分进行比较，计算出早晚点时分。随着列车的运行，每到一个车站计算一次早晚点，更新一次早，晚点方框中的早晚点时分。这个指标为统计正晚点率和对运行方案调整提供了基础数据，所以，其准确性也非常重要。所有动态操作和有关行车及设备的数据均用适当的格式统计、记录。列车运行和设备状态能自动或按调度员的指示输出、记录。全动态存储及回溯显示时间不小于一个月。

（十）站场实际状况、列车运行实际状况历史再现

调度台和值班员台都可以调出再现过去某一时刻的区段画面。系统的站场、列车运行实际状况历史再现功能使路局、车站的各级管理部门能够随时检查前一时间岗点作业的状况，对总结、分析、提高调度指挥水平和问题的事后分析及定责提供了依据。

（十一）系统管理功能

对本系统中心设备、车站设备及通信通道状态进行监视、报警、记录和打印。设备信息可

保留一个月以上。系统提供上机和下机登录功能，可以记录调度员和操作员在岗或离岗的日期、时间，在岗人员使用系统前需进行注册，离岗前必须注销，下一班调度员将重新登记注册。进入系统的时间将被记录。

（十二）列车运行图管理

主要包括运行图的显示、编辑、冲突检测、自动调整、计划下达、保存、统计、打印等功能。

（十三）与其他系统接口功能

系统在车站和中心都预留接口，可以与其他系统（TMIS、通信系统、无线通信系统、通信时钟、旅客向导系统和列车识别系统）交换信息并处理有关的信息提供给中心的调度员和车站值班员。

（十四）自检功能

系统维护及维修系统具有完善的自检功能，同时能够监视各设备的运行状态，故障时报警并记录，设维护台可以查阅历史纪录，判断系统故障原因和故障范围。具有远程诊断设备功能，在调度中心维护台可以监测到调度中心设备和分布在车站设备的工作状态。维护站通过广域网与主备服务器连接，可以远程访问数据库中的各车站实时信息、信息传送的记录等。

第七节　车号自动识别系统

车号自动识别系统是 TMIS 的重要组成部分。铁路车号自动识别系统 ATIS 在全国 2 万多台机车、60 多万辆货车上安装了电子标签，在 528 个车站（包括编组站、区段站、铁路局分界站安装了 1968 套地面雷达读出设备），是一个对全国铁路车辆、列车、机车运行位置信息进行自动采集和报告的系统，可提供对车辆、列车、机车进行动态追踪管理的实时、准确的基础信息。ATIS 的目标是在所有机车、货车上安装电子标签（TAG）；在所有区段站、编组站、大型货运站和分界站安置地面识别设备（AEI）；对运行的列车及车辆信息进行准确地识别；经计算机处理后为 TMIS 等系统提供列车、车辆、集装箱实时追踪管理所需的准确的、实时的基础信息；为分界站货车的精确统计提供保证；为红外轴温探测系统提供车次、车号的准确信息；还可实现部、局、车站各级现在车的实时管理、车流的精确统计和实时调整等，从而建立一个铁路列车车次，机车和货车号码、标识、属性和位置等信息的计算机自动报告采集系统。

一、系统功能

接收车号信息采集点的信息报文并逐级向上转发；建立信息报文的原始数据库供同级应用系统使用；按规定将维护信息转发给同级相关系统。ATIS 可给铁路有关部门提供分界站货车出入统计信息、铁路局货车接入交出信息、铁路局有偿使用车及费用、铁路货车实时统计信息、分界站货车出入图形显示、分界站出入与确保匹配信息、分界站出入部属货车与十八点统计比较等信息。

二、ATIS 实现的主要技术关键

(一)ATIS 的主要构成

1. 货车/机车电子标签(TAG)。安装在机车、货车底部的中梁上,由微带天线、虚拟电源、反射调制器、编码器、微处理器和存储器组成。每个电子标签相当于每辆车的"身份证"。

2. 地面识别系统(AEI)。由安装在轨道间的地面天线、车轮传感器及安装在探测机房的RF 微波射频装置、读出计算机等组成。对运行的列车及车辆进行准确的识别。

3. 集中管理系统(CPS)。车站主机房配置专门的计算机,把计算机传送来的信息通过集中管理系统(CPS)进行处理、存储和转发。

4. 铁道部中央数据库管理系统。将标签编程站申请的每批车号与中央车号数据库进行核对,对重车号则重新分配新车号,再向标签编程站返回批复的车号信息。即集中统一地处理、分配和批复车号信息,同时又是一个信息管理和信息查询中心。

(二)ATIS 实现的主要技术关键

1. 信息处理的技术关键——CPS 多线程多目标存储转发技术

如何高效充分地利用车号地面识别系统采集到的信息,并与铁路 TMIS 系统友好接口并交换信息,最终使基础信息高效的共享。集中管理系统(CPS)是实现此目标的一个重要的接口环节。

CPS 具有多线程多目标存储转发机制的特点。可以同时向多个目标发送报文,具有较高的发送效率;CPS 转发程序具有准确无误、不丢失报文的特点,有一定的实时性,是一个存储转发装置。当 CPS 收到 AEI 报文时,转发程序立刻向各个预定义目标发送报文,如果此时到达某个目标的网络线路不通,转发程序会把未成功发送的报文存储起来,等线路通时,转发程序自动把以前未成功发送的报文发送出去。

转发程序的文件传输基于 TCP/IP 协议。高层传输协议使用 FTP 协议或 CPS 自定义协议。对于主机操作系统如 Unix、VMS、OS/2、Windows NT 等具有 FTP 服务程序的操作系统,使用 FTP 协议传输报文;对 Windows95、Windows98 不带 FTP 服务程序的操作系统,在其上安装转发系统配备的 CPS 报文接收程序,使用 CPS 自定义协议传输报文文件。CPS 转发程序具有广泛的适用性,是车号自动识别系统中一项重要的软件工程。

2. 地面识别系统的技术关键——微波反射技术

当列车即将进站时,列车的第一个轮子压过开机磁钢时开始计数,大于等于 6 次时开启微波射频装置(RF),微波射频装置在没有列车通过时保持关闭状态。微波射频装置开启后,安装在轨道的地面天线开始工作,向急驰而过的列车的每辆车的底部的无源电子标签发射微波载波信号,为标签提供能量使其开始工作;首先标签在微处理器控制下,将标签内信息通过编码器进行编码,通过调制器控制微带天线,开始向地面反射信息。地面天线立即接收反射回的标签内信息,并传送到铁路旁的探测机房。由机房内无人值守的地面读出计算机将接收到的

已调波信号进行解调、译码、处理和判别。然后将处理后的信息送入车站机房的CPS集中管理系统。当列车的最后一辆车的轮子压过关门磁钢后，关闭射频装置。CPS系统对多台地面识别设备进行管理，按照铁路TMIS的通信协议规程，将识别后的信息向铁路TMIS等系统传送，即有目的的存储转发。

3. 防止标签出现“重号错号”的技术关键——容错技术

出现重车号不但会严重影响车号信息的使用效果，而且会造成ATIS整个工程的失败。建立一套完善的、严格的、科学的管理制度和作业流程，以避免标签出现重号、错号。在计算机方面，要求开发出的标签编程管理软件应具有合理的流程、严密的防错、纠错及容错技术。主要的容错技术有以下几种：

(1)“相关项目一致性”校验法

对一辆车的信息输入完毕后，要按[校对C]键，否则本次输入为无效，如果校对后出现“车号与车种不符！是否按错号处理，请确认”异常信息时，要认真分析车号和车种这两个相关项；比如棚车车号范围为3 000 000～3 499 999；如果选择了棚车的车种，而却输入了一个430 000的车号，则认为该号为错号，如果确实是错号，单击[确定]；否则应仔细检查车号车种的输入值是否有误。确保相关联的项输入一致，对保证车号输入的准确性又加了一道防线。

(2)“重要项目两次输入一致”校验法

在标签编程站，车号是最重要的输入项。为了避免误操作造成的错车号，对车号要进行两次输入两次校验。第一次输入校对后，如果提示“输入正常”信息，则输入框内的输入信息被清空，再将“现在车号”进行第二次输入，再校对。然后再按[两次输入一致]校验键，比较两次输入的车号，如果无异常提示信息，说明两次输入车号完全一致，车号输入正确，可进入下一车辆的信息输入；不一致时，需重新输入两次车号，直至正确。

(3)“比较过滤”校验法

每个标签编程站确保输入的一批车号信息正确无误后，可向铁道部车号中央数据库申请此批车号的批复。当部数据库接到申请后，采用“比较过滤”法，自动把申请的车号逐一与中央车号库进行比较，如果申请的车号已经被分配过了，说明申请的车号为重车号，必须过滤掉此车号，即此车号不再分配，则重新分配一个新车号；不重号的仍用原申请车号。最后部中央库将批复的此批车号反馈回标签编程站，由信息编码计算机输出到标签编程器，并写入到编程器上安置的电子标签内；同时将打印的3份标签内容记录贴在标签正反面和附表上；再把贴好的标签拿到站段对号入座的安装在每辆现车底部中梁的指定位置上。全部安装完毕并检验无误，上网向部中央库再次确认此批车号，此批确认后的车号不再分配，这样才能避免已分配过的车号再被重新分配。

(4)“理论与实际结合”校验法

列车的每辆车的标签安装完成后，在安装现场由检查员，验收员进行检查验收，他们使用便携式读出器复逐一读出每辆现车车底标签内的信息后，首先仔细与现车车体记录及安装单逐一核对；再将便携式读出器送到标签编程站，由计算机读出其内存的内容，并自动与计算机存储的有关车号的信息核对，如果无异常提示信息，说明实际工作中车号标签没有错装、重装现象，核实结果证实“理论”与“实际”相一致。

(5)“断点续接”容错技术

有时编程系统发生故障(断电、死机、机器故障等)，如果防范措施不当，就会出现重传、重输、漏传和漏输的现象，重车号错车号也就难以避免，甚至造成标签编程系统工作混乱，从而影响整个 ATIS 的顺利进行。

在标签编程站，比如车号信息还未完全输入，系统发生故障，待系统恢复后，通过采用断点续接技术，计算机能够把新输入的车号信息与以前已输入过的车号信息自动联接在一起。车号全部输入完毕，在向铁道部中央库申请车号批复时，系统出现故障或线路中断时，同样待系统恢复正常后，采用断点续接技术，系统会自动从断点处继续申请批复车号，故障前已申请的车号无须重新申请。计算机在向标签编程器的标签写入车号信息时，如果发生故障，故障排除后，同样利用断点续接技术，还可以从断点处继续写入，无需重写，即以前的标签编程有效，标签即不会作废也不会漏写、重写和错写信息。

三、系统结构

车号自动识别系统体系结构如图 8-12 所示。

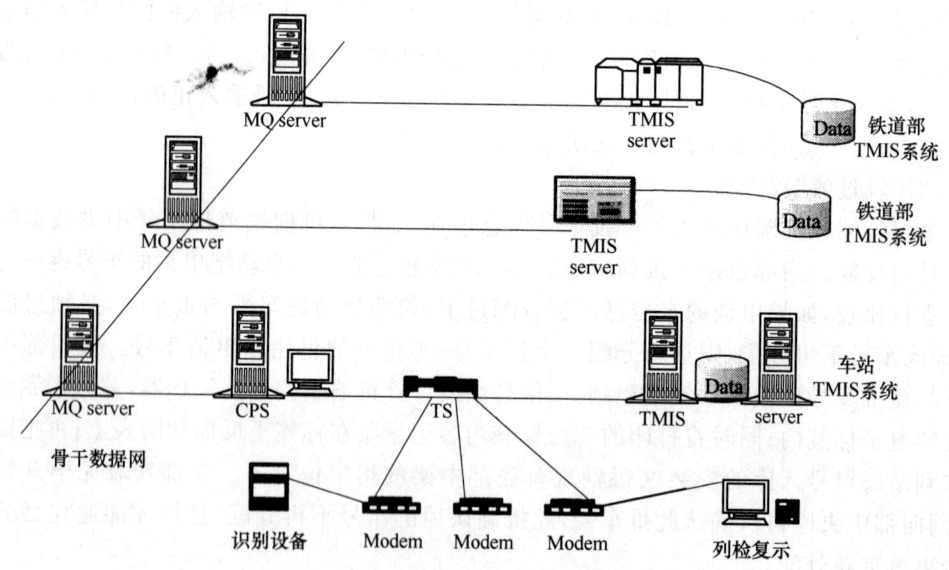

图 8-12　车站自动识别系统体系结构

四、原始信息采集方案

车号自动识别装置采集的信息经由车站综合管理信息系统向铁路局、铁道部实时转发，同时在各级建立数据库。跨铁路局的信息报文由铁道部转发。

五、系统接口

车号自动识别系统在车站生成列车报文和消息报文，按统一格式形成正文文件，转发到各级原始数据库供应用系统使用。车号自动识别系统可以按需要的信息格式向其他信息系统提供信息。

第八节　客票发售和预订系统

一、概　　述

铁路客票发售和预订系统(China Railway Ticketing and Reservation System，TRS)是"九五"国家科技攻关计划重中之重项目。项目以铁道科学研究院为依托，集中路内外数十个单位、上百名科技人员历时四年，团结协作、合力攻关，良好地完成了系统开发、推广、建设目标。

系统在总体结构上由中央、地区、车站三级构成。车站售票系统主要是面向售票的实时交易服务；地区客票中心主要是面向以座席为核心的调度控制和客运业务管理；铁道部客票中心主要是面向全路客运的宏观管理、营销分析，并保全路的联网售票。

系统采用了三层的客户机/中间件/服务器的体系结构；采用了开放的操作系统、数据库管理系统和通信协议；采用了面向对象的现代编程工具，先后开发和推广了售票应用软件 1.0、2.0、3.0、4.0、5.0 五个版本。即适应全国统一车站售票软件的 1.0 版本，适应地区内联网售票的 2.0 版本，适应全路联网异地售票的 3.0 版本，适应客运体制改革和收入清算需求的 4.0 版本，适应铁路客运专线建设和第六次提速客运营销 5.0 版本。客票系统得以不断完善，巩固了系统建设成果，确保了系统稳定运行。

车站售票系统能适应本地和异地的售、订、退票，能办理普通车票、通票、中转和始发签证等业务，实现了车站售票作业和管理全过程的计算机化，适应铁路车站的不同规模和售票组织模式。

地区客票中心实施对票额、计划、数据的集中管理与控制，可灵活实现席位在地区与车站间集中与分散的处理，适应铁路局内一个或多个地区中心的管理。

铁道部客票中心实施基础数据的全路统一管理与复制、全路客运营销分析和全路客票系统的监控。铁道部确定了统一售票应用软件的方针，自下而上分步实施、分期见效滚动发展。

中国拥有总里程接近 8 万 km 的铁路线，是世界上最大的铁路运输网之一。而铁路客运服务在其中又占有非常重要的地位。其中有几千个车站承办客运业务，日开列车 2 000 多列。

为了在日益加剧的客户运输服务竞争中确保优势，改善铁路客户的服务质量，铁道部门一直在努力寻找提高竞争力、改善服务的新途径。客票发售与预订系统是全路性的计算机网络信息系统，它具有网点多、分布广、实时性强的特点。系统是以铁路数据网为基础网，将车站、地区中心、铁道部中心、各级业务部门局域网通过数据网连接广域网。其软件的设计目标是建立铁道部中心数据库、地区中心数据库和与地区中心联网的车站售票系统，实现全路联网，车站间直通列车客票的异地发售，实现客运基础数据的统一维护和下载，运用三级复制技术，逐级向下复制，保持基础数据的一致性。为了完善交易连接管理软件和数据库通讯软件，适应全路联网售票管理与异地票清算的要求，实现全路联网车站的票额计划及调度统一管理，部中心可实时调整地区中心与车站的票额，实时查询有关数据，并作相应的维护工作。地区中心可实时调整车站的票额，实时查询有关数据，并作相应的维护工作。统计数据由车站汇总向地区中心发送，地区中心再向部中心发送。应用软件包括铁道部中心、地区中心和车站三级应用程序。基于铁路运输的特点和需要，要求系统无论在软件方面还是硬件方面都必须具备高可靠性、高度的安全性和一定的容错能力。

二、系统目标

TRS 的最终目标是建立一个覆盖全国铁路的计算机售票网络，实现客票管理和发售工作现代化，从而方便旅客购票和旅行，提高铁路客运经营水平和服务质量，达到国际先进水平，成为世界上规模最大的铁路客票发售和预订系统。具体目标如下：

1. 实现全路快车营业站计算机联网售票，以机器代替人工作业，以软票替代常备客票。在任一售票窗口可发售任意方向和任意车次的客票，最大限度地为旅客提供方便。

2. 系统可预订、预售和发售当日客票，具有售返程、联程等异地购票功能。

3. 系统预售期近期为 10 d，远期为 30 d；预订期近期为 2 个月，远期为半年。

4. 实现票额、座席、制票、计费、结算、统计等工作的计算机管理。逐步形成统一的客票信息源，实现信息共享。

5. 加强客票信息管理与分析，提高座席利用率，为铁路客运组织与管理工作提供辅助决策支持。

三、总体结构

TRS 的总体结构，取决于业务处理、数据流程、系统功能及网络传输能力等相关因素。关键是座席数据库的规划与配置。

(一)集中式方案

全路各车次的座席信息全部集中，仅设立一个中央座席数据库，为取得有关座席信息，各车站系统直接访问中央座席数据库。该方案具有结构简单，数据库维护方便，有利于保持数据的一致性和完整性，便于异地票、联程票和座席复用处理等优点；但是系统建

设必须自上而下进行，见效慢，且不易分步实施，系统的运行将依赖于高性能高可靠的主机和广域网络。

（二）分布式方案

在各个车站建立各自的座席数据库，存储本地售票所需的全部座席数据，不设上一级和中央座席数据库。该方案便于实施，网络上数据传输量小，对本地购票的响应速度快；但座席数据库过于分散，不便进行票额的管理与调配，不利于联程票和座席复用等业务处理，保持系统数据的一致性较为困难。

（三）集中与分布相结合方案

设立一个中央数据库和若干个地区数据库，在地区数据库中存储本地区始发列车的座席数据。该方案综合了集中式和分布式两种方案的优点，避免了两者的缺点。既便于异地购票、座席复用、信息共享，又相对减少了网络的开销；设备投资合理，升级更新容易；兼顾了技术先进和现实可能；既可适应体制改革，又能适应现状，具有较大的弹性和适应能力。

根据我国地域辽阔，铁路点多线广的特点，考虑到我国铁路客运管理体制和通信基础设施的实际情况，借鉴国外的成功经验，特别是欧洲各国铁路联网售票模式，经过充分讨论和反复论证，认为我国铁路客票发售和预订系统的总体结构应采用集中与分布相结合的方案。综合考虑各地区数据库所覆盖的客运量、列车数、快车营业站数的均衡性，全路需建立一个全路中心数据库和 24 个地区中心数据库。

目前，铁路客票发售和预订系统的结构有两种，一是非联网站结构，即整个车站的计划和售票作业形成一个独立的系统；二是联网站结构，即整个系统由铁道部客票中心、24 个地区客票中心和直通列车停靠站通过全国联网组成，在这个结构中，从行政上来说铁道部客票中心是其他 24 个地区客票中心的上级，但从物理结构上来说，它与另外 24 个地区客票中心是同级的。系统的物理结构如图 8-13 所示。

四、系统的功能服务

铁路客票发售和预订系统从行政上分为三级（铁道部、地区中心和车站），因此对系统的功能服务介绍亦从地区中心和车站分别进行。

（一）地区客票中心的功能服务

1. 数据维护：录入与修改整个客票系统所需要的基础数据，为制作票额计划使售票系统能够正常运行准备数据，如本中心参数定义、列车数据维护和票价数据维护等。

2. 值班监控：对中心和车站售票系统的各种功能权限进行管理，对各类售票信息和秩序进行监控，对各类日志进行查询，进而达到保障整个系统正常运行。具体功能如下：

(1)售票监控：监控和维护与售票业务相关的一些事务，如压票监控、余票同步、重票检测及处理死锁等。

(2)日志监控：对后台系统进程、计划管理、数据备份、数据维护值班监控的日志进行查询，

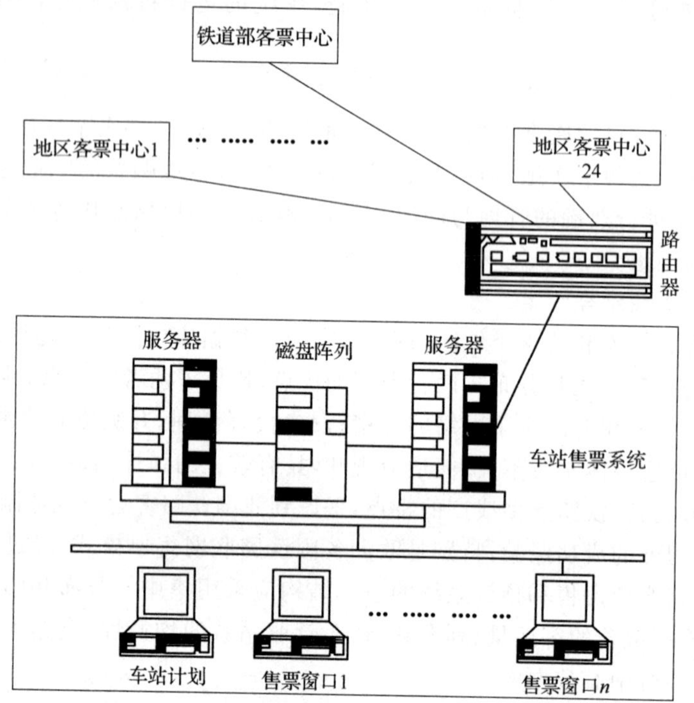

图 8-13　铁路客票预订和发售系统结构

还可以对后台进程的当前状态进行检测。

(3)信息查询：对联网车站和中心的各类售、退票信息进行查询，主要内容有售/废/退票存根、售退款项、计划、余票以及票库下载情况等。

(4)营销监控：主要检查地区中心营销数据的传输汇总情况。内容为联网站运能(计划票额、实际票额等)传输、汇总数据日志查询、联网站售票概况和营销汇总统计。

(5)修改口令和暂停。

3. 计划管理：主要进行中心票额分配计划的编制、查询、删除、检测和席位的发布，调度命令的制作和查询，席位发布以后票额用途的实时调整以及中心与车站之间、中心与中心之间、车站间的票额调度、查询和剩余票额的实时查询以及与计划相关的一些基础数据维护。具体功能如下：

(1)计划管理：编制基本计划和临时计划，计划的查询清除、下载和检测临时席位发布，计划日志查询和席位生成查询。

(2)票库查询：查询中心全部票额、中心未售票额、中心已售票额、下载票额等。

(3)调度命令：主要功能有图定列车停运、停运列车恢复开行、列车加挂扩编、因故欠编、命令扣票和调度命令查询等 17 项内容。

(4)票额管理:主要功能有中心用途的批量和个别调整、中心车站间调票、车站间调票、中心间调票和席位转计划等。

(5)数据维护:定时自动调整票额用途和范围、定义路局权限、中心到车站自动传票定义、无座次上限定义、预售售期定义、功能权限定义和特权用途定义等。

4. 综合查询:可以进行按车次查询、按票种查询票价、按席别查询票价、按车次查询票价和余票查询。

5. 营销分析:主要进行席位发售及上车人数统计分析、席位预售统计分析、区段密度统计分析、直通列车分界口通过人数统计分析、售票收入统计分析、代收地方铁路票款统计、运能汇总统计和站到站客流分析。

(二)车站的功能服务

铁路车站遍布全国,由于旅客成分的多样性和客票交易的实时性要求,因此系统的车站功能服务必须实用、全面和安全。

1. 售票退票:售票员根据旅客要求输入日期、车次、发站、到站、席别、票种、张数、用途等信息,发售普通旅客车票、普客(普快、快速、特快)到底通票,办理各种旅客列车签证。根据订单为用户进行合同制票,根据车次或到站进行余票查询。根据旅客要求进行退票操作。本功能一般由车站售票员操作实现。

2. 订票和订票管理:根据旅客的订票请求,在系统规定的预订期内开展订票业务,如车站(联网)普通票、普客(普快、快速、特快)到底通票,根据车次或到站进行订票或余票查询。在订票管理方面可以对订票类型、制票点、取票点等进行定义,进行工作量统计查询、订制票统计查询等项目。本功能一般由车站负责订票的工作人员操作实现。

3. 计划管理:可以实现票额的生成、调度命令的编制和执行、票额实时或定时的调整、客运数据统计以及与计划管理相关的基础数据维护,同时还提供相应的数据查询功能。本功能一般由车站客运计划室工作人员操作实现。

4. 计划编制查询:可以进行车站的基本计划和临时计划编制、计划查询、车站计划清除、车站临时席位发布、车站计划日志查询以及席位生成日志查询。

5. 客运统计:按日期统计某车次日发送旅客的实际情况,输出乘车人数通知单。可以进行剩余卧铺统计、发送量日(月)统计和汇总,计算日班计划兑现率,进行旅客输送计划月统计、日班计划区段人数统计、区段人数月统计、计划定员统计、临时列车统计和乘车人数通知单月汇总。

6. 票库查询:可以按数量和席位进行手工调整用途,也可以进行自动转用途输入;可以进行有座席和无座席的票库查询,可以进行剩余票和席位占用查询;可以定义或修改特权口令,进行无效席位删除和转用途操作记录等。

7. 调度命令:主要功能有图定列车停运、停运列车恢复开行、区段调整、座别代用和查询调度命令等 20 项内容。

8. 数据维护：可以进行基本区段和车次区段维护，特殊用途定义、计划操作员权限定义和车站属性定义，可以进行用途等级划分等共计 14 项功能操作。

9. 值班监控：通过功能定义、售票监控、信息查询和日志监控等四大功能了解掌握系统的运行状况和处理系统运行中出现的问题，以保障系统的正常运行。本功能一般由车站系统管理员或售票值班员操作实现。

10. 财务统计：财务统计功能是车站系统区别于地区中心系统的一个重要标志。主要是为了满足铁道部的一些统计要求和车站代售点售票员的快速查询要求。本功能一般由车站统计人员或车站代售点售票员操作实现。具体功能如下：

(1)结账统计：可以查询售票和废票存根、进行窗口和自动日结账、财收 4 分站查询和处理、财收 1 查询、售票员工作量(废票、客票收入、车次分类等)统计等共计 36 项功能操作。

(2)电子报表：按日统计生成电子客票日报(财收 4)和电子退票日报(财收 2)并向上传输。

(3)客票 18 时速报：对车站前日 18 时至当日 18 时的售票及旅客上车情况进行统计。

(4)前台查账：对前台售票窗口的结账情况按 2 号表的格式进行查询。

五、铁路客票发售和预订系统 5.0 版本简介

TRSV5.0 版是为适应铁路客运专线建设和第六次提速客运营销的需求，以实现客票销售渠道网络化、服务手段现代化、运营管理信息化为目标而研制的。系统的升级将使我国铁路客票系统得到进一步的优化、完善与发展。

TRSV5.0 版突出了强化集中管理、加强售票组织、适应票价结构调整、服务多种营销模式、满足运输体制改革和客运营销发展等新的业务需求，设计起点高，技术方案合理，系统结构和各应用模块功能均有较大的优化和发展。系统功能齐全、技术先进、界面友好、操作便捷、通用性强、可维护性好。

TRSV5.0 版在继承客票系统已有研究成果的基础上，在业务管理流程发生较大变化的情况下，对客票系统的总体结构、数据流程、数据结构、数据编码等进行了改进和提高，丰富了应用子系统的功能，提供了对多种营销模式、多种支付方式、灵活售票组织的技术支持；提供了票额集中管理、健全业务监控机制、构建数据中心和取消车站服务器的技术支撑；为生产力布局调整、客运专线的开通以及业务集中管理做好了技术准备。在客票应用服务器、数据传输平台、接口服务器、业务负载均衡等关键技术攻关中取得了较大突破和创新，是我国铁路客票系统的又一重大发展。

TRSV5.0 版全面实现和达到了“中国铁路客票发售和预订系统总体设计”中的各项规划和相应的技术指标，系统的技术特点如下：

1. 系统体系结构和功能框架具备可扩展性、兼容性和良好的适应性。

2. 客票应用服务器得到增强，应用结构更加合理。

3. 接口服务得到强化，提供了数据交换平台和服务接入平台，为开放式客运营销奠定

基础。

4. 支持地区中心由业务中心向数据中心转变，适应生产力布局调整的要求。

5. 实现了客票系统专用的有别于行政管理结构的客票管理权限。

6. 提供了以列车作为客票管理线索为基础的数据中心非动态负载均衡。

7. 满足了各中心逐步取消车站服务器的需求。

8. 满足了客运专线公司新的售票形态的需求。

9. 提供了灵活多样的售票组织功能，提高旅客列车利用率、挖潜提效。

10. 实现了独立灵活的计价服务、多种支付手段，满足客运营销市场化需求。

TRSV5.0 版继续坚持集中与分布相结合的客户服务器体系结构，席位全部集中到各地区中心，以加强席位的管理和调控力度。对于车站级系统，TRSV5.0 版在保障目前车站运行模式的基础上，支持车站取消服务器，更好地适应了生产力布局调整的需要。

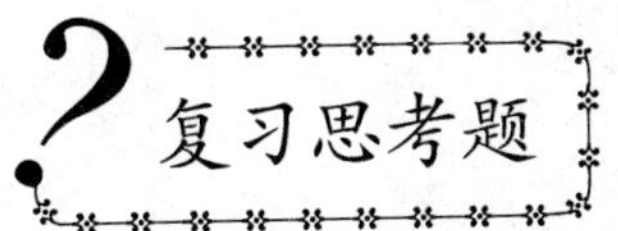

复习思考题

1. 我国铁路运输管理信息系统(TMIS)的应用目标有哪些？
2. 简述我国铁路运输管理信息系统(TMIS)的体系结构。
3. FMOS 的全称是什么？FMOS 的技术特点是什么？
4. 货票信息综合应用系统主要有哪些功能？
5. 确报管理信息系统主要有哪些功能？
6. 铁路货运技术计划管理信息系统的技术特点是什么？
7. TDCS 主要有哪些特点和功能？
8. 简述 ATIS 的功能。
9. 简述 TRS 系统目标。
10. TRS 为何采用集中与分布相结合方案？

参 考 文 献

[1] 宋瑞．交通运输设备．北京:中国铁道出版社,2009.
[2] 佟立本．交通运输设备．北京:中国铁道出版社,2003.
[3] 佟立本．铁道概论．北京:中国铁道出版社,2006.
[4] 铁道部．铁路技术管理规程．北京:中国铁道出版社,2006.
[5] 铁道部．铁路线路设计规范．北京:中国铁道出版社,2006.
[6] 赵国平．铁道线路．北京:中国铁道出版社,2006.
[7] 钱仲侯．高速铁路概论．北京:中国铁道出版社,2006.
[8] 王午生,许玉德,郑其昌．铁道与城市轨道交通工程．上海:同济大学出版社,2003.
[9] 常治平．铁路线路及站场．北京:中国铁道出版社,2007.
[10] 宾任祥,石瑛．现代铁路运输设备．成都:西南交通大学出版社,2003.
[11] 黄方林,周长庚．铁路运输新设备．北京:中国铁道出版社,2005.
[12] 钱仲侯．高速铁路概论．北京:中国铁道出版社,2006.
[13] 季令,叶玉玲．高速铁路与摆式列车．北京:中国铁道出版社,2001.
[14] 刘志强．铁路机车车辆．北京:中国铁道出版社,2007.
[15] 铁道部．铁路动车组运用维修规程(暂行),2007.
[16] 铁道部．铁路动车组运用维修标准．2007.
[17] 铁道部运输局．铁路列车调度指挥系统．北京:中国铁道出版社,2006.
[18] 束汉武．铁路运输信息系统及其应用．北京:中国铁道出版社,2008.
[19] 关振东．信息化与铁路运输．北京:中国铁道出版社,2004.
[20] 刘瑞扬,王毓民．铁路车号自动识别系统原理及应用．北京:中国铁道出版社,2003.
[21] 陆冠东．摆式列车系统介绍．铁道车辆．2007,45(4),9-14.
[22] 冯龙,朱衡君．摆式列车技术的发展．铁道机车车辆．2005,25(1):23-26.
[23] 李芾．摆式列车的发展及在我国的应用前景．机车电传动．2001,4:1-4.
[24] Pierre MORON. 摆式列车综述．国外铁道车辆．2007,44(4):1-9.
[25] 穆建成．中国铁路调度集中系统(CTC)的发展与展望．铁道运输与经济．2004,26(13):6-8